豫鲁文史研究

【第一辑】

万昌华 • 主编

中国文史出版社

图书在版编目（CIP）数据

豫鲁文史研究：第一辑 / 万昌华主编 . —北京：
中国文史出版社，2020.12
ISBN 978-7-5205-2910-5

Ⅰ . ①豫… Ⅱ . ①万… Ⅲ . ①河南—地方史—古代—文集②山东—地方史—古代—文集 Ⅳ . ① K296.1-53
② K295.2-53

中国版本图书馆 CIP 数据核字 (2021) 第 062795 号

责任编辑：蔡丹诺

出版发行：**中国文史出版社**
社　　址：北京市海淀区西八里庄路 69 号　邮编：100142
电　　话：010-81136606　81136602　81136603（发行部）
传　　真：010-81136655
印　　装：廊坊市海涛印刷有限公司
经　　销：全国新华书店
开　　本：787×1092　1/16
印　　张：14.25
字　　数：190 千字
版　　次：2021 年 4 月北京第 1 版
印　　次：2021 年 4 月第 1 次印刷
定　　价：45.00 元

前言——豫鲁文化的言说

《豫鲁文史研究》编委会

这里的豫鲁文化（亦即豫鲁文史）之谓，是根据20世纪30年代新文化运动领袖人物胡适和史学家傅斯年的有关研究成果总结规纳的。

美籍华裔历史学家唐德刚认为胡适的《说儒》一书，是20世纪30年代中国史学的巅峰和代表之作。唐德刚指出，《说儒》“从任何角度来读，都是我国国学现代化过程中，一篇继往开来的划时代著作……此篇不特是胡适治学的巅峰之作，也是中国近代文化史上最光荣的一段时期，所谓‘30年代’的巅峰之作……胡适先生这篇文章，便是30年代史学成就的代表作。”[①] 唐说甚是。胡适的该书不仅见解新颖，而且也影响深远。其最初是作为一篇6.5万字的长文，刊登在1934年《中央研究院历史语言研究所集刊》第4本第3分上。近年，仅我国大陆就又有陕西师范大学出版社（2005年版）、漓江出版社（2013年版）、湖北辞书出版社（2019年版）等出版机构，将《说儒》作为专著出版发行。

胡适《说儒》一书的主要观点两个，一是讲孔子是殷人，后来成就了中华传统文化的儒家学说与思想，是殷商与西周两族人结婚的产物，亦即，明确提出了中华文化的豫（宋）鲁文化说。二是讲周代时，一开始儒家的思想是一种民间的思想，后来其成为中华传统文化的主导，是

① 唐德刚、胡适:《胡适口述自传》,《胡适全集》第18卷，合肥：安徽教育出版社，2003年，第449页。

下层整合了上层、民间整合了都会的结果。

胡适的《说儒》虽然写成并发表于1934年，但其中主要观点的确立却是1931年，具体体现于胡适1931年1月27日在青岛大学作的题为《文化史上的山东》的演讲中。其在《文化史上的山东（演讲提纲）》中写道："孔子是'殷人'，奉的是殷商民族的祖先教；但他又认'鲁国''父母之邦'，他受鲁文化的影响也极大。孔学是这两种文化结婚的产儿。从那周鲁文化里，他得着了对历史文化的了解，承认文献的'史的价值'，遂给中国人开辟一个富于历史观念的学派。从他那个殷人的血统关系上，他不知不觉地输入了殷民族的祖先宗教，在形式部分则有丧葬祭祀等等，在思想部分则有'孝'的宗教。"① 胡适在演讲当天的日记中写道，此次演讲说的是"'齐文化'与'鲁文化'之区别，并指出'齐学'的重要"。②

当时的中国学术界中指出齐文化与鲁文化不是一回事，二者有区别的，不只胡适，还有我们前面提及的知名学者、后来成为台湾大学校长的傅斯年。傅斯年1928年在《与顾颉刚论古史书（续）》中写道："鲁是一个古文化的中心点……我疑及中国文化本来自东而西……齐容或也是一个外来民族，遂先于其间成大国"；但"齐有齐俗，有齐宗教，虽与鲁近，而甚不同。"③

相对于胡适《说儒》中的豫鲁文化说而不是齐鲁文化，傅斯年《周东封与殷遗民》一文的观点不但与之相同，而且所举史实更具体更充分。傅斯年的《周东封与殷遗民》一文最初与胡适的《说儒》一起，也是刊登于1934年《中央研究院历史语言研所集刊》第4本第3分上的。

① 胡适:《文化史上的山东（演讲提纲）》,《胡适全集》第13卷，合肥：安徽教育出版社，2003年，第129页。

② 胡适1931年1月27日日记,《胡适全集》第32卷，合肥：安徽教育出版社，2003年，第43页。

③ 傅斯年:《国立第一中山大学语言历史学研究所周刊》第2集第14期，1928年1月31日，第33页。

傅斯年在《周东封与殷遗民》一文中，一是利用《春秋左传·定公四年》中的史料，揭示了当时鲁国居民的构成主要为殷民；二是利用《春秋左传·哀公四年》和《春秋左传·定公六年》中关于亳社的记载，指出了鲁国在信仰上保留了原来殷人的信仰。总之，傅斯年的研究认为，当时的鲁国大致如后来中国的清王朝，虽然西周与春秋时期鲁国的上层统治阶级是周人，但下层的主要是殷遗民；当时鲁国在文化传统上仍是原来殷人的宗教信仰，一如后来的清王朝，虽然统治者是满族旗人，但广大汉人还是信奉的儒家伦理。为说明此点，傅斯年在《周东封与殷遗民》一文中特地写上了如下的字句：比如，“曾国藩一辈人传檄讨太平天国，只是维护儒教，与传统之文明，无一句护持满洲，颇与此类。”①

这里要指出的是，西周与春秋时期不但今山东省境内的鲁国是殷遗民原有信仰与文化的天下，今河南省境内的宋国（都今河南商丘市）、卫国（都今河南鹤壁市）等重要诸侯国，也是殷遗民原有信仰与文化的天下。就像傅斯年在《周东封与殷遗民》一文中所指出的，“宋为商之宗邑，韦（卫）自汤以来为商属。宋之立国始于微子，固是商之孑遗。卫以帝乙帝辛之王都，康叔以殷民七族而立国。此两处人民之为殷遗，本不待论。”②

就编委会所见，最早将齐鲁作为一个文化单元进行表述的是荀子。其在《荀子·性恶篇》中，以“齐鲁之民”的概念与“秦人”相对应：“天非私齐鲁之民而外秦人也。然而于父子之义，夫妇之别，不如齐鲁之孝具敬父者，何也？以秦人之从纵情性，安恣孳，慢于礼义故也，岂其性异矣哉！”这里需要说明的是，当此战国末期，鲁人已不是还拥有故国的鲁人了。我们都知道，曾三次出任齐稷下学宫祭酒的荀子是公元前238年去世的，而此前的公元前256年，鲁国已为楚考烈王所灭。换

① 傅斯年:《民族与古代中国史》，郑州：中州古籍出版社，2017年，第72页。

② 傅斯年:《民族与古代中国史》，郑州：中州古籍出版社，2017年，第72页。

言之，荀子所谓齐鲁之民，实际上只是齐民而已。

周代周人东征后建立的鲁、卫等姬姓诸侯国，与中国历史上的后例北魏、元、清等朝，文化上相对落后的少数民族军事征服中原后建立了统治，但反过来又被先进的中原文化所同化的情况相近似。对此现象，《说儒》一书中用比较史学的方法加以了清楚说明。不过所不同的，胡适使用的是中外历史比较。他认为殷文化的这种“倒征服”与西方的基督教相同。胡适《说儒》中的原话是：“希腊的智识分子做了罗马战胜者的奴隶，往往从奴隶里爬出来做他们的主人的书记或家庭教师。北欧的野蛮民族打倒了罗马帝国之后，终于被罗马天主教的长袍教士征服了，倒过来做了他们的徒弟。”

此外，胡适还在《说儒》一书中对殷遗民“倒征服”西周与春秋时期的鲁国等周统治者的具体过程与细部，做过展开描述：“这班人——‘儒’一出来，世界为之大变，因为他们是不抵抗者，是懦夫。我们从字义看，凡是和儒字同旁的字眼，都是弱的意思……他们是唱文戏的，但是力量很大，因为他们是文化传播者，是思想界。”

与胡适的西周、春秋时期殷文化“倒征服”观点相同，傅斯年《周东封与殷遗民》一文中对有关问题是这样表述的：“鲁之统治者是周人，而鲁之国民是殷人。（鲁定公六年时）殷亡六七百年后之情形尚如此，则西周时周人在鲁，不过仅是少数的统治者，犹钦察汗金骑之于俄罗斯诸部，当更无疑问”；《论语》中所记孔子“先进于礼乐，野人也；后进于礼乐，君子也”之语，其中的野人当指的乡下人殷遗民，君子当指的是周族统治者，“先开化的乡下人自然是殷遗，后开化的上等人自然是周宗姓婚姻了”；“然则谓殷商为中国文化之正统，殷民为中国文化之重心，或非孟浪之言。”[①]

总之，胡适与傅斯年的上述殷文化即儒家文化，在西周与春秋时期

① 傅斯年：《民族与古代中国史》，郑州：中州古籍出版社，2017年，第70页、第73页、第75页。

“倒征服”了今河南省与山东省的许多地区，并且进而在伦理价值、思维方式、知识认定等方面影响了以后中华文化的走向、构成与发展；豫（包括今河南省的广大地区，也包括今安徽省、江苏省北部的一些地区）鲁（主要是今山东省泰山山脉以西以南的广大地区）两地人文地理构成混一、思想文化一体的观点持之有故，言之成理，我们赞同。同时也考虑到豫鲁文史的研究也包括豫鲁人的文史研究。我们这里定书名《豫鲁文史研究》中的“豫鲁”之概念，即基于此。

目 录

CONTENTS

豫东文史论坛

唐代睢阳之战几个敏感问题探析

王增文

（商丘学院人文学院　河南　商丘 476000）

摘　要：睢阳之战是唐代安史之乱时期一场重要战役。战时，睢阳周边有唐军屯兵多处，但无一处指派援兵救助睢阳，究其原因，应与当时朝廷的战略布局有关，朝廷有牺牲睢阳以牵制十多万安史叛军的想法。因被叛军包围，又无援兵救助，睢阳城内弹尽粮绝，出现了“食人”现象，历代史家学者对此现象评价褒贬不一，总体而论，应当给予同情与肯定。被围数月之后，睢阳城最终被叛军攻破，张巡惨遭杀害，而许远被押赴洛阳，此结局引起了张巡之子张去疾的怀疑，认为许远早已投降叛军，于是出现了大历年间张去疾状告许远的公案。这桩公案虽然因庭议而作罢，但后来仍有人议论纷纷。直到唐宪宗元和年间，韩愈作《张中丞传后叙》一文，充分肯定了张巡、许远坚守危城，大义殉国，自此以后，质疑许远投降叛军的流言便销声匿迹了。

关键词：张巡　许远　睢阳之战　张去疾

睢阳之战是唐代安史之乱时期一场最为惨烈的战役。唐肃宗至德二载（757 年）正月，安禄山死后，其子安庆绪派部将尹子琦率同罗、突厥、奚等部族精锐兵力与叛将杨朝宗会合，共 10 多万人，进攻素有江

作者简介：王增文（1955— ），男，河南太康县人，商丘学院人文学院教授、院长，中国《史记》研究会常务理事、河南省儒学文化促进会常务理事。研究方向为古代文学和商丘地域文化。

淮屏障之称的战略要地睢阳（今河南商丘）。睢阳太守许远邀请在雍丘（今河南杞县）、宁陵一带英勇抗击安史叛军已经一年之久的真源令张巡一起守城，率领6800名英勇将士浴血奋战，大小战斗400余次，杀敌12万人，坚守城池9个多月，虽最终城池被攻破，全体将士壮烈牺牲，但掩护了江淮地区，牵制了安史叛军，使唐王朝赢得了对安史叛军战略反攻的转机。关于睢阳之战如火如荼的战争过程，关于张巡用兵如神、智胜强敌的战略战术，关于张巡、许远、南霁云、雷万春等人忠勇爱国的伟大壮举，前人已有了很多很深入的研究[①]，但对于睢阳之战中缺少支援、杀人飨士、张巡后人状告许远等几个敏感问题，前人或出于为尊者讳，或有其他不方便的原因，论述还不够多。笔者不揣固陋，想对这几个敏感问题略做探析，请方家正之。

一、河南节度使贺兰进明等人为何不愿出师救援睢阳

《新唐书·张巡传》载："御史大夫贺兰进明代巨节度，屯临淮，许叔冀、尚衡次彭城，皆观望莫肯救。巡使霁云如叔冀请师，不应，遗布数千端。霁云嫚骂马上，请决死斗，叔冀不敢应。巡复遣如临淮告急，引精骑三十冒围出，贼万众遮之，霁云左右射，皆披靡。既见进明，进明曰：'睢阳存亡已决，兵出何益？'霁云曰：'城或未下。如已亡，请以死谢大夫。'叔冀者，进明麾下也，房琯本以牵制进明，亦兼御史大夫，势相埒而兵精。进明惧师出且见袭，又忌巡声威，恐成功，初无出师意。又爱霁云壮士，欲留之。为大飨，乐作，霁云泣曰：'昨出睢阳时，将士不粒食已弥月。今大夫兵不出，而广设声乐，义不忍独享，虽食，弗下咽。今主将之命不达，霁云请置一指以示信，归报中丞也。'因拔佩刀断指，一座大惊，为出涕。卒不食去。抽矢回射佛寺浮图，矢着砖，曰：'吾破贼还，必灭贺兰，此矢所以志也！'至真源，李贲遗

① 王少华：《张巡评传》，北京：中国文史出版社，2003年。王宇：《睢阳之战》，《半月选读》，2010年第15期。

马百匹；次宁陵，得城使廉坦兵三千，夜冒围入。贼觉，拒之，且战且引，兵多死，所至才千人。方大雾，巡闻战声，曰：‘此霁云等声也。’乃启门，驱贼牛数百入，将士相持泣。”①

这段史料详细记载了睢阳之战时没有援兵相助的实情。实际上，当时睢阳附近有唐军屯兵多处。御史大夫贺兰进明接替李巨任河南节度使屯兵在临淮（今江苏省宿迁市泗洪县临淮镇），灵昌太守、御史大夫许叔冀屯兵在谯郡（今安徽亳州），尚衡屯兵在彭城（今江苏徐州），这三方皆拥兵自重，对睢阳不闻不问。张巡命南霁云率30骑兵突围而出寻求援兵时，许叔冀、贺兰进明皆不愿出兵援救，只在真源令李贲处得马百匹。张巡当初离开宁陵时，交给部将廉坦3000兵，让他留守宁陵。南霁云最终与廉坦就带着这3000兵回睢阳，而最终杀入睢阳重围的只有约1000人。叛军得知睢阳断绝援军，围攻更加紧迫，使睢阳城危在旦夕。

那么睢阳附近的唐朝军队为什么都不愿救援睢阳呢？《旧唐书·许远传》载：“初，贺兰进明与房琯素不相叶。及琯为宰相，进明时为御史大夫。琯奏用进明为彭城太守、河南节度使、兼御史大夫，代嗣虢王巨；复用灵昌太守许叔冀为进明都知兵马、兼御史大夫，重其官以挫进明。虢王巨受代之时，尽将部曲而行，所留者拣退羸兵数千人、劣马数百匹，不堪扞贼。叔冀恃部下精锐，又名位等于进明，自谓匹敌，不受进明节制。故南霁云之乞师，进明不敢分兵，惧叔冀见袭。两相观望，坐视危亡，致河南郡邑为墟，由执政之乖经制也。”也就是说，安史之乱时，朝廷内部仍然矛盾重重，互相争斗牵制，以致贻误战机。贺兰进明作为河南节度使理应组织兵力救援睢阳，但他一是担心被许叔冀偷袭，二是怕张巡、许远声威超过自己，三是畏惧叛军，故不愿出师救援。许叔冀更是一个奸猾小人，后来他将兵守汴州时，举城而降叛军史

① 欧阳修、宋祁：《新唐书》卷192《张巡传》，北京：中华书局，1975年，第5538—5539页。

思明。这种人怎么会有为国分忧的大局意识呢？

让人疑惑的是，睢阳之战惨烈空前，唐肃宗和朝廷为何也不闻不问？贺兰进明、许叔冀等人不顾大局不出兵相救为何也没有受到朝廷的责骂处罚？这不能不让人怀疑，朝廷也有牺牲睢阳牵制十多万安史叛军的想法。即使睢阳沦陷，临淮、徐州、亳州或许正是屏障江淮地区的第二道防线。贺兰进明、许叔冀等人按兵不动而不受朝廷督促追责，是否也与朝廷的这种战略布局有关呢？

睢阳之战牵制10多万安史叛军9个多月，终于使唐王朝赢得了对安史叛军战略反攻的转机。在睢阳陷落前一个月，唐军已经收复长安，在睢阳陷落10天之后，唐将郭子仪收复洛阳。《新唐书·张巡传》载："始，肃宗诏中书侍郎张镐代进明节度河南，率浙东李希言、浙西司空袭礼、淮南高适、青州邓景山四节度掎角救睢阳，巡亡三日而镐至，十日而广平王收东京。"[①]《资治通鉴》卷220载，唐至德二载（757年）十月，"张镐闻睢阳围急，倍道亟进，檄浙东、浙西、淮南、北海诸节度及谯郡太守闾丘晓，使共救之。晓素傲很，不受镐命。比镐至，睢阳城已陷三日。镐召晓，杖杀之。"[②]这最后的胜利应该也告慰了张巡、许远等数千守城将士的英灵。

二、睢阳之战"食人"之事该如何评论

睢阳之战是中国战争史上一次最为悲壮惨烈的战役，它的悲壮惨烈不仅表现在全城将士们的奋勇杀敌和壮烈殉国，也表现在曾经出现"食人"一事上。

《旧唐书·张巡传》载："尹子奇攻围既久，城中粮尽，易子而食，析骸而爨，人心危恐，虑将有变。巡乃出其妾，对三军杀之，以飨军

① 欧阳修、宋祁：《新唐书》卷192《张巡传》，北京：中华书局，1975年，第5540页。

② 司马光：《资治通鉴》卷220《唐纪三十六》，至德二载十月癸丑，北京：中华书局，2011年，第7039页。

士。曰：'诸公为国家勠力守城，一心无二，经年乏食，忠义不衰。巡不能自割肌肤，以啖将士，岂可惜此妇，坐视危迫。'将士皆泣下，不忍食，巡强令食之。乃括城中妇人；既尽，以男夫老小继之，所食人口二三万，人心终不离变。"①

《新唐书·张巡传》载："七月，复围城。初，睢阳谷六万斛，可支一岁，而巨发其半餫濮阳、济阴，远固争，不听。济阴得粮即叛。至是食尽，士日赋米一勺，龁木皮、煮纸而食，才千余人，皆癯劣不能彀，救兵不至。……巡士多饿死，存者皆痍伤气乏。巡出爱妾曰：'诸君经年乏食，而忠义不少衰，吾恨不割肌以啖众，宁惜一妾而坐视士饥？'乃杀以大飨，坐者皆泣。巡强令食之。远亦杀奴僮以哺卒，至罗雀掘鼠，煮铠弩以食。"又云："被围久，初杀马食，既尽，而及妇人老弱，凡食三万口。人知将死，而莫有畔者。城破，遗民止四百而已。"②

读着这些史料，不禁使人毛骨悚然，心头滴血。看来，张巡、许远为坚守睢阳在万不得已的情况下确有"食人"之事。

首先看睢阳之战时缺粮的情况。睢阳守城之初，城内尚有存粮六万斛，足够一年之用。可是当时的河南节度使嗣虢王李巨却硬要征发睢阳存粮的一半运送给濮阳、济阴，睢阳太守许远苦苦争诉而无法阻止。最可恨的是济阴得到粮食后还叛变投降了叛军。把存粮的一半调运出去，这是直接导致睢阳被围 7 个多月后粮食出现短缺的原因。其实粮食只够半年之用，之所以能支撑 7 个多月，还是因为张巡军队在与叛军交战时，多有缴获。《新唐书·张巡传》载："因出薄战，子琦败，获车马牛羊，悉分士，秋毫无入其家。"③张巡部将南霁云突围求救，在宁陵借得

① 刘昫等撰：《旧唐书》卷 187《张巡传》，北京：中华书局，1975 年，第 4900—4901 页。

② 欧阳修、宋祁：《新唐书》卷 192《张巡传》，北京：中华书局，1975 年，第 5538—5540 页。

③ 欧阳修、宋祁：《新唐书》卷 192《张巡传》，北京：中华书局，1975 年，第 5537 页。

3000兵马冒夜突围进睢阳时，亦“驱贼牛数百入”。但到了七月以后，粮食开始短缺，战士一天只能分一小勺米，只能啃树皮，煮茶纸吃。树皮茶纸吃尽，开始吃战马；战马吃完，开始捕捉麻雀，挖老鼠。鼠雀吃尽，真就没什么可吃的了，人饿死很多，城内人开始把死人的尸体解剖，肉割下来下锅煮着吃。张巡恐这样下去城中会人心生变，就把自己的小妾杀了以飨军士，太守许远也把自己家的僮仆杀了给军队吃。最后，城内人为活命开始吃小孩，接着吃妇女老弱病残。真是太悲惨啦！

再看当时究竟食了多少人。《新唐书·张巡传》载“妇人老弱凡食三万口”[①]。《旧唐书·张巡传》说“所食人口二三万，人心终不离变”[②]。《资治通鉴》载：“然后括城中妇人食之；既尽，继以男子老弱。人知必死，莫有叛者，所余才四百人。”[③] 李翰《进张巡中丞传表》说：“设使巡守城之初，已有食人之计，损数百之众以全天下，臣犹曰功过相掩，况非其素志乎？”[④] 也就是说食人仅数百人。韩愈《张中丞传后叙》仅说了张巡、许远“食其所爱之肉”[⑤]，没有说食其他人的事。由上述资料可以看出，睢阳之战时，在万不得已的情况下，睢阳城内确实出现了非常惨重的人食人和杀人飨士的现象，但至于食了多少人，食已饥饿伤病而死的人有多少，杀活人以食有多少，还是一个有争议而且也是让人心头滴血不愿深究的问题。

那么，怎么评价睢阳之战时这种人食人和杀人飨士的现象呢？

不管如何说，食人肯定是不人道的，站在人性伦理的道德高度上

---

① 欧阳修、宋祁：《新唐书》卷192《张巡传》，北京：中华书局，1975年，第5540页。

② 刘昫等撰：《旧唐书》卷187《张巡传》，北京：中华书局，1975年，第4901页。

③ 司马光：《资治通鉴》卷220《唐纪三十六》，至德二载十月壬子，北京：中华书局，2011年，第7038页。

④ 司马光：《资治通鉴》卷220《唐纪三十六》，至德二载十一月戊午，北京：中华书局，2011年，第7046页。篇名《进张巡中丞传表》及全文见董诰等编：《全唐文（第3册）》卷430，北京：中华书局，1983年，第4376—4378页。

⑤ 韩愈撰，马其昶校注，马茂元整理：《韩昌黎文集校注》卷2《张中丞传后叙》，上海：上海古籍出版社，1986年，第74页。

讲，食人严重违背人道，突破了人类的道德底线。不仅今天骇人听闻，就是在当时也是违背仁义之道的，因而遭到了不少人的指责。《新唐书·张巡传》载："时议者或谓：巡始守睢阳，众六万，既粮尽，不持满按队出再生之路，与夫食人，宁若全人？"[①] 李翰也说："而议者或罪巡以食人，愚巡以守死，臣窃痛之。"[②] 清代思想家王夫之在《读通鉴论》卷9说："张巡守睢阳，食尽而食人，为天子守以抗逆贼，卒全江、淮千里之命，君子犹或非之。"[③] 又在《读通鉴论》卷23说："张巡捐生殉国，血战以保障江、淮，其忠烈功绩，固出颜杲卿、李澄之上，尤非张介然之流所可企望，贼平，廷议褒录，议者以食人而欲诎之，国家崇节报功，自有恒典，诎之者非也，议者为已苛矣。虽然，其食人也，不谓之不仁也不可。……若张巡者，唐室之所可褒，而君子之所不忍言也。"[④]

但是从当时的情形看，食人又确属无奈之举，是不得已而为之。也许有人会说，既然被围，杀开血路，弃城逃走不就好了，非要牺牲两三万百姓的生命来死守睢阳？当时就有人以此责诟张巡和许远。其实张巡、许远也曾议论过弃城而逃，但这个方案行不通。《新唐书·张巡传》载："贼知外援绝，围益急。众议东奔，巡、远议以睢阳江、淮保障也，若弃之，贼乘胜鼓而南，江、淮必亡。且帅饥众行，必不达。"[⑤] 他们一是想到睢阳乃江淮屏障，睢阳城一丢则江淮必亡，江淮若亡则国家危矣；二是想到即使想逃走，军民饥饿疲病，也难逃叛军虎口。逃与不逃都难免一死，故下定决心为国家死守睢阳。应该说他们的选择还是理性的。韩愈《张中丞传后叙》说："当二公之初守也，宁能知人之卒不救，

① 欧阳修、宋祁：《新唐书》卷192《张巡传》，北京：中华书局，1975年，第5541页。

② 司马光：《资治通鉴》卷220《唐纪三十六》，至德二载十一月戊午，北京：中华书局，2011年，第7046页。

③ 王夫之：《读通鉴论》卷9《献帝》，北京：中华书局，2013年，第281页。

④ 王夫之：《读通鉴论》卷23《肃宗》，北京：中华书局，2013年，第798页。

⑤ 欧阳修、宋祁：《新唐书》卷192《张巡传》，北京：中华书局，1975年，第5539页。

弃城而逆遁？苟此不能守，虽避之他处何益？及其无救而且穷也，将其创残饿羸之余，虽欲去，必不达。二公之贤，其讲之精矣！守一城，捍天下，以千百就尽之卒，战百万日滋之师，蔽遮江淮，沮遏其势，天下之不亡，其谁之功也！当是时，弃城而图存者，不可一二数；擅强兵坐而观者，相环也。不追议此，而责二公以死守，亦见其自比于逆乱，设淫辞而助之攻也。”①

睢阳之战，敌人最多时14万，守城将士共6800人。大小400余战，共杀敌12万人，斩敌将数百，坚守城池9个多月，牵制了安史叛军，为唐王朝准备反攻并最终平定安史之乱做出了最重大的贡献。唐至德二载（757年）农历十月九日，睢阳城终因将士伤病殆尽，无力再战而失陷。当时城中将士仅存400余人，皆饥饿伤病奄奄一息，却无一人投降。守将张巡、南霁云、雷万春等36人皆被害。许远被押送洛阳，至偃师，亦以不屈死。英雄将士为守睢阳，冲锋陷阵，最后皆杀身成仁，捐身殉国。他们为国家为民族都付出了生命的代价。这种悲壮和惨烈可谓惊天地，泣鬼神，江山落泪，万古同悲！

南宋学者徐钧诗云：“析骸易子守孤城，六万惟馀四百人。生道杀民民不怨，千年庙食尚如新。”②或许这就是对睢阳之战“食人”之事的最理性的评价！

三、关于张巡之子张去疾状告许远的历史公案

唐代宗李豫大历年间（766—779），还发生了一件由张巡之子张去疾状告许远的历史公案。

据《新唐书·许远传》载：“大历中，巡子去疾上书曰：‘孽胡南侵，

---

① 韩愈撰，马其昶校注，马茂元整理：《韩昌黎文集校注》卷2《张中丞传后叙》，上海：上海古籍出版社，1986年，第75页。

② 徐钧：《史咏》卷下《张巡》，《宋集珍本丛刊》（第87册），北京：线装书局，2004年，第763页。

父巡与睢阳太守远各守一面。城陷，贼所入自远分。尹子琦分郡部曲各一方，巡及将校三十余皆割心剖肌，惨毒备尽，而远与麾下无伤。巡临命叹曰：嗟乎，人有可恨者！贼曰：公恨我乎？答曰：恨远心不可得，误国家事，若死有知，当不赦于地下。故远心向背，梁宋人皆知之。使国威丧衄，巡功业堕败，则远于臣不共戴天，请追夺官爵，以刷冤耻。'诏下尚书省，使去疾与许岘及百官议。皆以去疾证状最明者，城陷而远独生也。且远本守睢阳，凡屠城以生致主将为功，则远后巡死不足惑。若曰后死者与贼，其先巡死者谓巡当叛，可乎？当此时去疾尚幼，事未详知。且艰难以来，忠烈未有先二人者，事载简书，若日星不可妄轻重。议乃罢。然议者纷纭不齐。"[①]

从上述记载可知，张巡之子张去疾曾在大历年间向唐代宗上书，要求追夺许远官爵。其理由主要有二：一是张巡、许远当年分头把守睢阳城，而安史叛军是从许远把守的地方开始攻破的；二是说睢阳城陷落后，张巡与部将等 36 人惨遭杀害，而许远却被叛军押赴洛阳，没有立即殉难，因说张巡殉难前曾怀疑许远投降叛军并深以为恨。唐代宗接到张去疾的上书后，下诏尚书省，让张去疾与许远之子许岘及百官庭议此案。百官认为，张去疾怀疑许远降敌的最明确的理由是许远没有与张巡等人一起在城破后立即壮烈殉难，但这并不能证明许远降敌，因为许远为睢阳太守是主帅，叛军押解他到洛阳向伪朝廷请功领赏，是合乎情理的，况且许远在被押往洛阳的途中，"至偃师，亦以不屈死"。百官认为，睢阳之战时，张去疾年纪尚幼，事未详知，可能是受到了某些小人的挑拨，故其言难以取信。这桩公案虽然因庭议而作罢，但后来仍有人议论纷纷。

到了唐宪宗李纯元和（806—820）年间，韩愈与吴郡张籍阅家中旧书，得读李翰所作《张巡传》。因李翰所作《张巡传》没有记载许远

---

① 欧阳修、宋祁：《新唐书》卷 192《许远传》，北京：中华书局，1975 年，第 5541—5542 页。

事迹，又联想到许远曾遭后人诬陷，遂作《张中丞传后叙》而为许远辩诬。

韩愈《张中丞传后叙》云：“远虽材若不及巡者，开门纳巡，位本在巡上。授之柄而处其下，无所疑忌，竟与巡俱守死，成功名，城陷而虏，与巡死先后异耳。两家子弟材智下，不能通知二父志，以为巡死而远就虏，疑畏死而辞服于贼。远诚畏死，何苦守尺寸之地，食其所爱之肉，以与贼抗而不降乎？当其围守时，外无蚍蜉蚁子之援，所欲忠者，国与主耳，而贼语以国亡主灭。远见救援不至，而贼来益众，必以其言为信；外无待而犹死守，人相食且尽，虽愚人亦能数日而知死所矣。远之不畏死亦明矣！乌有城坏其徒俱死，独蒙愧耻求活？虽至愚者不忍为，呜呼！而谓远之贤而为之邪？说者又谓远与巡分城而守，城之陷，自远所分始。以此诟远，此又与儿童之见无异。人之将死，其脏腑必有先受其病者；引绳而绝之，其绝必有处。观者见其然，从而尤之，其亦不达于理矣！小人之好议论，不乐成人之美，如是哉！如巡、远之所成就，如此卓卓，犹不得免，其他则又何说！”

韩愈首先批驳了“以为巡死而远就虏，疑畏死而辞服于贼”的错误观点，他抓住最关键性的几件事，充分说明许远忠于国家，以大局为重的政治品质，同时又紧扣与张巡的关系，让人感到坚守危城，大义殉国，张巡、许远是完全一致的，任何想把张、许二人分开的企图都是徒劳的。作者从两家子弟不能通晓父辈心志落笔，指出庸劣子弟之所以会如此，无非是受到了流言蜚语的惑乱，从而揭露了恶语中伤者的可恨。接着韩愈还驳斥了所谓“城之陷自远所分始”的错误观点，文章以“人之将死，其脏腑必有先受其病者；引绳而绝之，其绝必有处”做比喻，指出了这种观点的荒谬。随后韩愈发出感愤，斥责“小人之好议论，不乐成人之美”，指向一种带有普遍性的社会现象，不仅增强了文章的气势，而且非常能引起人的共鸣。

自韩愈《张中丞传后叙》一出，那种攻击许远的流言蜚语便销声匿迹了。

四、结语

以上谨对唐代睢阳之战的几个敏感问题略做探析，意在让一般读者更全面地了解睢阳之战的悲壮惨烈，了解张巡、许远等英雄将士的艰苦卓绝和忠勇顽强，了解我们国家统一、民族发展的沉重的历史脚步。我们今天生活在国富民强的太平盛世里，但我们永远不能忘记历史的惨痛教训，永远不能忘记历代志士仁人为国家统一、民族振兴所做出的卓越贡献。以铜为镜可以正衣冠，以史为鉴可以知兴替，以人为镜可以知得失。我们今天仍然应该居安思危，忠勇爱国，不忘国家民族振兴的伟大历史使命，为实现国家富强、民族振兴、人民幸福的伟大“中国梦”而不懈努力奋斗。

睢阳保卫战前后的唐王朝

樊　荣

（商丘学院人文学院　河南　商丘 476000）

摘　要：张巡和许远在睢阳城与安庆绪派部将尹子琦叛军浴血鏖战的时间节点，在唐玄宗与唐肃宗权力争夺，地方势力与中央政权较量时，玄宗委派虢王李巨任河南节度使，唐肃宗李亨任命贺兰进明担任河南节度使，两位节度使在河南并存，正是睢阳保卫战的关键时刻。玄宗和肃宗的宫廷争斗导致河南节度使一职在实质上处于真空状态。安庆绪继位后，急需建功稳定军心，于是，张巡、许远所守睢阳失陷就成为历史的必然结局。张巡、许远以及南霁云、雷万春等唐朝将士，以身许国，保障了唐朝东南的安全。

关键词：睢阳　张巡　许远　唐玄宗　唐肃宗

唐肃宗至德二年（757 年），安庆绪部将尹子琦率军南侵江淮屏障睢阳，河南节度副使张巡与睢阳太守许远、城父令姚訚在睢阳城内无粮草、外无援兵的情况下孤军奋战，历时十个月之久，前后交战四百余次，拖住了安史叛军十几万精锐之师，使叛军损失惨重，有效地阻遏了叛军南犯之势。

那么，本应该成为睢阳保卫战坚强后盾的唐王朝此时处于何种局

作者简介：樊荣（1956—），男，河南淇县人，商丘学院人文学院教授，文学博士，河南省华夏文化研究会副会长、中国文选学研究会理事、河南省中国古代文学研究会理事，研究方向为先秦诸子思想、汉魏六朝文学与中原地域文化。

面？为什么距离唐军主力并不遥远的睢阳付出了那么大的代价拼尽杀绝，流血成河，而附近的唐朝军队却见死不救呢？值得反思睢阳保卫战前后的唐朝政局，有哪些悲剧本可以避免发生，有哪些历史教训应该吸取，即使在安定团结的今天，也仍有其必要性。

一、睢阳保卫战前的唐王朝

这里所指睢阳保卫战前之唐王朝，仅述及与后来睢阳保卫战有关的唐王朝的一些情况。

唐睿宗景云年间（710—711），唐王朝开始在西北沿边军事重镇授予军事长官节度使的称号。到唐玄宗天宝年间（742—756）时，先后有平卢、范阳、河东、朔方、河西、安西、北庭、陇右、剑南、岭南十个节度使。按照唐玄宗的观点来看，江淮虽然扼守东南经济供给要道，却并非军事把守重点区域。一直到安史之乱爆发前，唐王朝的重点军事防御是位于西南方和西北方向吐蕃、回纥、契丹和突厥民族的军事力量，而东南方向则被认为是王朝腹地，皇家后院，无须防卫重点。

天宝十一载（752年），宰相李林甫为巩固自己的权力，主动请求辞去朔方节度使的兼职，推荐安禄山的堂兄安思顺继任，这样客观上也有助于安禄山长期控制河北，为日后安史之乱的爆发埋下了隐患。天宝十五载（756年）七月十五日入蜀途中，唐玄宗听从房琯的建议，令诸子分统天下节制大臣，这导致后来在河南战场上的官吏除了对抗安史叛军的进攻以外，还要面对玄宗和肃宗两股不同势力代表人物的权力争夺和势力角逐的局面。玄、肃二帝在河南代表势力的钩心斗角，在客观上也是导致张巡、许远睢阳保卫战惨剧发生的重要原因之一。

唐玄宗时期，河南、河北、怀汝郑三州与徐、曹、亳诸州是仅次于江浙一带的国库赋税来源，唐玄宗经常象征性地对这些地区表示关怀，目的是收买人心，稳固唐王朝经济基础。据《新唐书》记载，唐玄宗先后在“开元六年十月癸亥，赐河南府、怀汝郑三州父老帛。”[①]“十三年十月庚午，次濮州，赐河南、北五百里内父老帛。”[②]“十一月丁酉，赐徐、曹、亳、许、仙、豫六州父老帛。”[③]尽管在开元、天宝年间皇上赏赐从臣，多有记载，但是如此频繁的赏赐，说明了皇上对东南腹地的恩典。在皇恩浩荡的背后，实际上是歌舞升平的假象，同时也使东南民众对唐王朝感激涕零，为后来张巡、许远在安史之乱爆发后，能够在短时间内募得数千人奠定了社会基础。

唐玄宗晚年，李林甫、杨国忠擅权专政，社会矛盾重重，边境危机严重。唐玄宗放纵武将安禄山，忽视太子李亨提出的要提防安禄山造反的劝告，是促成安史动乱爆发的重要原因。《新唐书》卷二百四十六逆臣上《安禄山传》曰：“帝登勤政楼，幄坐之左张金鸡大障，前置特榻，诏禄山坐，褰其幄，以示尊宠。”[④]玄宗对安禄山有求必应，授予其平卢节度使、范阳节度使、河东节度使重任，宠爱有加，甚至对太子李亨的敏感发觉和建议也置若罔闻，拒不接受。《新唐书》卷六《肃宗本纪》曰：“安禄山来朝，太子识其有反相，请以罪诛之，玄宗不听。”[⑤]唐玄宗在天宝五年后，刚愎自用，先后诛杀北海郡太守李邕、户部侍郎杨慎矜、少府少监杨慎余、御史大夫王鉷等十余名高官，却对安禄山宠爱有加。四镇节度使王忠嗣“数上言禄山且乱”[⑥]，反而受到李林甫诬陷，险被杀害。

客观而言，早期比较英明决断的皇帝，总觉得太子诸多不尽如人意

---

① 欧阳修、宋祁:《新唐书》卷5《玄宗本纪》，北京：中华书局，1975年，第126页。

② 欧阳修、宋祁:《新唐书》卷5《玄宗本纪》，北京：中华书局，1975年，第131页。

③ 欧阳修、宋祁:《新唐书》卷5《玄宗本纪》，北京：中华书局，1975年，第132页。

④ 欧阳修、宋祁:《新唐书》卷246《安禄山传》，北京：中华书局，1975年，第6413页。

⑤ 欧阳修、宋祁:《新唐书》卷6《肃宗本纪》，北京：中华书局，1975年，第156页。

⑥ 欧阳修、宋祁:《新唐书》卷133《王忠嗣传》，北京：中华书局，1975年，第4554页。

之处。唐太宗李世民就曾先后废掉已经确定为太子的李承乾和李泰。玄宗的前太子郢王李瑛，因为遭遇武惠妃和驸马杨洄陷害，与鄂王李瑶、光王李琚先被废为庶人，不久赐死。李亨成为太子后，忍辱负重，小心翼翼，生怕出现意外。《新唐书》卷一百三十九《李泌传》曰："初，帝在东宫，李林甫数构谮，势危甚。"①玄宗宠臣李林甫口蜜腹剑，排除儒臣，重用藩将，为唐王朝的由盛转衰埋下了隐患。《新唐书》卷二百二十三《李林甫传》曰："林甫善刺上意，时帝春秋高，听断稍怠，厌绳检，重接对大臣，及得林甫，任之不疑。林甫善养君欲，自是帝深居燕适，沈蛊衽席，主德衰矣。"②《新唐书》卷二百四十六逆臣上《安禄山传》曰："时宰相李林甫嫌儒臣以战功进，尊宠间己，乃请颛用蕃将，故帝宠禄山益牢，群议不能轧，卒乱天下，林甫启之也。"③国君昏庸，朝政混乱；奸臣当道，黑手遮天。天宝末年，社会矛盾重重，文恬武嬉，朝野上下沉浸在歌舞升平、盲目乐观、自以为是的社会氛围中。《新唐书》卷五十《兵志》曰："自天宝以后，彍骑之法又稍变废，士皆失拊循。八载，折冲诸府至无兵可交，李林甫遂请停上下鱼书。其后徒有兵额、官吏，而戎器、驮马、锅幕、糗粮并废矣，故时府人目番上宿卫者曰侍官，言侍卫天子；至是，卫佐悉以假人为童奴，京师人耻之，至相骂辱必曰侍官。而六军宿卫皆市人，富者贩缯彩、食粱肉，壮者为角牴、拔河、翘木、扛铁之戏，及禄山反，皆不能受甲矣。"④彍骑，原名长从宿卫，开元十一年（723年）玄宗听从宰相张说建议，以招募方式选京兆、蒲、同、岐、华州府兵，每年宿卫两个月，拱卫京师，镇守军事要地。失拊循，即军队缺乏训练、调度。此时已经名存实

① 欧阳修、宋祁:《新唐书》卷139《李泌传》，北京：中华书局，1975年，第4633页。

② 欧阳修、宋祁:《新唐书》卷223《李林甫传》，北京：中华书局，1975年，第6345页。

③ 欧阳修、宋祁:《新唐书》卷246《安禄山传》，北京：中华书局，1975年，第6412页。

④ 欧阳修、宋祁:《新唐书》卷50《兵志》，北京：中华书局，1975年，第1327页。

亡。鱼书，即书信。部队荒废训练，相互之间又不沟通，甚至用市民来充当宿卫皇宫要地的军士，长时间的兵备懈怠，法纪废弛、军心涣散、居安忘危，在安史之乱突然爆发后，顿时出现了猝不及防的被动局面。上梁不正下梁歪。安史之乱时，地方州县的状况又如何呢？《新唐书》卷二百四十六《安禄山传》曰："时兵暴起，州县发官铠仗，皆穿朽钝折不可用，持梃斗，弗能亢，吏皆弃城匿，或自杀，不则就禽，日不绝。"[①] 自开元二十八年（740 年）起到天宝十一年（752 年），唐玄宗听从李林甫建议，崇信粟特族武将安禄山，先后授予他三镇节度使等要职。军事力量的绝对优势，唐王朝内部军事力量的腐败虚弱，助长了安禄山兴兵叛乱的野心。

叛乱发生之后，唐统治者的应对措施也是混乱，或者是错上加错。天宝十四年（755 年）十一月，安禄山从范阳起兵，诈称奉唐玄宗旨意讨伐逆臣杨国忠，率领骑步兵十五万，号称二十万，以高尚、严庄为谋主，孙孝哲、高邈、何千年为骨干，长驱南下，势如破竹。当时唐玄宗尚在华清宫，闻讯大惊失色，立斩安禄山在长安的长子安庆宗、儿媳荣义郡主和安禄山的原配夫人康氏。

安禄山叛军蓄谋已久，兵强马壮；唐王朝君臣上下文恬武嬉，仓皇应对，二者形成鲜明对比。《新唐书》卷二百四十六《安禄山传》曰："时太平久，人忘战，帝春秋高，嬖艳钳固，李林甫、杨国忠更持权，纲纪大乱。禄山计天下可取，逆谋日炽，每过朝堂龙尾道，南北睥睨，久乃去。更筑垒范阳北，号雄武城，峙兵积谷。"[②] 皇帝昏庸，奸臣弄权，纲纪混乱，助长了安史叛军的投机心理。安禄山远在北疆，利用胡人与中原的对抗心理，在叛乱初期，就让长期歌舞升平的长安军民不知

① 欧阳修、宋祁：《新唐书》卷 246《安禄山传》，北京：中华书局，1975 年，第 6418 页。

② 欧阳修、宋祁：《新唐书》卷 246《安禄山传》，北京：中华书局，1975 年，第 6414 页。

所措。《新唐书》卷二百四十六《安禄山传》曰："禄山谋逆十余年，凡降蕃夷皆接以恩；有不服者，假兵胁制之；所得士，释缚给汤沐、衣服，或重译以达，故蕃夷情伪悉得之。禄山通夷语，躬自尉抚，皆释俘囚为战士，故其下乐输死，所战无前。"[①] 安禄山励精图治，苦心经营十余年的目的，就是为了有朝一日南下中原，夺取皇位，建立大燕王朝。而唐王朝首都长安在遭遇强敌入侵之际，却人心涣散，一盘散沙，百官纷纷仓皇逃跑。《新唐书》卷五《玄宗本纪》曰："（天宝十四载）十一月，安禄山反，陷河北诸郡。十二月丁亥，安禄山陷灵昌郡。辛卯，陷陈留郡，执太守郭纳，张介然死之。癸巳，安禄山陷荥阳郡，太守崔无诐死之。"[②] 唐王朝面对强敌，一时不知所措，安史之乱早期的唐军，非败即降，安史叛军势如破竹，直捣唐王朝的东都洛阳和王朝心腹长安。《新唐书》卷二百四十六《安禄山传》曰："禄山未至长安，士人皆逃入山谷，东西骆驿二百里。宫嫔散匿行哭，将相第家委宝货不赀，群不逞争取之，累日不能尽。又剽左藏大盈库，百司帑藏竭，乃火其余。"[③] 经过短暂的人心惶惶后，文恬武嬉的唐王朝政权才如梦初醒，急忙整顿兵力，集结力量来对抗来势汹汹的安史叛军。

二、睢阳保卫战时的唐王朝

与前节一样，这里所讲的唐王朝，也是仅限于与睢阳保卫战有直接关联的唐王朝的有关情况。

安史叛军的长驱南下，惊破了唐玄宗的霓裳羽衣曲，暂时缓和了唐王朝建国近一百四十年来积聚下来的其他矛盾。在平定叛军的旗帜下，经过短暂的混乱和仓皇失措后，唐政府开始组织军民进行有效阻击

① 欧阳修、宋祁:《新唐书》卷246《安禄山传》，北京：中华书局，1975年，第6417页。

② 欧阳修、宋祁:《新唐书》卷5《玄宗本纪》，北京：中华书局，1975年，第151页。

③ 欧阳修、宋祁《新唐书》卷246《安禄山传》，北京：中华书局，1975年，第6420页。

叛军。天宝十五载（756年）七月，唐玄宗西行入蜀途中，龙武大将军陈玄礼在马隗驿除掉了杨国忠、杨玉环兄妹，玄宗继续入蜀，而太子李亨前往前线收拾残兵败将，不久在灵武宣布即位，是为唐肃宗，改元至德，尊玄宗为太上皇。至此，抗击安史叛军的战场才出现了局部的转折变化。

但尽管如此，唐主政者在迎敌方略上，也是摇摆不定的。（天宝）十四载十一月，在已经攻下河北诸郡的安禄山即将渡过黄河之际，玄宗于仓促之间任命卫尉卿张介然为河南节度采访使，驻守陈留郡（今河南省开封市陈留镇）。十二月，安禄山攻陷陈留郡，张介然战死。《新唐书》卷一百九十一《张介然传》曰："禄山反，授河南节度采访史，守陈留。陈留据水陆剧，居民滋伙，而太平久，不知战。介然到屯不三日，贼已渡河。车骑蹂腾，烟尘漫数十里，日为夺色。士闻钲鼓声，皆褫气不能授甲。凡旬六日，城陷。"[①] 陈留保卫战，是在安史叛军声势正旺盛时期的阻击战。新任河南节度采访史的张介然率领陈留军民只经过短暂的抵抗，城池就被攻破。安禄山进陈留城后，杀死陈留已经投降的万余人，造成血流成川的惨案。张介然也被在军门斩首。叛军以伪将李廷望为节度使，守陈留。

（天宝）"十五载正月乙卯，东平郡嗣吴王衹以兵讨安禄山。丙辰，李随为河南节度使，以讨禄山。丁丑，真源令张巡以兵讨伐安禄山。……二月己亥，嗣吴王李衹与安禄山将领谢元同战于陈留，败之。……三月乙卯，张巡及安禄山将令狐潮战于雍丘（今河南省杞县），败之。丙辰，杀户部尚书安思顺，太仆卿安元贞。四月乙酉，北海郡太守贺兰进明以兵救平原。……五月戊辰，嗣虢王（李）巨为河南节度使。……六月丁酉，次马嵬驿，左龙武大将军陈玄礼杀杨国忠……赐贵妃杨氏死。……己亥，禄山陷京师。……七月丁卯，皇太子为天下兵马

① 欧阳修、宋祁:《新唐书》卷191《张介然传》，北京：中华书局，1975年，第5527页。

大元帅，都统朔方、河东、河北、平卢节度使。……八月癸巳，皇太子即皇帝位于灵武。"① 平叛战争初期，唐王朝从手忙脚乱，从天宝十四载在安史之乱爆发后，在内地设立第一个藩镇，到后来安史叛军倾力围攻睢阳的战局来看，在当时这样的举措，玄宗此时无疑是具有战略眼光的。天宝十五载正月，济南太守李随到睢阳后，被任命为河南节度使，与此同时被任命的还有睢阳太守兼防御使许远。

继李随之后，被任命为河南节度使的是吴王李祗。天宝十五载（756年）二月，李祗被任命为灵昌太守、河南都知兵马使，而当时正在雍丘的张巡正是打着吴王李祗的先锋使旗帜来招兵抗敌的。三月，李祗被任命为陈留太守、河南节度使。五月，嗣虢王李巨被任命为陈留谯郡太守、摄御史大夫、河南节度使。在更换的河南军事指挥长官中，有的是在原职被杀，有的则是临阵换将，触犯了兵家之大忌。复旦大学李碧妍博士的学位论文《危机与重构——唐帝国及其地方诸侯》中在分析唐玄宗天宝十五年（756年）七月入蜀途中颁布的《命三王制》时说："随着西北军事集团的溃败，边将领兵的方针也被玄宗抛弃，取而代之的则是皇子分封诸道。而就河南来说，此前对虢王巨的任命并未更革，显示了这一任命仍是玄宗此战略调整中的重要环节。不过此制文除了以上所说的目的外，也许还含有另外一个更加深刻的意图，那就是玄宗要以分封诸王来遏制太子李亨。而我们的研究将会发现，玄、肃二帝间的这一矛盾也将对此后河南节帅的选任造成影响。"② 从李林甫害怕儒臣以战功受到皇帝尊崇，而劝告玄宗重用蕃将，导致养虎遗患，酿成大祸，到战争迫在眉睫时，玄宗听从房琯建议令诸子分总天下节制大臣，使太子李亨很不舒服。

唐玄宗晚年擅权专职，枉杀大臣，崇信奸佞，导致唐王朝由盛转衰

① 欧阳修、宋祁:《新唐书》卷5《玄宗本纪》，北京：中华书局，1975年，第151页。

② 李碧妍:《危机与重构——唐帝国及其地方诸侯》，复旦大学博士学位论文，2011年，第18页。

的安史叛乱爆发。《新唐书》卷五《玄宗本纪》曰："方其励精政事，开元之际，几致太平，何其盛也！及侈心一动，穷天下之欲不足为其乐，而溺其所甚爱，忘其所可戒，至于窜身失国而不悔。考其始终之异，其性习之相远也至于如此。可不慎哉！可不慎哉！"[①]即使这样，唐玄宗仍然在危难关头，设法分封诸王牵制太子李亨，形成了在河南战场上除了对抗安史叛军的进攻以外，还要遭受玄宗和肃宗两股不同势力代表人物的权力争夺和势力角逐。玄、肃二帝在河南代表势力的钩心斗角，从某种意义上来说，在客观上也是导致张巡、许远睢阳保卫战惨剧发生的重要原因之一。

当时皇宫权力的争斗。毋庸讳言，在安史之乱爆发后，玄宗与肃宗，中央与地方，地方与地方之间的多重矛盾，让位于唐王朝与安史叛军之间这对主要矛盾。而玄宗与肃宗，中央与地方，地方与地方之间的矛盾已经让位于次要的矛盾。但是，在血雨腥风、拼死抵抗的睢阳保卫战中，位于河南地区的次要矛盾，却由于玄宗和肃宗二帝代表势力的钩心斗角，畏敌不援，失去了在睢阳围点打援的绝好战机，使守卫睢阳城的将士和城中民众付出了惨重的代价。

唐玄宗在安史叛乱爆发后，在内地匆忙任命的河南节度使一职，是出于安史叛军长驱南下的局面被迫而为的。唐玄宗先后在河南任命的张介然、李随、吴王李祗和虢王李巨，从玄宗天宝十四载（755 年）11 月到肃宗至德二年（757 年）春秋之间，不到两年的时间内频繁换将，只是一个表面现象，其背后的玄机，与玄宗意图限制势力增长的太子李亨关系密切。至德二年，安庆绪派部将尹子奇率同罗、突厥、奚等部族精锐兵力与杨朝宗合，共十几万人，进攻睢阳时，也正是虢王李巨担任陈留谯郡太守、摄御史大夫、河南节度使之时。《旧唐书》卷一百一十二《李巨传》曰："（李巨）寻授陈留谯郡太守、摄御史大夫、河南节度使。

① 欧阳修、宋祁：《新唐书》卷 5《玄宗本纪》，第 154 页。

翌日，巨称官衔奉谢，玄宗惊曰：‘何得令摄？’即日诏兼御史大夫。巨奏曰：‘方今艰难，恐为贼所诈，如忽召臣，不知何以取信？’玄宗劈木契分授之，遂以臣兼统岭南节度使何履光、黔中节度使赵国珍、南阳节度使鲁炅，先领三节度事。”① 至德二年正月乙卯，安庆绪弑其父安禄山后，急需要建立战功，来稳固自己在叛军中的地位。正月乙亥，安庆绪将尹子奇寇睢阳郡，张巡败之。五月，李巨被授予陈留谯郡太守、摄御史大夫、河南节度使职务。此时，安禄山攻陷东京，唐玄宗正急着选择将帅来组织领导对入侵河南叛军的阻击。未料想，却在此关键时刻，遇到了杨国忠的猜忌和阻挠，李巨一个多月没能见到玄宗。后来，在玄宗派中官召见后奏事后，才授予李巨谯郡太守、摄御史大夫、河南节度使的。

然而，诡异的是，接着玄宗又劈木契分授之，以李巨兼统岭南节度使何履光、黔中节度使赵国珍、南阳节度使鲁炅，先领三节度事。由唐玄宗前后两次的任命来看，这时，防守安史叛军的重点仍然在西线战场。东线战场上由吴王李祗竖起，由吴王先锋使张巡高举的东线战场平叛大旗，在安庆绪大将尹子奇急欲建功立业，围攻睢阳的关键时刻，在中央王朝政府又一次临阵换帅的情况下，釜底抽薪，在精神上对于正在坚守睢阳城的将士们来说，无疑是一个沉重打击。

至德元载十月，肃宗任命北海太守贺兰进明为河南节度使。至德二年六月癸未，尹子奇再次围攻睢阳城池。八月甲申，肃宗任命张镐兼河南节度使，都统淮南诸军事。② 此后，睢阳守城的将士们就将面临更加严峻的考验。李碧妍的博士学位论文《危机与重构——唐帝国及其地方诸侯》以河南节度使的选任为线索，考察了安史叛军第一阶段河南的政治形势，用图表的方式展示了考察的结果。

① 刘昫等撰：《旧唐书》卷112《李巨传》，北京：中华书局，1975年，第3346页。

② 欧阳修、宋祁：《新唐书》卷6《肃宗本纪》，北京：中华书局，1975年，第154页。

安史叛乱初期河南节度使任命表

	姓名	任年	治所	出身
玄宗系	张介然 李　随 吴王祗 虢王巨	天宝十四载十一月至十二月 天宝十五载一月至三月前 天宝十五载三月至五月 天宝十五载五月至至德二载春	治陈留 治睢阳 治灵昌 治彭城	河陇集团重臣 济南太守 东平太守 宗室
肃宗系	贺兰进明 张　镐 崔光远	至德元载十月受命至至德二载八月 至德二载八月至乾元元年五月 乾元元年五月至十二月	治临淮 治陈留 治陈留	北海太守 宰相 礼部尚书
禄山系	李廷望	天宝十四载十二月至至德二载一月	治陈留	
庆绪系	尹子奇	至德二载一月至十月	治陈留	

李碧妍博士通过分析，认为“在唐廷与叛军争夺河南的同时，唐廷内部的争夺也在进行。肃宗以贺兰进明代替虢王巨为河南节度使，正是其决意与玄宗争夺河南政治统治权的表现。但当贺兰进明来到河南后，实际上已经无法控制凭借安史之乱业已成长起来的河南地方军阀，如徐叔冀等人。肃宗在此时也在调整策略，其以宰相张镐出统河南诸道，试图集合东方诸军救援睢阳并收复河南失地，但张镐实际上也遇到了与贺兰进明同样的问题，面对这些逐渐坐大的地方军阀，有效的控制力已经无法实行。”[①] 通过图表分析，我们可以清晰地看到以下几个问题明显不利于张巡、许远睢阳城保卫战的实施，甚至唐王朝的高层官员，还在关键时刻釜底抽薪，起到了非常明显的消极作用。

首先，与张巡、许远在雍丘、宁陵、睢阳对抗叛军、浴血奋战、出生入死不同的是，从天宝十四载十一月到至德二年八月仅二十一个月之间，唐王朝竟然诡异地先后委派了张介然、李随、吴王祗、虢王巨、贺

① 李碧妍:《危机与重构——唐帝国及其地方诸侯》，复旦大学博士学位论文，2011 年，第 24 页。

兰进明五位河南节度使，更让人困惑的是，唐王朝频繁地走马换将，不仅没有改变张巡抗击安史叛军的凶险境遇，反而使张巡、许远等浴血奋战的局势越来越糟，直至城破人亡。

其次，我们从以上表格还可以清晰地看到，天宝十五载五月至至德二年春受代时期的虢王李巨受唐玄宗委派任河南节度使，而至德元载十月受命至至德二年八月受唐肃宗李亨任命贺兰进明担任河南节度使，这种两位节度使在河南并存的时间节点，也正是张巡、许远、南霁云、雷万春与安庆绪派部将尹子琦十几万叛军浴血鏖战的关键时刻。双悬日月，即等于在此关键时刻河南节度使职务因唐玄宗和唐肃宗的宫廷权力争斗同样进入白热化状态，河南节度使一职在实质上处于真空状态，再加上安庆绪在继位后急需建功稳定军心，睢阳城张巡、许远守军的悲剧上演就成为历史的必然结局。《唐方镇年表》卷二记载曰："宣武军节度、卞宋亳观察等使、汴州刺史，领卞、宋、亳三州。""天宝十四载（755年）张介然《通鉴》：十月丙子，置河南节度使，领陈留等十三郡，以卫尉卿猗氏张介然为之。""至德元载（七五六）虢王巨《通鉴》：天宝十五载五月，张垍荐虢王巨，上征为太仆卿，以巨为陈留、谯郡太守、河南节度使。""李随《通鉴》：正月，李随至睢阳。丙辰，以随为河南节度使。""吴王祗 二月戊辰，吴王祗拜陈留太守、河南节度使。""虢王巨《旧传》：禄山陷东京，授河南节度使；至德二载，为太子太傅。""贺兰进明《通鉴》：十月，贺兰进明为河南节度使。"[①]

《唐方镇年表》可与李碧妍的博士学位论文中的"安史叛乱初期河南节度使任命表"相互参照，至德元载（756年）七月发生了马嵬事变，八月，在灵武城的南门城楼，李亨举行了简单的登基仪式。十月，即任命贺兰进明为河南节度使。因此，此时已是强弩之末的唐玄宗势力，被逐渐挤出河南地区是历史发展的必然结果；而唐肃宗新任命的河

① 吴廷燮：《唐方镇年表》，北京：中华书局，1980年，第185—186页。

南节度使贺兰进明，对惨烈的睢阳保卫战作壁上观，彭城驻军许叔冀、尚衡，真源李贲、宁陵廉坦、濠州刺史闾丘晓等人逗留不进，不敢全力救助，在此就反映了玄宗与肃宗之间的微妙矛盾关系。濠州刺史闾丘晓虽然后来因为衍期而被新任河南节度使张镐杖杀，但据《唐才子传》卷第二记载，张镐杖杀闾丘晓更大的因素，是因为闾丘晓杀龙标尉王昌龄而招杀身之祸。其他人等并没有因为贻误战机而受到唐肃宗的惩处。[1]

唐玄宗与后来的唐肃宗都非常清楚安史暴乱后，东线战场对于未来江淮地区的重要战略地位。正是因为陈留、睢阳、彭城、濠州战略地位重要，唐玄宗才在早期安排河陇集团重臣去担任河南节度使，后派唐宗室吴王李祇去加强抵抗安史叛军的力量，在当地军事力量的努力下，张巡率领将士们先后取得雍丘、宁陵，甚至在守卫睢阳的早期阶段，虽然艰苦，但都取得了明显的成绩。

战局的转折，是从天宝十五年五月虢王李巨任河南节度使屯彭城，假巡先锋开始的。《新唐书》卷一百九十二《张巡传》曰："俄而鲁、东平陷贼，济阴太守高承义举郡叛，巨引兵东走临淮。贼将杨朝宗谋趋宁陵，绝巡饷路。巡外失巨依，拔众保宁陵，马才三百，兵三千。至睢阳，与太守许远、城父令姚闇等合。"[2] 尽管有诏拜张巡为主客郎中、副河南节度使，但是，张巡面临的却是当他为将士有功者请于李巨时，收到的除了仅授折冲、果毅郎将官外，却是李巨"不听"的结果。缺乏外援，缺乏粮饷补给，是张巡睢阳保卫战弹尽粮绝的物质原因；更重要的是虢王李巨不能尊重张巡的合理要求，"引兵东走临淮"；新被肃宗任命的河南节度使贺兰进明嫉妒张巡、许远的声威功出己上，不肯出师相救。在物质、精神上落井下石，摧垮了张巡、许远睢阳保卫战的最后一道思想防线。

① 傅璇琮主编:《唐才子传笺校（第1册）》卷2《王昌龄》，北京：中华书局，1990年，第257页。

② 欧阳修、宋祁:《新唐书》卷192《张巡传》，北京：中华书局，1975年，第5536页。

其实，唐肃宗李亨比谁都清楚在当时阻击安史叛军的睢阳保卫战，对于整个东线战场能否取得最后胜利的重大意义。他先后在至德元载十月将北海太守贺兰进明和至德二年八月将宰相张镐安排为河南节度使，就充分说明了这个问题的重要性。安史之乱爆发后，太子李亨在灵武继位时，曾经抱泌颈以泣，对李泌的忠告言听计从。《新唐书》卷一百三十九《李泌传》曰："因从容问破贼期，对曰：'贼掠金帛子女，悉送范阳，有苟得心，渠能定中国邪？华人为之用者，独周挚、高尚等数人，余皆胁制偷合，至天下大计，非所知也。不出二年，无寇矣，陛下无欲速。夫王者之师，当务万全，图久安，使无后害。今诏李光弼守太原，出井陉，郭子仪取冯翊，入河东，则史思明、张忠志不敢离范阳、常山，安守忠、田干真不敢离长安，是以三地禁其四将也。随禄山者，独阿史那承庆耳。使子仪毋取华，令贼得通关中，则北守范阳，西救长安，奔命数千里，其精卒劲骑，不逾年而弊。我常以逸待劳，来避其锋，去翦其疲，以所征之兵会扶风，与太原、朔方军互击之。徐命建宁王为范阳节度大使，北并塞与光弼相掎角，以取范阳。贼失巢窟，当死河南诸将手。'帝然之。"① 肃宗在安史叛军风头正劲时，设法避其锋芒，牵制叛军主力，拉长叛军的南北战线，与叛军打后方消耗战，这不能说不是李泌战略思想的高明之处。但是，当张巡在睢阳城上演安史之乱中最惨烈的保卫战时，已经上任的河南节度使贺兰进明却不去增援，眼看着叛军尹子奇率十数万军队攻破睢阳城池，从表面上看，好像是贺兰进明嫉妒张巡、许远的战功，但是，将贺兰进明置于后来担任北海太守、南海太守、岭南节度使的特定历史背景深入分析后，即可见肃宗李亨当时这样安排，就有借刀杀人的嫌疑了。《新唐书》卷一百九十二《张巡传》曰："张巡、许远，可谓烈丈夫矣。以疲卒数万，婴孤墉，抗方张不制之虏，鲠其喉牙，使不得搏食东南，牵掣首尾，豗溃梁、宋

① 欧阳修、宋祁：《新唐书》卷139《李泌传》，北京：中华书局，1975年，第4633页。

间。大小数百战，虽力尽乃死，而唐全得江、淮财用，以济中兴，引利偿害，以百易万可矣。巡先死不为遽，远后死不国屈。巡死三日而救至，十日而贼亡，天以完节付二人，畀名无穷，不待留生而后显也。”①

睢阳保卫战后“三日而救至，十日而贼亡”的结局，让人多生疑窦。既然河南节度使贺兰进明兵力精锐，许叔冀、尚衡、李贲、廉坦、闾丘晓都距离睢阳不远，为什么非要等睢阳城破三日后才来营救？李碧妍《危机与重构——唐帝国及其地方诸侯》一文在“第一章　河南：对峙开始的地方”“小结”中说：“张、许与叛军对抗的历史意义，其实却是建立在一个充满着中央政策的变动，玄、肃二帝的权力争夺，地方势力与中央的较量，以及前者彼此暗战的矛盾基础之上的。这使得张、许不得不承担一个本不应该由他们这样的地方官员来承担的历史责任。而他们在历史上的‘忠臣’形象以及睢阳的‘英雄’事迹，与其说是由他们个人的忠贞气节所塑造出来的一项功业，还不如说是由复杂的政治矛盾和利益冲突所酿成的一场悲剧。”②

悲剧是把人生有价值的东西毁灭给人看。玄、肃二帝的权力争夺，地方势力与中央的较量，导致了睢阳城最后的失陷，张巡、许远与睢阳城内的军民付出了沉重的生命代价。

三、结语

张巡、许远、南霁云、雷万春等唐朝将士面对气势汹汹的安史叛军，临危不惧，以身许国，前后大小战有四百余次，斩敌将数百名，杀贼卒 12 万余人，让叛军受到重创，同时保障了唐朝东南的安全，为唐朝平定安史之乱立下奇功，其丰功伟绩永远值得后人敬仰。同时，睢阳保卫战以血的教训，给后人留下了深刻的理性思考。

① 欧阳修、宋祁：《新唐书》卷 192《张巡传》，北京：中华书局，1975 年，第 5537 页。

② 李碧妍：《危机与重构——唐帝国及其地方诸侯》，复旦大学博士学位论文，2011 年，第 84 页。

时刻保持强烈的忧患意识，未雨绸缪，防患未然，是睢阳保卫战给后人留下的沉痛教训。在中华民族发展史上，贪图奢侈享乐，荒废军国政务的事例不胜枚举，唐玄宗不听太子李肃劝告，宠信口蜜腹剑的李林甫，听信以裙带关系横行朝廷的杨国宗兄妹，养虎遗患，在安史之乱爆发后仓促应对，导致睢阳保卫战悲剧的上演。

顾全大局，建设稳固有力的权力中枢，是应对突发事件的重要保证。而睢阳保卫战战前及保卫战期间，正是由于玄宗和肃宗之间的政争不停，并无全面与稳健的应敌之策，致使睢阳城中的张巡、许远等，实际成了唐王朝政治与军事力量争斗的牺牲品与弃卒。

清代乾隆年间彭家屏禁书案的历史考察

徐振华　史万庆

（曲阜师范大学历史文化学院　山东　曲阜 273165；

商丘学院　河南　商丘 476000）

摘　要：政治高压、意识形态全控的清代乾隆朝是个人人不敢讲真话的不正常社会。乾隆二十一年被洪水大灾之后，河南之夏邑、商丘、永城、虞城等县，连岁未登，积歉已久，土地未涸未种者居多，穷黎景况更有不堪入目者，于彼处收买童男二才用钱数百文，在这样极其严重的情况下，在籍江苏布政使彭家屏作为当地的名门望族，亦即人们所讲的贵族，与众不同，敢于道出实情，实属难能可贵。其精神可佩可赞。其因之被处死，家产被籍没，甚为人所同情与悲悯。

关键词：爱新觉罗·弘历　彭家屏　禁书案　夏邑

20 世纪末的最后一年里，上海三联书店出版了知名美国汉学家孔飞力的著作《叫魂：1768 年中国妖术大恐慌》（以下简称《叫魂》）。[①] 书中显示，清朝最高统治者爱新觉罗·弘历并不是长期以来中国史学界及有关历史题材文学作品中所标榜的那样，不是什么明君，乾隆时期也不是什么盛世。当时的中国，生民度日甚是不易，艰难竭蹶；官场以讨

作者简介：徐振华（1956—），男，山东泰安人，曲阜师范大学历史文化学院教授、历史学博士，硕士研究生导师，研究方向为中国古代史。史万庆（1983—），男，河南宁陵人，商丘学院副教授，研究方向为管理文化。

① 孔飞力著，陈兼、刘昶译：《叫魂：1768 年中国妖术大恐慌》，上海：生活·读书·新知三联书店，1999 年。

好上峰为指规，下上相欺，弄虚作假；最高统治者在精神状态上也不正常，敏感而多疑，如有人所已经指出过的，有“统治合法性焦虑综合征”。

孔飞力《叫魂》书中所述1768年（乾隆三十三年）是弘历统治中期之事，那么，其在位前期的状况如何？应该说，弘历在位前期也是生民度日甚是不易，艰难竭蹶；官场弄虚作假，下与上相欺；其本人也已是敏感多疑，已经患有统治合法性焦虑症候。有关此点，发生于“叫魂系列冤案”之前十一年，1757年（乾隆二十二年）的彭家屏禁书案，即具有代表性。

一、彭家屏的家世与生平

在具体述及本案之前，有必要将此案主角彭家屏的家世与生平，作一简单介绍。

虽然彭家屏后来居住河南省商丘市夏邑县城内西门一带，[①] 但其本是今河南省夏邑县王集乡彭大楼村人。如果从该村现存古代彭氏祠堂推算，作为望姓大族的夏邑彭家，到彭家屏时已一个半世纪。如果从当地彭氏家族的家谱史料来看，则该家族到彭家屏时的时间更长，已有250年历史。

2020年中秋时节，笔者慕名从商丘市乘长途汽车至夏邑县城，再乘出租车向北20华里来到彭大楼村，参观该村的明代彭氏祠堂。看到祠堂位于该村的老胡同内，始建于明代万历三十三年（1605年），距今已410余年，是夏邑县的县级文物保护单位。该祠堂坐北朝南，长10余米，宽约7米，高在6米以上，青砖、青瓦、高脊，内部大梁为多层重叠梁，房的顶部无脊檩，墙上放梁处有立柱支撑，地面铺有青砖，与本人儿时所记的山东省新泰市宫里镇镇里村明代万氏宗祠相近，是典型

① 参见《河南布政使刘慥为遵旨详查彭家屏函札并无逆词事奏折》，乾隆二十二年五月初四日，《历史档案》，1991年第4期。

的明代晚期北方建筑。另据夏邑彭氏族谱记载，彭大楼村彭家是1505年从南边五里的司道口镇迁来。相对于彭大楼村，司道口是大村，现在亦如此。现司道口有居民6000余人，彭大楼村只有1300余人。

来彭大楼村的第一代人彭悠久，有经营酒铺与做私塾教师的经历。但第二代起，彭家就有“功名”之人不断。彭悠久长子彭中美，嘉靖乙酉（1525年）乡试第一，曾受业于浙江永康名儒程文德，被程文德称为“北方名儒”。彭中美之子彭好古，弱冠之年举于嘉靖丁酉（1537年）乡试，后任直隶新城县知县，再任陕西同官县知县。

彭好古共生八子，次子彭健吾为万历癸未（1583年）进士，六子彭端吾为万历辛丑（1601年）进士。彭健吾曾任陕西泾阳等县知县。彭端吾则是一代名臣鸿儒，为官之始授予中书舍人，擢为山西道御史，最后官至太常寺少卿。彭端吾登第后在彭大楼村建立彭氏宗祠，并制定家训教育子孙。

彭端吾的长子彭尧谕，天启辛酉（1621年）拔贡，曾任南康通判。彭端吾的三子彭尧泰，荫武英殿中书舍人。

彭尧谕的生年，正值明末中原大乱之际。其致仕归家后，曾在县城西边筑有军事城堡性质的小邑西园以自保。另外，也是彭尧谕在世时，其本人有较多著述，也喜欢藏书，曾在老家建造藏书楼。由此，其所居村庄庄名也由原来的罗楼改称彭大楼。

进入清代，彭家仍功名不衰。彭端吾三子彭尧泰之子彭舜龄是清顺治二年（1645年）乙酉科举人，顺治六年（1649年）己丑科进士，文林郎，曾任浙江嘉兴与山东登州府推官。彭舜龄的儿子彭溶，曾任贵州知府。彭家屏是彭舜龄之孙。

顺便提及，彭家屏是康熙五十六年（1717年）举人。与之一同中举的还有彭燕贻。彭燕贻为彭溶第五子，后官至户部福建清吏司员外郎。

彭家屏（1692—1757），字乐君，号青原。自幼聪慧好学，读史诵经扎实。其康熙五十六年中举人时是顺天乡试经魁。康熙六十年（1721年）辛丑科第三甲第四十七名赐同进士出身。授刑部主事，累迁郎中。雍正八年（1730年）考选山西道御史。雍正十二年外授直隶保定府知府。雍正十三年擢直隶清河道道尹、长芦盐使。乾隆三年（1738年）十月署理湖南按察使。乾隆六年（1741年）八月迁江西布政使。在江西任上九年，乾隆十五年十月改云南布政使。乾隆十九年四月调江苏布政使。乾隆二十年九月，被召入京，接受皇帝面询，以病为由归原籍。

彭家屏在各地任职忠于职守，为官清廉，注意体察民情，勇于为地方上兴利除弊。雍正乾隆之交，其在河北时间较长。乾隆初年的直隶总督李卫曾在对他的考评中写道："署清河道彭家屏，河南归德府人，进士出身，系前任长芦盐法道诖误革职，奉旨以紧要知府委任，由保定府递行委署。年力正富，为人明白细致，办事有才，惟举动亦活，若再加老练诚实，可称能员。"[①]

调任江西布政使之职后，彭家屏为江西办了较多好事。如开办粥厂放赈，打击危害群众的地痞流氓；主持规划修理南昌市道路，清查傍城各店铺所占街道，扩修火巷以方便扑灭火灾；重修或增建城市景点等。南昌的一些景点至今仍有彭家屏遗迹。比如，南昌东湖景点古石碑上的"百花洲"大字即其手书。

彭家屏在江西期间的政绩，身为江西人的有清代"诗文江右三大家"之一之誉的文学家、戏曲家蒋士铨曾作《乐府九章》颂扬其在赣政绩。

作为彭家屏上级的历任江西巡抚对彭家屏也是肯定的。比如，江西巡抚开泰在乾隆十三年（1748年）对全省官员考成时，在上奏皇帝的奏折中写道，"布政使彭家屏，该司明白老成，在江日久，熟谙情形，一切钱粮出入办理清楚，凡地方事务及各官优劣俱能留心考究。惟待属

① 国家清史编纂委员会数字图书馆收录：朱批奏折，《直隶总督李卫对彭家屏的评语》，乾隆元年，档案号：04-01-13-037-0824。

员间有失之稍宽之处。”[①] 乾隆十四年十月阿思哈任江西巡抚时，对彭家屏也比较肯定。称彭家屏“老成练达，颇有见解，且在江年久，于地方民情均极熟悉，察吏亦觉恰当。臣甫任江西，正可资其匡助。”[②]

彭家屏一生喜爱藏书，[③] 也喜欢著述与刻书。已知，彭家屏的著述有《栗山世祀》与《左传经世钞》。《栗山世祀》记述了夏邑彭氏源流，其中收有彭家屏有关的书札。《左传经世钞》是彭家屏在江西布政使任上时，整理增订与刊印的。此书在清代曾被禁，但现还有原书存世。在商丘市负责地方文史工作的友人处，笔者过目过此书的原书。全书共十二册，二十三卷。前题：宁都魏禧冰叔评点，夏邑彭家屏乐君参订。书序落款是乾隆十三年岁在戊辰七月望后，夏邑彭家屏乐君书于西江官署之石翠山房。

魏禧（1624—1680），江西宁都人，与侯方域、汪琬并称清初散文三大家。明末诸生。明亡后曾隐居江西赣州市宁都县城西北三公里处的翠微峰勺庭，后人因之称其勺庭先生。后出游江南，以文会友，传播其明道理、识时务、重廉耻、畏名义的学说。其文章中颂扬具有民族气节的人与事。彭家屏任职江西之时，魏禧已去世六十余年。《左传经世钞》中所收评点《左传》的话语，不仅只是魏禧的。

此外，彭家屏还刊刻过商丘明末清初乡贤郑廉（字介夫，号石廊，

---

① 国家清史编纂委员会数字图书馆收录：朱批奏折，《江西巡抚开泰呈江西省司道布政使彭家屏等员考语清单》，乾隆十二年，档案号：04-01-13-0444-018。

② 国家清史编纂委员会数字图书馆收录：朱批奏折，《江西巡抚阿思哈奏为饬令布政使彭家屏赴京陛见并委任李根云署理藩篆事》，乾隆十四年十二月十六日，档案号：04-01-12-0068-003。

③ 彭家屏喜爱藏书可参见《直隶总督方观承等为审讯彭家屏之子及管书家人事奏折》，《历史档案》，1991 年第 4 期，第 26 页。其中有李湘、赵钦均是彭家屏的专职管书家人的记载。

1628—1710）的著作《豫变纪略》，并为之作序。[①]

彭家屏生性倔强，认定的事情与道理敢于坚持自己的观点。此事可以从弘历如下的上谕中看出："乃前于九卿科道等召对面询伊，朕降旨于巡抚，为恩待汝乎？非恩待汝乎？伊但称皇上大公，非为臣一人，且词色毫不知感。"[②] 弘历这里讲的是，都到决定其生死的重要关头了，当他讲自己对彭家屏一直是具有爱心的时，彭家屏并未顺水推舟，进而屈膝求饶，反而固执不屈，坚持己见。由此，我们所看到的是，彭家屏是个"是什么就说什么"，至死不讲违心话的真正丈夫与男儿。

二、彭家屏禁书案始末

这里所讲彭家屏禁书案，包括了与之有某些非人为关联的段昌绪等人的案子。

本文开始时已述及，彭家屏禁书案总体上与后来"山在虚无缥缈间"的系列叫魂事件相似，是无中生有。或者用南宋人秦桧的话讲来，是莫须有的产物。如果具体展开的话可以看到，二者在细部上也是相似的。都是因弘历有了自己的感觉或看法之后立案，不是"无罪推定"，而是"有罪推定"，何患无罪无证地把所谓的案件由无犯人办成有犯人，把假的犯人无罪办成有罪，甚至是办成死囚的。

孔飞力的《叫魂》一书中有这样一个细节：后来被贬为山西布政使的山东巡抚富尼汉，在乾隆三十三年七月二十四日上奏折说山东已经破获了几起叫魂案件之事，乃是先得到了其宫中眼线的密报，知道了弘历

---

① 存世刊刻《豫变纪略》有彭家屏的序，落款是"乾隆八年癸未，青原山人彭家屏题词。"另参见《河南布政使刘慥为遵旨报明未曾查出彭家屏所供书籍缘由奏折》，《历史档案》，1991 年第 4 期，第 27 页。其中有"至《豫变纪略》系郑石廊记载明末遭海贼残害中州等事，刻本二卷，惟有彭家屏题词数语，内云：叹当时之丧乱，幸今日之太平，可以动君子之鉴观，缉细民之匪僻，是有功于世道，非仅以此博旧闻。等语。"

②《著将彭家屏斩监候并抄没其家产上谕》，乾隆二十二年六月初七日，《历史档案》，1991 年第 4 期，第 28 页。

已对所谓的叫魂之事有了某些信息与看法。亦即，叫魂虚假大案的原点是在乾隆。[①] 同样，我们后边要讲到，彭家屏案的原点也在于弘历有了其“有罪推定”的想法与感觉。二者所不同的只是，前者来自多疑，后者来自多疑加不喜欢听真话。总之，二者都是照着最高统治者的感觉去办案的产物。

彭案的直接引火索是弘历第二次南巡，彭家屏前往迎驾时，说了句不该说的实话。

数千人的朝廷南巡队伍，浩浩荡荡，十分威风。乾隆二十二年（1757 年）正月十一日，弘历奉其母亲离开北京，开始了他帝王生涯中的第二次南巡。其的南巡效法乃祖康熙，是帝王权力的宣示和震慑南中国的一种场域操作。车驾所至，地方官及附近的致仕高级官员都得越境前往接驾，恭聆圣训。是年是月下旬，其车驾抵达了山东。已经在江苏布政使任上致仕的河南夏邑籍官员彭家屏，也接到通知，奉旨前往山东接驾。[②] 在面圣之时，皇帝问到河南上年“岁事”，亦即庄稼收成时，性格决定了彭家屏自然直言：“夏邑及邻县永城，上年被水灾独重。”[③]

此前从未听到过此事，之后，河南巡抚图尔炳阿也赴行辕觐见时，弘历便以“彭家屏语诘之”。但图尔炳阿却称水势不大，“尤言水未为灾”。于是，弘历便命图尔炳阿会同彭家屏一起前往查勘水情。很明显，其如此做法，是在有意挑起彭家屏与图尔炳阿二者之间的矛盾。

在未收到图尔炳阿的查勘报告之前，弘历实际上已经从河东河道总

① 弘历已对所谓的破坏安定团结的叫魂之事有了自己的主意与想法之事，从其乾隆三十三年七月二十五日，即富尼汉上奏折后第二天即下达了关于在全国开展打击叫魂的上谕一事上看出。

② 彭家屏到山东接驾时间，不是商丘地方文史著作中所说的乾隆二十二年二月，而是是年正月三十日之前。比如，《清实录·高宗实录》是年正月三十日（壬戌）的谕军机大臣等上谕中，已有“前据彭家屏面奏”之语。

③ 清史编纂委员会编纂：《清史》卷 339《彭家屏传》，台北：国防研究院，1961 年，第 4371 页。

督张师载处坐实河南夏邑等县上年秋天以来水灾实情了。[1] 正常的情况应该是，大灾已经经几人上报后坐实了，“爱民如子”的大清皇帝理应很快有个说法才对。但是弘历并未如此来做。其并未迅速采取有力的救灾措施救人民于水火之中。

弘历此次南巡是二月二十日到的苏州。在嘉兴和石门镇阅兵后二十七日达杭州。三月六日从杭州北返。三月十八日到达江宁（今南京市）祭明太祖陵。四月四日回到徐州阅视河工后，于四月七日（四月戊辰）再北返的。此时，距彭家屏斗胆直言豫东夏邑、永城被严重水灾，已两个月有余。

弘历并未给夏邑灾民一个说法，因此，在其北返的当日（四月七日），有夏邑民人张钦、爱鹤年遮道陈奏。[2] 四月九日，过山东邹县，又有夏邑民人刘元德，以该县散赈不实，前来陈诉。三天之内有两起民人“引类越疆，连日渎诉”，引来了弘历的大发其火。其在刘元德到邹县陈诉的当天，便下谕军机大臣等，二人俱是夏邑人，此必有刁徒主使，不可不严加惩究。

但大灾又不能不问。就像有人所言，统治者什么时候都做得正确，也都要你必须把颂歌唱起来。基于此，弘历于彭家屏直言大灾后两个半月之久的乾隆二十二年四月十八日，下达了《著将玩视民瘼之河南巡抚图尔炳阿等革职事上谕》。其中主要讲了两点：一、真正的大灾情况是他视察河工时所亲见和他派人调查的结果，未及时救灾的责任全在河

①《清史稿·彭家屏传》中有这样的记载，弘历“又以问河东河道总督张师载，师载奏如家屏言，上谓师载笃实，语当不诳”之语。并且，乾隆二十二年二月初九日，弘历也发出过后来看来实是应付的《著河南巡抚图尔炳阿速勘夏邑等四县实情并给赈一月事上谕》。其中讲到：“豫省之夏邑、商丘、永城、虞城四县与萧、砀、曹、单灾地犬牙相入。岂独无灾？此中州之民，淳朴风厚，不敢言灾，是以赈恤未及并用嘉悯。著该抚即速勘明积水地亩，给赈一月。其有应行平粜及量借籽种口粮之处，一并率属实心妥协办理。”载《历史档案》，1994年第4期，第18页。

②《清实录·乾隆实录》中有“四月戊辰，谕军机大臣等：今日朕发自徐州，有河南夏邑民张钦遮道奏称”等语。

南巡抚图尔炳阿，其中暗含着其知道灾情与彭家屏讲了实话无关之意；二、民人的越级陈奏是挟制官员的刁行，必须惩治。

关于第一点，该上谕中讲："河南夏邑、商丘、虞城、永城等四县上年秋被水灾，前于彭家屏接驾召见时询问地方情形，始据奏及。随召图尔炳阿质问，则奏称并不成灾。朕特旨令图尔炳阿带彭家屏同往查勘，如果被灾实重应需赈济，断不可稍存回护。乃该抚覆奏仅称一二低洼地亩积水。余俱有六七分收成，可以不必给赈，酌量借粜兼行，已足接济。经朕降旨，特行加赈，彼时已恐该抚之不免于回护矣。及朕至徐州阅视河工，所见穷黎鸠形鹄面，因忆夏邑等县与江南、山东接壤，其被灾村庄不知若何，为之恻然动念。随遣步军统领衙门员外观音保微服前往，密行访查，则该四邑连岁未登，积歉已久，灾地未涸未种者居多，穷黎景况更有不堪入目者，并于彼处收买童男二人才用钱四五百文耳。持券回奏，不胜悯骇。为吾赤子而使骨肉不相顾至此，尚忍言耶？夫水旱灾伤，为地方第一要务，朕宵旰勤求，时深轸念。现如江南之淮徐等各府属，山东之济宁各州县，虽据各督抚查报照例办理，而凡可以议蠲议赈、加恩抚绥之处，无不曲加体察，破格施恩。乃图尔炳阿初既不据实奏报，及命往查勘，又复有意讳饰，以致四邑灾民流离失所，深负朕复加擢用委任封疆之意。从前彭家屏面奏时，朕犹以彭家屏为本地缙绅，不免有心邀誉乡里，言之过甚。今据观音保所奏，则彭家屏出自目击身亲，而图尔炳阿之玩视民瘼，始终怙过，亦殊不料其竟至于此也。"①

关于第二点，该上谕中讲："现在该四县饥民应如何赈恤，著山东巡抚鹤年由查勘荆山桥河工之便，就近迅即前往，督率刘慥妥速查办，善为抚绥。并传谕各百姓等，俾共晓然于朕惠爱黎元、痌瘝一体之意，各安本分，静候给赈。至巡抚、知县之罢斥，乃朕遣人密加访察，自为

①《历史档案》，1994年第4期，第18—19页。

整饬官方起见，初不因彭家屏之奏，亦不因一二刁民之遮道呈诉也。若因此遂增致长刁风，挟制官长，扰及赈务，则是自干罪戾，不能承受国家惠养之恩矣。”①

古人云“人命关天”，或是“人命是天大之事”。在前述上谕中，弘历已决定将图尔炳阿革职，发往乌里雅苏台军营，自备资斧，效力赎罪，以为地方官讳灾者之戒的，但随着调查刘元德等人身后主使刁徒之事的进展，而成了“缉邪之功大，讳灾之罪小”。②并进而通过自己的怀疑与想象，把惩治的矛头，直接指向了最先讲出豫东重灾实情的彭家屏。

刘元德遮道陈诉时被逮捕。被逮捕后由弘历亲自讯问时，刘供出了是夏邑县生员段昌绪与武生刘东震主谋指使，因令侍卫成林带刘元德前往河南省城查询。成林到夏邑时令该县县差提段昌绪等，段抗不到案。知县孙默便亲往段昌绪家中缉拿。在段昌绪的卧室中，搜出了以前吴三桂反清时发布的讨清檄文。并且，檄文上有段昌绪的点赞评语。由此，弘历认为，很可能檄文的源头在彭家屏，便发布上谕说：“段昌绪家既有此书，传钞何自？此外必尚有收存，即彭家屏恐亦不能保其必无，即应委大员前往伊家，严行详查，并著（直隶总督）方观承前往，会同图尔炳阿查办。此所关于人心风俗者甚大，该督抚等务宜逐一根究，按律定拟，以伸宪典，不可草率了事。”③

先是凭怀疑，派大员对彭家屏家进行了彻底搜查，接着便对彭家屏进行了没有罪证情况下的惩治。其在四月二十七日下的《著将藏匿违禁图书之彭家屏革职拿问事上谕》中写道：“今日召见九卿科道，即彭家屏所自行叙述之处，朕爱养黎元之本心，于彭家屏不惟不疑其过甚，且

①《历史档案》，1994年第4期，第19页。

②《著将查出吴三桂伪檄之图尔炳阿等留原任并严查彭家屏家上谕》，乾隆二十二年四月二十日，《历史档案》，1994年第4期，第20页。

③《历史档案》，1994年第4期，第20页。

听从之，保护成全之。朕固无负于此方百姓，更无负于彭家屏也。嗣因复有夏邑民人刘元德遮道陈诉，则又供出生员段昌绪等主谋指使，经该县于段昌绪家搜出逆犯吴三桂伪檄一纸。该处既有此等丧心之徒，忍将伪檄钞录赞赏，则其风俗人心之敝坏已可概见，传钞所及，即彭家屏家亦安能保其必无耶？因命方观承前往查办，而召彭家屏至京面询，亦以彭家屏系久列大员，世受国恩之人，若自首出，尚可开一线之路。乃据称吴三桂伪檄实未寓目，再三诘问，但称有明末野史等类存留未烧，实不曾看等语。既云未看，何以即知其不当存留？天下岂有只见一书之名目而遂晓然其为何等书者乎？人家藏书固不能遍阅，但既知为不当存留之书，而又故为藏匿，是诚何心？岂必如段昌绪之批阅伪檄，始为上干宪典耶？夫本地缙绅，遇有地方公务，主持教唆已属越俎多事，然其过犹小。若于名义所关稍有干犯，则其罪更大。彭家屏身为大员，非寻常愚民劣衿可比，今在朕前廷质之下，情词闪烁，显系狡饰。彭家屏著革职拿问，俟方观承等查奏到日，审明按律治罪。”[①]

很显然，彭家屏这里所讲的明末野史等类书籍，是弘历诱供和允诺自首可从轻处置的结果。当时彭家屏供出的是《日本乞师》《永历私立》和《潞河纪闻》三书的抄本。据此，弘历曾进一步追索实物罪证，但未得到。

方观承在乾隆二十二年五月十三日的《直隶总督方观承等为遵旨详查彭家屏所藏逆书情形事奏折》中写道：“彭家屏供出《日本乞师》《永历私立》《路河纪闻》三项抄本，蒙钦差副都统三泰前来查取，因未查出，三泰旋即回京。臣等随将彭传笏并伊管书家人李湘、赵钦隔别研讯。据供：原有抄本，书一尺多厚，俱于四月十六日烧毁，前项抄本三件在内：又另供有《酌中志》《南渡录》《甲乙事案》并《灰录》等项名目。经臣等取具供词，一面恭折奏闻，一面将彭传笏并家人李湘委员押

---

①《历史档案》，1994 年第 4 期，第 21 页。

解赴京，以便与彭家屏质讯在案。其余家人俱不经手书籍，而彭传笏烧毁之时，只有李湘在旁，并无赵钦及另有家人同烧，亦经臣等讯明在案。”①

在先前许诺过“若自首出，尚可开一线之路”和没有直接物证的情况下，弘历还是在乾隆二十二年六月七日下达了《著将彭家屏斩监候并抄没其家产上谕》。在该上谕中，除彭家屏被处斩监候外，其子彭传笏也被斩监候。段昌绪被斩决。与传抄吴三桂檄文有关的司存存、司淑信被判应斩。

此后，图尔炳阿上奏折称彭家屏所刻族谱取名《大彭统记》属于狂妄，弘历便于同年七月十三日，下达了处死彭家屏的《著将彭家屏宽免肆市赐令自尽上谕》。在该上谕中，弘历认为彭家屏身为臣庶，而牵引上古得姓之初，自居帝王苗裔，尤属悖谬，理应被处死。

有可能无辜加罪于人并最后处死人心里有愧的原因，彭家屏子彭传笏后来未被处死。有关的商丘地方史著中讲彭家屏之子彭传笏也被处了死刑，有误。②

三、余论

综上所述，政治高压、意识形态全控的清代乾隆朝是个人人不敢讲真话的不正常之社会。如我们前引史料中所言，河南之夏邑、商丘、永城、虞城等县，连岁未登，积歉已久，乾隆二十一年被洪水大灾之后，土地未涸未种者居多，穷黎景况更有不堪入目者，于彼处收买童男二才用钱数百文，在这样极其严重的情况下，彭家屏作为当地的名门望族，亦即人们所讲的贵族，与众不同，敢于道出实情，实属难能可贵。法国思想家托克维尔说过大意如下的话：法国旧时代里贵族是社会的胸膛。

①《历史档案》，1994 年第 4 期，第 25 页。

② 见商丘地区地方志编纂委员会编：《商丘地区志》，三联书店，1996 年，第 1821 页。该书原文是：“其子彭传笏被斩首。”

同样，从彭家屏的表现看来，中国中古时期的贵族也是社会的胸膛。

在不许人们讲出真话的情况下，如果讲出真话了，代价是巨大的。彭家屏即是。就因为此，彭家屏之后被弘历无端猜疑联想，在被当着九卿科道的面，被最高统治者“面询”，逼供诱供，最后被以家有禁书之罪处死，家产被籍没，这样的遭际令人同情悲悯。而彭家屏在严酷的现实面前也敢于讲出真话的精神，永远值得赞颂与敬佩。

为了进一步指出彭家屏禁书案的荒唐本质，通过类比方法使人们更加看清楚弘历及其手下一伙在此事过程中所表现出的所谓的高度政治敏锐性，所展现出的“善于”在广泛联系基础上深挖幕后指使，以及“敢于”无中生有地生出他们想要的案犯主角的做法的可笑，在此值得再次提及我们前述的孔飞力《叫魂》一书。《叫魂》其中有这么一个细节：乾隆三十三年六月末，山东济南的官府抓到了个乞丐靳某人，靳被刑讯逼供时没法子，供出了自己的“叫魂”主使人是算命先生张四儒。本来，靳某人口里的张四儒是被逼瞎编的。但是，到同年八月底，安徽宿州的官府竟真的抓到了主犯张四儒。只是这个主犯不是真张四儒，而是一个本来叫张四的乞丐。办案的需要乞丐张四是算命先生张四儒，逼得没有法子，于是张四也就自己承认是算命先生张四儒了。同理，此前的乾隆二十二年之时，弘历认为夏邑地方民风有问题了，需要抓出一个幕后主使的刁徒来，而彭家屏禁书冤案的主角，不就是这样造作出来的吗！

河南布政使刘慥在当时上的查抄彭家屏家产奏折中讲到，“臣窃于六月十四日在夏邑县随同侍郎裘曰修查勘地方积水情形，于本日戌刻，有钦差侍卫三泰等传奉上谕，将彭家屏地亩赏给该县百姓。臣即饬县各处传知，于十七日众民齐集公所，敬将钦奉恩旨明白晓谕。黄童白叟，跪听宣扬，踊跃叩头，欢声动地，佥称夏邑百姓屡蒙皇上稠叠隆恩，至优极渥，兹更叨荷赏给彭家屏地亩，此诚千古未有之鸿仁，天高地厚，无有比伦，惟有顶祝国祚亿万斯年，还祈代为转奏”。[1] 如有人在一篇文章中所言，彭家屏本来是为民请命者，而弘历竟用这种办法对待之，将其家产抄没之后分赏给夏邑贫民，这一招“十分龌龊”[2]。

至于上面讲的夏邑人在听了籍没彭家屏家产的弘历“恩旨”之后“踊跃叩头，欢声动地”，按一般常理推去便知是假。但是，和历代的最高统治者一样，弘历就是爱听这个。

在结束此文写作之时还有三点值得提及。一是本人有关弘历不是明君，乾隆朝不是盛世的认识，最先的精神导师是鲁迅而非孔飞力；二是说乾隆朝不是盛世的著作，张宏杰近年出的《饥饿的盛世：乾隆时代的得与失》一书值得一读；三是由彭家屏案推开去看，南京大学历史学院教授马俊亚的江南士人高尚、淮北士人人格低劣的论断有误。

本人关于弘历是专制暴君，乾隆朝是搞意识形态高压控制的极不正常社会的认识，不是读了孔飞力的前述著作之后才坚定的，而是比这要早得多。是大学时代，与读鲁迅的文章《病后杂谈之余——关于“舒愤懑”》有关。其中有如下的话语:“俞正燮的歌颂清朝功绩，却不能不说是当然的事。他生于乾隆四十年，到他壮年以至晚年的时候，文字狱的血迹已经消失，满洲人的凶焰已经缓和，愚民政策早已集了大成，剩下的就只有‘功绩’了。那时的禁书，我想他都未必看见。现在不说别的，但看雍正、乾隆两朝的对于中国人著作的手段，就足够令今人惊心动魄。全毁、抽毁、剜去之类也且不说，最阴险的是删改了古书的内容。乾隆朝的纂修《四库全书》是许多颂为一代盛事的，但他们不但搞乱了古书的格式，还篡改了古人的文章，不但藏之于内廷，还颂之于文风颇盛之处，使天下士子阅读，永不会觉得我们中国的作者里面也曾经

① 《历史档案》，1991 年第 4 期，第 29 页。

② 朱言文史:《私藏“反动”书籍，烧了就没事吗？乾隆照样杀人》，《重庆晚报》，2006 年 2 月 8 日。

有过很多很有些骨气的人。”[1]

文史学者张宏杰的《饥饿的盛世：乾隆时代的得与失》一书2016年由重庆出版集团出版。本人认为其中对整个乾隆时代的描述大致上正确，即：乾隆时国府充盈，四海臣服，威加海内，但光鲜的外表却掩盖不了内在的腐烂。中国历史上最缜密、最完善、最牢固的专制统治，培养出来的民众只能做奴隶，自私、麻木、冷漠，对公共事务毫不关心；屈服于皇权淫威的官员们用贪腐侵蚀着帝国的肌体；中国历史上最大规模的文字狱打断了士人的脊骨，从此中国的知识分子再也没能站起来。

张宏杰的以上所论总的讲来正确，但个人亦有不敢苟同之处。亦即，此后中国知识分子中不是没有再站起来者，只是由于特殊的君主独裁专制制度加郡县性中央集权社会，由于社会环境太过严酷，站起来的不多而已。比如改革思想家龚自珍（1792—1841）及魏源（1794—1857）等，即是他们的代表。面对残酷的专制社会，龚自珍在文章《病梅馆记》中写道，应将病梅“纵之顺之，毁其盆，悉埋于地，解其棕缚”。龚自珍还在《己亥杂诗》第二百二十中写道，“九州生气恃风雷，万马齐喑究可哀。我劝天公重抖擞，不拘一格降人才。”魏源则在著作《海国图志》中对当时欧美进步的君主立宪制、国家领导人选举制等，进行了充分肯定。另外，魏源还对当时不走海路走内陆、劳民伤财的所谓的国家重大经济举措运河漕粮做法，进行过严厉抨击。

南京大学历史学院教授马俊亚2014年出版的著作《区域社会发展与社会冲突比较研究：以江南淮北为中心（1680—1949）》，[2]如果按地域和时间讲来的话，彭家屏禁书案正好在其所研究的地区与所研究的时间范围之内。但是该书中却是用大量篇幅贬抑该时间段内的淮北人的。

---

① 鲁迅：《且介亭杂文·病后杂谈之余——关于“舒愤懑”》，南昌：江西教育出版社，2019年，第139页。

②《区域社会发展与社会冲突比较研究：以江南淮北为中心（1680—1949）》，南京：南京大学出版社，2014年。

比如，该书第六章题目是《精英的动机人格与国家认同》，其中节目如下：第一节，精英的人格与动机：一、初夜权：淮北精英的追求，二、修身齐家：江南精英的精神境界；第二节，精英的劣化与被劣化：一、淮北乡村精英的领主化，二、江南基层社会中的“刁生劣监”；第三节，精英的国家认同差异：一、淮北豪绅：国家蠹贼，二、江南精英：社会基石。亦即，马俊亚教授该书的整个第六章，都是讲的淮北士绅等社会精英，整个是刁人一群。而江南士人，亦即马书中打了引号的刁生劣监，都是敢于与皇权相抗衡的有担当阶层。但是，马的这种认定与我们前述的包括在籍致仕官员彭家屏，也包括了段昌绪等人的敢于组织民人与无道强权抗争之事，迥然不合。

查彭家屏禁书冤案的有关史料，除前述刘元德被逼无奈供出的生员段昌绪、武生刘东震参与了其遮道向弘历反映灾民诉求之事外，此外尚有监生彭型在刘元德的反映豫东灾情行动中“指说情节，并告之状式”，“武生刘纪代写呈词，武生刘凤祥缮写”，“生员李驾龙改定誊清”。[①] 为了反映灾情，除了彭家屏之外，这里就有段昌绪、彭型、李驾龙、刘东震、刘纪、刘凤祥等六位诸生冒险参与，由此看来，他们与马书中所褒扬的江南精英——江南基层社会中的“刁生劣监”，并无二致。

与马书中所述的江南地望问题有关。本书前已提及，弘历曾在《著将玩视民瘼之河南巡抚图尔炳阿等革职事上谕》中，有两处是将淮北也称作江南的。其中有“因忆夏邑与江南、山东接壤”，“现如江南之淮徐等各府属”等语。[②] 另外本人家乡至今有称山东省以南的地方为江南的习惯。我有一堂舅，早年去安徽灵璧县谋生过，其村里人就说他下过江南。由此推开去说的话，夏邑一带的地方也可称作江南。总之，一是如

---

① 见《直隶总督方观承等为审拟叩阍告赈之夏邑县民刘元德事奏折》，《历史档案》，1994 年第 1 期，第 21 页。

②《著将玩视民瘼之河南巡抚图尔炳阿等革职事上谕》，《历史档案》，1994 年第 1 期，第 18 页。

前述史实所显示的，这里士人的做派与风格全同江南士绅的做派与风格；二是在地理表述上，从朝廷到民间，淮北与长江以南，二者也无明确的江南淮北之分别。二者之间并无如马俊亚所述的那样，有着巨大的人文差异。

再者，从前述夏邑生员段昌绪在清前期吴三桂反清檄文上所写的如下话语中也可看出，夏邑等淮北士绅也是有社会担当心与历史责任感的一群：“彼夷君无道，奸邪高张，道义之儒，悉处下僚；斗筲之辈，咸居显职。君昏臣暗，彗星流陨，天怨于上，山岳崩裂，地怒于下。”[①]

① 郭成康、林铁钧：《清朝文字狱》，北京：群众出版社，1990 年，第 211 页。

文学与语言研究

侯方域诗歌研究

连超锋

（商丘学院人文学院　河南　商丘 476000）

摘　要：侯方域是明末清初四公子之一，出生于官宦世家，饱读诗书，才华横溢。在明清鼎革之际，他颠沛流离，足迹遍布大江南北，目睹了战争、瘟疫、水灾、旱灾、蝗灾等给黎民百姓带来的巨大灾难，对于明朝的灭亡他痛心疾首，对于南明小朝廷他寄予了深厚的期望。他短暂的一生中先后表现出的是典型的公子性情、名士风流和遗民心态。他的诗歌可分为忧国忧民、怀念故国、寄答悼亡、田园隐逸四类，诗歌创作以《诗经》的风雅精神为宗旨，推崇杜甫诗歌的现实主义风格，注重诗歌的格调、神韵、境界和章法，具有浓厚的家国情怀与高品格的艺术造诣。

关键词：侯方域　《四忆堂诗集》　诗歌　现实主义　家国情怀

一、侯方域生平与思想

侯方域（1618—1654），字朝宗，号雪苑，出身于清流世家。他自幼聪慧，少有才名，11 岁时随父赴北京游学于京师与昌平之间，拜当时名士倪元璐为师，学习八股文，倪元璐为人正直有气节，李自成破北京城，自杀身亡，明清两朝都赐他谥号“文正”。受其影响，侯方域

作者简介：连超峰（1983—），男，河南信阳人，商丘学院人文学院副院长、副教授，河南省教育厅学术技术带头人，主要研究方向为商丘地方文化与明清文学。

文风雄迈，徐作肃《侯朝宗遗稿序》说：“及其寻常命笔，约不肯俯随人为经生言，每一篇出，人多惊异颂传，而转相望慕者，以其雄骏不群也。”[①]15岁回乡应童子试，县府道皆为第一，当时金坛蒋鸣玉馆于侯府，见侯方域文章后大惊 。之后他开始广交士林，结交名公巨卿，与江南复社、几社名士张溥、夏允彝、陈子龙、吴伟业等订交。广泛接触社会，开阔眼界，17岁代父草拟《屯田奏议》，详细分析明代官屯、军屯、民屯、边屯、盐屯等的历史、现状及对策，旁征博引，洋洋洒洒近万言，表现出卓越的经世治国之才，朝中公卿大夫称赞他“强记可比汉张安世，干局可比唐李文饶，足称膏饫中才子弟”[②]，声名远播于公卿间。

崇祯十二年，22岁的侯方域以国子监太学生身份至南京参加乡试，拜国子监司业周凤翔为师，“司业山阴周文忠公（凤翔）得其所撰策，立造访之，谈弥日，人士辐辏秦淮水阁，寓至不容坐席。”[③]侯方域在《哀辞九章》中说：“昔我到陪京，谬忝文章伯。追随鲍庾群，颠倒陈徐客，喧达文忠前，传取侯生策。方坐读之起，起叹声啧啧；此当洪濛游，何铩榆枋翮！趣驾过陋巷，相对饮一石。来时鸡鸣晓，去已钟山夕。是时文节公，方正国学席，辟雍近万人，公有师表责，忘贵访一士，惊倒金陵陌。尽愿交侯生，广厦坐尝窄。”[④]由此可见周凤翔对他非常赏识，以及他在当时的名气之大。南京作为明朝陪都，也是江南政治、经济、文化中心，天下文枢，四方学子云集，侯方域在此与方以

① 侯方域著，何法周主编，王树林校笺：《侯方域集校笺（上册）》，郑州：中州古籍出版社，2000年，第623页。

② 侯方域著，何法周主编，王树林校笺：《侯方域集校笺（上册）》，郑州：中州古籍出版社，2000年，第560页。

③ 侯方域著，何法周主编，王树林校笺：《侯方域集校笺（上册）》，郑州：中州古籍出版社，2000年，第628页。

④ 侯方域著，何法周主编，王树林校笺：《侯方域集校笺（上册）》，郑州：中州古籍出版社，2000年，第267页。

智、陈贞慧、冒襄并称为“明季四公子”，主盟复社，与几社名士李雯，还有黄宗羲、张自烈、钱吉士等人结交，“与杨廷枢、吴应箕、夏允彝等游镇江，登金山，俯仰慷慨，临江悲歌，有极目神州，舍我谁济之叹，诸子比方域以周瑜、王猛。”[1] 在张溥、夏允彝等人的介绍下，侯方域结识了秦淮名妓李香君，孔尚任的《桃花扇》就是以侯李二人的爱情故事为蓝本来写的。

崇祯十一年，阉党余孽阮大铖图谋东山再起，蠢蠢欲动，复社名士发现后，吴应箕、陈贞慧等草《留都防乱公揭》，并联合140余名复社名士签名，揭发阮大铖的卑劣行迹，迫于舆论压力，阮大铖躲进南京郊外的牛首山，不敢再抛头露面。在侯方域到南京后，因他与侯方域的父亲侯恂为同年进士，而且侯方域与吴应箕、陈贞慧等复社名士关系密切，想借世交请侯方域从中说情，并派王将军携重金笼络侯，结果被严词拒绝，因此阮大铖对侯方域恨之入骨，此后多次欲置他于死地。

这一次南京的考试，侯方域本为第三名，结果因策论触讳而落榜。这年年底返回商丘，主盟雪苑社，以高阳酒徒自居，与同乡好友吴伯裔、吴伯胤、贾开宗、徐作霖、张渭、刘伯愚等人结社，诗酒相会，感慨时事，排遣苦闷。

崇祯十四年，张献忠破襄阳，崇祯十五年三月，李自成攻破归德城（商丘），侯方域一家24人死于战乱，雪苑社友徐作霖、吴伯裔等人都被农民军杀死，侯方域趁乱逃出，幸免于难，携家流寓江南。崇祯十七年三月，北京城破，崇祯帝在煤山自缢，明朝灭亡。弘光帝即位于南京，大兴党狱，迫害复社东林党人。侯方域逃往扬州依附史可法，后入江北四镇之一的高杰军中，高杰被杀后他辗转于顺治二年十月返回商丘故里。

从顺治二年回到故乡到顺治十一年他病逝，这是侯方域人生的最

① 侯方域著，何法周主编，王树林校笺：《侯方域集校笺（上册）》，郑州：中州古籍出版社，2000年，第586页。

后一个阶段，最初的四年里，侯方域派家人前往江南打探消息，掌握形势的发展，以图后举。直至南方的反清斗争都失败后，他才安心归隐，留心翰墨。与贾开宗、徐作肃、徐邻唐、徐世琛、宋荦等重开雪苑社，“相与左之右之，朝夕而切磨之”[①]。顺治八年，因朝廷屡次征召侯恂，恂都坚决推辞，侯方域也不参加清廷的科举考试，当时的河南巡抚吴景道准备案治侯方域，方域的老师，已经致仕的国史院大学士宋权从中调解：“公知唐有李太白，宋有苏东坡乎？侯生，今之李、苏也”[②]，景道一笑了之。侯方域这一次虽然免于牢狱之灾，但是为保全父亲，还是勉强参加了这一年的乡试，贾开宗《侯方域传》云：“辛卯，举豫省第一人，有忌之者，复斥不录。”[③] 据李敏修《侯方域传》考证认为是因侯方域没有把试卷做完，以这种消极迂回的方式拒绝与清政府合作，放榜之前，因有人提出质疑，才把他降为副车。顺治九年，侯方域携诗文集渡江南游，拜访江南的复社旧友。先后辗转于宜兴、江阴、无锡、苏州、嘉兴等地，在宜兴与陈贞慧父子谈论诗文深究风雅，三日夜不休；与任源祥纵论诗文达十昼夜，切磋琢磨，相谈甚欢。在苏州夜访老友姜垓，在无锡拜访顾宸、唐德亮，在金坛看望师友蒋鸣玉，在嘉兴访推官彭孝先，直到年底才返回故乡。这一次故地重游，虽然受到江南旧友的热情接待，但所见皆为亡国之后的萧条景色，物是人非，好友或隐居，或零落，不复当年之盛。侯方域在《阳羡宴集序》中写道：“检讨之零落，殆不可问，而一时同事者，若吴贵池之蹈刃而死，李华亭之赍志以殁，梅金吾栖迟于兰若，张修撰归逸于海上，风飘烟散，略已如斯，而

① 侯方域著，何法周主编，王树林校笺：《侯方域集校笺（上册）》，郑州：中州古籍出版社，2000 年，第 521 页。

② 侯方域著，何法周主编，王树林校笺：《侯方域集校笺（上册）》，郑州：中州古籍出版社，2000 年，第 559 页。

③ 侯方域著，何法周主编，王树林校笺：《侯方域集校笺（上册）》，郑州：中州古籍出版社，2000 年，第 558 页。

江山之恨，禾黍之悲，从可识矣。”[①] 诗中人生之叹，兴亡之感，故国之思溢于言表。这次南游对侯方域影响深远，创作诗歌达两卷，存诗100首，也有近40篇散文写于此时。回乡以后，他专心整理诗文作品，于顺治十年刊刻《壮悔堂文集》10卷和《四忆堂诗集》6卷。顺治十一年十二月，侯方域病逝。

纵观侯方域的一生，他的思想性格可以用三个词来概括：公子性情、名士风流和遗民心态。

二、侯方域的诗歌理论

侯方域的诗歌理论主张在《与陈定生论诗书》《大寂子诗序》《西园先生诗序》《曼翁诗序》《宋牧仲诗序》和《陈其年诗序》等系列文章中有集中的体现。

侯方域在《四忆堂记》里说：“盖人心诚有所郁则必思，思而不得所通，则必反复形诸言辞，发为咏歌……《诗三百篇》，昔人发愤之所作也”[②]；在《与陈定生论诗书》中写道：“《诗》本经术，不同词曲，其大者陈无外，微者道性情。”[③] 认为诗歌与词曲不同，词曲是小道，是闲暇时的笔墨游戏，只能用来流连光景，娱宾遣兴，表现风花雪月儿女情长，不登大雅之堂，诗歌则更加庄严正式，用来表现儒家兼济天下的责任感和载道救世的使命感。侯方域以《诗经》的风雅精神为宗旨，推崇杜甫诗歌的现实主义风格，他在《戴黄门诗序》中说：“昔杜少陵生李唐肃、代之间，间关氛祲，曾无虚日，而避蜀逃秦，能以忠义自持，一饭一吟，不忘君父。故其诗多忧悄之思，雄郁之气，亘古弥今，卓而不

① 侯方域著，何法周主编，王树林校笺：《侯方域集校笺（上册）》，郑州：中州古籍出版社，2000年，第94页。

② 侯方域著，何法周主编，王树林校笺：《侯方域集校笺（上册）》，郑州：中州古籍出版社，2000年，第286—287页。

③ 侯方域著，何法周主编，王树林校笺：《侯方域集校笺（上册）》，郑州：中州古籍出版社，2000年，第162页。

朽。”[1]宋荦称其“以诗名者二十年，先后著作，凡历数变，要皆慎而求焉，以杜甫为宗”[2]，他之所以推崇杜甫是因为“夫少陵一集，而古今天下之治乱兴亡，离合存没，莫不毕具”[3]。他作诗也力求发扬风雅正道，追步杜甫，以天下国家为己任，忠于君父，关注社会，同情民生疾苦。同时在评价衡量别人的诗歌时也是以此为标准，如评价好友彭宾的诗："大寂子者，彭孝廉宾乙酉后，变其名也。幸廉初起云间，与夏考功允彝、陈黄门子龙、周太学立勋、徐孝廉孚远、李舍人雯，互相唱和，声施满天下，当时谓之云间六子，未几，周子夭死，孝功投渊死，黄门断颈死；徐君掉臂而蹈东海，屡濒于死；舍人虽非黑头而还梁，几于少卿之辞汉，亦郁郁病死；独孝廉在，因号“大寂子”……大寂子著诗曰《偶存草》，以现存者皆偶尔，不独诗也，吴学士伟业论之详矣！又著诗曰《越州草》，乃过刘忠端，倪文正诸公之里，而感慨系焉者也。东海姜垓曰："可以征诗人怨怒之一端也。"嗟乎，知言哉！既而大寂子合其二集请叙于余，余窃以诗之工拙，视其怀抱，今大寂子之怀抱，殆不止属国留别、杜陵述哀焉，诗安有不工哉？”[4]

彭宾的《偶存草》和《越州草》两部诗集反映了明清易代之时一些反清志士为国捐躯的悲壮事迹以及幸存者的凄凉愤懑之情，符合《诗经》风雅精神和杜甫的诗史风格，因而受到侯方域的大力称赞。

侯方域雪苑社的社友贾开宗认为："杜甫者，非唐三百年一人也，孔氏删诗后一人也……杜甫亡而诗又亡，其后七百年，明有李梦阳、何

① 侯方域著，何法周主编，王树林校笺:《侯方域集校笺（上册）》，郑州：中州古籍出版社，2000 年，第 83 页。

② 侯方域著，何法周主编，王树林校笺:《侯方域集校笺（上册）》，郑州：中州古籍出版社，2000 年，第 434 页。

③ 侯方域著，何法周主编，王树林校笺:《侯方域集校笺（上册）》，郑州：中州古籍出版社，2000 年，第 90 页。

④ 侯方域著，何法周主编，王树林校笺:《侯方域集校笺（上册）》，郑州：中州古籍出版社，2000 年，第 44 页。

景明登其堂，正始在焉”[①]。侯方域对此深有同感：“自唐杜甫后，大雅不作，至明乃复振”[②]。他在《陈其年诗序》中说：“风雅之道，于今绝矣……子知明诗之所以盛与所以衰乎？当其盛也，北地、信阳为之宗（指李梦阳、何景明），而琅琊、历下之辈（指王世贞、李攀龙），相与鼓吹而羽翼之，夫人之所知也。其衰也，则公安、竟陵，无所逃罪。”[③]由此可以看出侯方域肯定前后七子的“诗必盛唐”的主张，但是却反对他们一味地复古，模拟古人的做法。“顾今日所为色，大率皆借也。借何可久……今人往往好为乐府，仆谓《郊庙》《饶歌》诸题，皆古人身在其间，铺张赓歌。今无其事辄摹拟之，即工亦优孟衣冠而已！若不求尽似其音节，又何必其题？”[④]

明代人早已不在汉乐府时代，机械的模仿，在侯方域看来不过是“即工亦优孟衣冠而已”，他说：“昔人如刘琨、温峤，皆以匡济为志，不必有意为诗，而诗卒以传。盖当吾世，而忧时悯俗，托物见志，非徒求之声咏而已！”[⑤]

明代前后七子只在“徒求声咏”上下工夫，有意模仿古人，不在“忧时悯俗”安黎民匡社稷上多用心，不关注现实，如何能写出好诗。同时他也反对公安派、竟陵派，“夫诗坏于钟（惺）、谭（元春）”[⑥]，认为他们脱离现实，力求僻涩诡谲，使诗歌走向幽寂孤峭的狭隘境地，严

① 侯方域著，何法周主编，王树林校笺：《侯方域集校笺（上册）》，郑州：中州古籍出版社，2000年，第433页。

② 侯方域著，何法周主编，王树林校笺：《侯方域集校笺（上册）》，郑州：中州古籍出版社，2000年，第226页。

③ 侯方域著，何法周主编，王树林校笺：《侯方域集校笺（上册）》，郑州：中州古籍出版社，2000年，第89—90页。

④ 侯方域著，何法周主编，王树林校笺：《侯方域集校笺（上册）》，郑州：中州古籍出版社，2000年，第161页。

⑤ 侯方域著，何法周主编，王树林校笺：《侯方域集校笺（上册）》，郑州：中州古籍出版社，2000年，第102—103页。

⑥ 侯方域著，何法周主编，王树林校笺：《侯方域集校笺（上册）》，郑州：中州古籍出版社，2000年，第160页。

重背离了《诗经》的“风雅之道”。

侯方域在《曼翁诗序》中说：“（曼翁）少而十五岁能诗，至今十余年，而脱稿存者止数十篇。继乃谒帝都，瞻王气，吊金台，歌易水；伤行旅乎在途，念倚闾兮叱驭。驰驱十余日，而赋诗二百余篇。今又年余，止唱和二十余篇耳！盖诗以言志，古人感遇而申怀，厥有以也。”[①]曼翁是方域的堂兄侯方镇的号，方域说他十余年的时间，“脱稿存者止数十篇”，走出书房，“谒帝都”之后的十余日，“赋诗二百余篇”，“今又年余，止唱和二十余篇耳”，由此得出“盖诗以言志，古人感遇而申怀，厥有以也”的结论，也就是说不接触社会，不了解现实，闭门造车是不会有多少诗兴的，也写不出好的诗歌来。这篇文章大约作于崇祯十五年，此时的侯方域已经认识到生活是源，文学创作是流，具备深厚的生活基础和丰富的社会阅历才会有真情实感和创作的激情，不能无病呻吟。他认为诗歌要具备社会价值，有社会作用，诗歌的形式要为内容服务。“宣朝野之好恶，于是乎有风诗；壮国家之威仪，于是乎有铭赋。凡其所以需之，如是其备也。”[②]在明朝灭亡江山易主之后，作为亡国遗民的他尤为深刻地体会到这一点，懂得了“风雅之道”的确切含义，更真切地理解了杜甫忧国忧民的爱国情怀，创作了大量的田园隐逸、怀念故国、兴复大明的诗歌，如《过江秋咏八首》。

在诗歌艺术方面，侯方域注重诗歌的格调、神韵、境界和章法，他认为诗人的才分、学问和思想感情决定诗歌的章法、格调，所以要多读书，广见闻，有自己独到的观点，不能被格调、章法所拘束，也不能为格调、章法而格调、章法。

在诗歌艺术格调上强调“雄放”“含蓄”“沉郁”“顿挫”等特色，

① 侯方域著，何法周主编，王树林校笺：《侯方域集校笺（上册）》，郑州：中州古籍出版社，2000 年，第 62—63 页。

② 侯方域著，何法周主编，王树林校笺：《侯方域集校笺（上册）》，郑州：中州古籍出版社，2000 年，第 383—384 页。

在《陈其年诗序》中他说："夫为诗之道，格调欲雄放，意思欲含蓄，神韵欲闲远，骨采欲苍坚，波澜欲顿挫，境界欲如深山大泽，章法欲清空一气。杜少陵云："读书破万卷，下笔如有神。"不读万卷，岂易言清；不破万卷，岂易言空哉！"[①]侯方域的这种诗学观是受杜甫诗风和宋代诗论的影响，同时也与他所处的时代密切相关，亡国之后的他伏处乡国、抑郁不平、牢骚满腹，虽暂归田里，但又时谋兴复，这种不平之志在诗歌中就表现为"雄放""苍坚"；作为世家大族和前朝遗民，被清廷紧盯，因此其诗歌风格又有"闲远""含蓄"的特点。

外在环境和身世遭遇决定了诗人的思想情感，而诗歌的内容和所要表达的情感又决定了要采取什么样的艺术形式和手法，侯方域在诗歌创作上不仅有明确的主张和标准，还指出了诗歌创作的方法和途径，就是"读书破万卷"。唯有如此才能广收博取，积累前人诗歌创作经验作为自己的借鉴，然后在广泛积累的基础之上，有所突破，不断创新。

三、侯方域的诗歌创作

侯方域的诗歌创作，早年有《晋斋诗集》，被任源祥评价为"才方陆、贾，气敌邹、枚"[②]，顺治十年方域将其诗作辑为《四忆堂诗集》6卷，收诗388首，以编年为序，后人又辑其遗诗8首为《遗稿》1卷，附刊于诗集之后。

侯方域天资聪慧，才华横溢，又生逢明清易代之际，天下大乱，从小深受儒家思想影响的他，强烈的责任感和使命感使他积极奔走，拯救黎民于水火，自己也多次险遭不测，这种独特的时代背景和丰富的人生经历使他的诗歌具有浓郁的时代特色和别具一格的风格韵味。彭宾《四忆堂诗集序》云："若其缘情赋景，即事造端，著为《风》《雅》之

① 侯方域著，何法周主编，王树林校笺：《侯方域集校笺（上册）》，郑州：中州古籍出版社，2000年，第90页。

② 任源祥：《鸣鹤堂文集》卷2，光绪己丑仲春重刊本。

辞，体则各备，动法古人，悯乱似少陵，咏史似义山，怀古似用晦……一唱三叹之间，有变而不失其正者。”[①] 唐代大诗人杜甫悯乱诗的忧国忧民、李商隐咏史诗的寄慨深婉和许浑怀古诗的苍凉悲慨，在侯方域的诗中都有体现。总体而言，其诗可分为忧国忧民、怀念故国、寄答悼亡、田园隐逸四类。

忧国忧民。明末政治腐败，宦官专权，土地兼并，民不聊生，农民纷纷揭竿而起，东北边境后金逐渐发展壮大，连年侵扰，大明王朝风雨飘摇，大厦将倾。侯方域的很多诗歌都是对这一时期大明王朝内忧外患的真实刻画，如《宿州》："宿州前路上，衰草尚纵横。大野龙蛇迹，荒原雉兔行。马饥鸣后队，寇乱泊孤城。将略告生在，凭谁欲请缨。"[②] 写崇祯八年正月，农民起义军攻破凤阳城，烧明皇陵，凤阳、宿州等地战乱之后衰败残破的景象，诗歌最后两句"将略告生在，凭谁欲请缨"抒发了自己欲积极有为，报效朝廷的理想。

《归来酬吴大伯裔见赠用原韵兼呈徐四作霖吴二伯胤》里写道："可怜归旧里，烽燧亦危邦。夜月狐狸舞，霜郊虎豹摐。欢娱频醉眼，时序一寒缸。废邑悬秦网，空村避越跫。不工吹短笛，谁使泣新腔？贼帅雄千骑，王师折九泷。"[③] 写崇祯十四年，李自成破洛阳，杀福王常洵，围开封，又破南阳，杀唐王聿镆，连下十四城；张献忠破襄阳，杀襄王翊铭，首辅兼督师杨嗣昌闻变忧惧死，明廷震骇。崇祯帝急派太监卢九德、刘元斌率京营兵入援河南，刘元斌所率禁旅留归德（商丘）四十日不进，烧杀掳掠，无所不为，造成中原残破，满目疮痍。

侯方域《暮春杂诗五首》其二："离离禾黍望新苗，雪雪经年更未

① 侯方域著，何法周主编，王树林校笺：《侯方域集校笺（上册）》，郑州：中州古籍出版社，2000年，第436页。

② 侯方域著，何法周主编，王树林校笺：《侯方域集校笺（上册）》，郑州：中州古籍出版社，2000年，第37页。

③ 侯方域著，何法周主编，王树林校笺：《侯方域集校笺（上册）》，郑州：中州古籍出版社，2000年，第81页。

调。残火残烟烧貉鼠，枯枝枯树泣鸺鹠。三农岁事怀春粒，八口生涯累圣朝。惟有桑林一痛哭，不然何计御灵霄。”① 写崇祯七年至十三年，河南大旱，加以兵、蝗、赋、饷，河南大地村无吠犬，树有啼鹃，野无青草，十室九空，出现人吃人现象。

《李生宗约家蓄鹅肥腯吴子数数为余言，思其充庖，率尔作此示宗约兼呈吴大伯裔徐四作霖》中写道：“君不见二月三月群盗集，万马奔腾蹂小邑。继之大蝗将小蝻，黍稷秋成无寸粒。又不见昨夜官兵围新筑，金帛子女厌满轴。抛弃还入一炬焚，怆惶竟忍千家哭。”② 写崇祯十四年春，李自成围商丘，官军不仅没能解围，反而劫掠百姓，强抢妇女，杀百姓冒充军功，造成大量无辜百姓家破人亡，生灵涂炭。

怀念故国。商丘侯氏世受大明皇恩，累世为官，侯方域出生在这样的家庭里，从小又深受儒家忠君报国思想影响，所以在明亡后作为明朝遗民对故国有深深的眷念之情，在很多诗歌里借景抒情，托物言志，以表达对明朝的怀念。如作于清顺治二年腊月冬至的《长至》：“寄情聊作少年游，长至寻春古陌头。东望烽烟终影国，中悬日月自神州。阳回差许霑新泽，圭测犹能识故丘。造物无心置野老，高歌一曲当忘忧。”③ 此时南明已亡，侯方域满怀悲戚，内心萧索。又如作于顺治三年丙戌夏初的《村西草堂歌》：“少年曾居三重堂，咸阳一炬归平谷。旄头照地二十秋，万家旧址生苜蓿。玉华妖鼠窜古瓦，珠帘画栋胡为者，行人夜过钟山下，但见双门立石马。”④ 这首诗意味深长地表达了对南京钟山上明太

---

① 侯方域著，何法周主编，王树林校笺：《侯方域集校笺（上册）》，郑州：中州古籍出版社，2000 年，第 57 页。

② 侯方域著，何法周主编，王树林校笺：《侯方域集校笺（上册）》，郑州：中州古籍出版社，2000 年，第 97 页。

③ 侯方域著，何法周主编，王树林校笺：《侯方域集校笺（上册）》，郑州：中州古籍出版社，2000 年，第 140 页。

④ 侯方域著，何法周主编，王树林校笺：《侯方域集校笺（上册）》，郑州：中州古籍出版社，2000 年，第 160 页。

祖朱元璋孝陵的追思和怀念。

作于顺治九年的《过江秋咏八首》更是悲恻衰飒，其一：“北固涛声涌帝京，南徐秋色满江城。潮连雨霡芙蓉湿，日落晴帆燕雀轻。岂是新亭终有恨，从来故国总关情。邻舟更奏清商曲，不管霜华旅鬓生。”①这一首吟咏镇江，用东晋初新亭对泣的故事表现对故国的思念之情。其二：“秋原落日照姑苏，为问西施更有无？一自上流收锦缆，几回迁客吊吴趋。多情橘柚垂朱实，失意蒹葭冷玉凫。最苦繁华同逝水，生公石藓不曾枯。”②这一首咏苏州，回忆早年为避阉党迫害，多次逃至苏州避难。诗歌结尾表现了对故国大明帝国亡国的惋惜和无奈。其三：“檇李雄蕃枕大瀆，乘潮东望气氤氲。鸳鸯湖外吴枫尽，烟雨楼中越岫分。组练一时俱织锦，楼船何日更成军？自来乌喙伤心地，莫使朝京相国闻。”③这一首咏檇李城（今浙江嘉兴），用了春秋时期吴越争霸的故事，抒发历史沧桑之感。其四：“钱塘江口问仙槎，带粤襟闽一线斜。秋淼天河摇日月，水深宫殿守龙蛇。谁沉汉使千金璧，更射潮声万里沙？南极不妨为北斗，漫开老眼望京华。”④这一首咏钱塘江，作者愿乘仙槎至闽粤一带，因为此时在南方两广的南明永历政权取得了抗清的阶段性胜利，侯方域还想有所作为，特别是诗歌最后两句对桂王永历政权抱有很大希望。其五：“建业平分眇眇愁，客心日夜大江流。钟声先到临湖殿，暝色偏深结绮楼。龙虎脉从淮泗合，镐丰都为子孙留。三秋遥想埋弓

① 侯方域著，何法周主编，王树林校笺：《侯方域集校笺（上册）》，郑州：中州古籍出版社，2000 年，第 393 页。

② 侯方域著，何法周主编，王树林校笺：《侯方域集校笺（上册）》，郑州：中州古籍出版社，2000 年，第 393 页。

③ 侯方域著，何法周主编，王树林校笺：《侯方域集校笺（上册）》，郑州：中州古籍出版社，2000 年，第 393 页。

④ 侯方域著，何法周主编，王树林校笺：《侯方域集校笺（上册）》，郑州：中州古籍出版社，2000 年，第 394 页。

处，不信钟山王气收！”[①] 这一首咏南京，崇祯十七年，崇祯帝自缢后，史可法、马士英等人在南京拥立福王朱由崧即位，建立弘光政权，但因内讧仅一年就灭亡。诗中表现了侯方域不愿相信这一结局的无限悲凉之情。其六：“粉红江上水晶寒，高并南瓯象纬看。极岛风云通蜃市，中洋花茜领番官。人家近日秋仍沸，历数乘桴汉有澜。底事闲愁缘小物，荔枝无路到长安。”[②] 这一首写侯方域在镇江北固山远望两广，水晶宫比喻桂王朱由榔的行宫，诗中认为明朝气数尚未尽，南方人民，还有“番官”即少数民族首领也投入到了抗清斗争，诗中“小物”即荔枝，无法到长安，是因为山河破碎，国家处于战乱之中，表现了心忧天下的情怀。其七：“新开岭道已经年，并建三藩海尽边。西望梧云邀翠辇，南来桂管入蛮烟。清猿频下孤妃泪，舞象如闻大乐县。谁向宸游传往事，至今秋月照虞渊。”[③] 这首诗吟咏通往五岭以南的岭道，南明弘光政权灭亡之后，鲁王、唐王、桂王相继建立政权，是为“明三藩”，其中桂王的永历政权时间最长，清廷为对付永历小朝廷，先后封尚可喜为平南王，耿仲明为靖南王，孔有德为定南王，这是“清三藩”。由于“明三藩”政权建立在闽浙两广，大多在南方沿海地区，所以诗中之“三藩”指“明三藩”，主要指残存的桂王永历政权。“孤妃泪”指明朝遗民的眼泪，“舞象如闻大乐县”言旧臣犹舞，最后两句是说要吸取崇祯、弘光与唐王、鲁王覆亡的教训，表现对故国的思念和叹息。其八：“武昌高枕控三湘，何事虚无托鬼方？昨夜楚王云入梦，多时屈子芰为裳。洞庭

---

① 侯方域著，何法周主编，王树林校笺：《侯方域集校笺（上册）》，郑州：中州古籍出版社，2000 年，第 394 页。

② 侯方域著，何法周主编，王树林校笺：《侯方域集校笺（上册）》，郑州：中州古籍出版社，2000 年，第 394 页。

③ 侯方域著，何法周主编，王树林校笺：《侯方域集校笺（上册）》，郑州：中州古籍出版社，2000 年，第 394 页。

落叶秋逾白，鲛室空青晚更苍。鸿雁一声天际下，岳阳尽处是衡阳。”[①]这首诗借屈原信而见疑，忠而被谤的典故，抒发自己的身世遭际。这八首诗或借景抒情，或用典故渲染，表现侯方域对故国的无限忠贞和亡国之后的满腔悲愤，饱含血泪的文字感人肺腑，催人泪下。

寄答悼亡。侯方域身为贵公子，又早负盛名，性情豪迈，慷慨有大略，一生遭遇坎坷，与雪苑诸子、东南名士、翰林名臣甚至江南名妓都有广泛的交往。他的很多诗歌都是与朋友的寄答、咏别或悼亡的，感情真挚，表现了对友人的深情厚谊。

侯方域寄答类的诗歌如作于顺治十年春的《偶作呈宋二》:“精悍推徐五，飞腾忆贾三。每当穷正变，细与辨青蓝。万卷攻吾短，千秋愧汝谙。幸为乘少壮，努力事幽探。”[②]这是写给雪苑社友宋荦的诗，当时侯方域主盟雪苑六子社，与贾开宗、徐作肃及宋荦一起探讨诗文的创作规律。

作于顺治九年末的《寄魏大敏祺二首》其一:“魏子文章伯，飘零晚更奇。张衡愁作赋，阮籍醉能诗。老眼观时拙，狂名托我知。遥怜岁云暮，潦倒忆南皮。”其二:“别后苏门啸，幽栖孰与闻。行藏怀老友，去住惜离群。旧舍今仍在，新书晚欲焚。冯公头幸白，原不用终军。”[③]这两首诗写老友魏敏祺聪明博学，品行端正，才气纵横却不被清廷重用，侯方域对此并不奇怪，反而鼓励他要以头白为幸，表现其对清朝的抗拒不合作态度。

作于顺治九年九月底的《再过宜兴赠陈四丈贞慧》:“八载宜兴道，重登百尺楼。江山开笑面，图史秘林丘。南浦芙蓉老，夕阳菡萏秋。相

① 侯方域著，何法周主编，王树林校笺:《侯方域集校笺（上册）》，郑州：中州古籍出版社，2000年，第394页。

② 侯方域著，何法周主编，王树林校笺:《侯方域集校笺（上册）》，郑州：中州古籍出版社，2000年，第423页。

③ 侯方域著，何法周主编，王树林校笺:《侯方域集校笺（上册）》，郑州：中州古籍出版社，2000年，第420页。

逢一杯酒，华发各盈头。”[1] 这首诗是侯方域重游江南经过宜兴拜访陈贞慧时所写，此时与顺治二年正月他为避阮大铖迫害而躲至陈贞慧家已有八载，“菡萏秋”即芙蓉老，此时已是秋天，这里既是写景，也是喻人，江山变色，人已沧桑，易代之后与知交重逢，心中别是一番滋味。

侯方域咏别类的诗歌如作于弘光元年的《燕子矶送次尾》:“不尽登临地，依然燕子矶。波心悬帝阙，帆影动江晖。击楫乘风志，行吟纫芰衣。相怜分手处，转恐再游稀。”[2] 次尾即侯方域好友吴应箕，当时阮大铖大兴党狱，逮捕陈贞慧、吴应箕等复社党人，吴得到消息，连夜逃走，方域到南京北郊的燕子矶送他时作此诗，把他比喻成战国时的屈原、晋代的祖逖、宋代的宗悫，说他有乘风破浪济沧海的伟大抱负，但却像屈原一样命运多舛、颠沛流离而又坚贞不屈，表达了对朋友的敬重和惜别之情。

作于顺治九年冬的《送顾副使礽入楚》:“旧京西去楚江东，万里长游感慨中。古月还窥神女庙，孤舟直破大王风。浮沉汉祚终刘表，伯仲周郎是吕蒙。回首故人劳望眼，莫迟佳信负春鸿。”[3] 侯方域再访江南时，当时南方形成了以楚、粤为中心的第二次抗清高潮，顾礽赴楚，很可能是去参加当地的抗清斗争，侯方域在这里不仅是送别，更多的是勉励和期许。

侯方域的悼亡诗写得哀婉深挚，凄恻感人，其中又以《哀辞九章》最为跌宕传神，这是一组五言排律，是侯方域后期诗歌的代表作。诗前的序写道:“哀辞者，感群公之既没而作也。倪、周二公，师也；练公，父执也；史公，世旧且明存亡所系也；张公以下，友也。哲人既萎，情

---

① 侯方域著，何法周主编，王树林校笺:《侯方域集校笺（上册）》，郑州：中州古籍出版社，2000 年，第 244 页。

② 侯方域著，何法周主编，王树林校笺:《侯方域集校笺（上册）》，郑州：中州古籍出版社，2000 年，第 134 页。

③ 侯方域著，何法周主编，王树林校笺:《侯方域集校笺（上册）》，郑州：中州古籍出版社，2000 年，第 330 页。

见乎词。李公以雄才终于卑官，抑更伤其志，有难言者，用附于末，盖亦少陵之哀郑台州云尔。”[①] 这九首诗写的都是自己的师友，如开篇悼念倪元璐的诗中写道：“主辱已当死，况逢卜历竭。志在殉社稷，君臣同一辙。靖献皇祖前，万古须臾决。永谢江左贤，中兴无泄泄。至今天地闭，谁吊荒祠碣！”[②] 写倪元璐在北京城破之后，自缢殉国的壮举。又如悼念史可法的：“万里飘黑云，压摧金陵郭。钟山熊罴号，长淮蛟龙涸。惨澹老臣心，望断紫微落。”[③] 写在外有清兵大军压境，内有奸臣当道的情况下，史可法被马士英等人排挤出朝廷督师淮扬，早知结局，却身怀大义，浴血奋战至最后一刻而慷慨殉国。

《中书舍人华亭李公雯》：“人生感遭逢，何止参与商。故人悲素丝，黑白不相妨。食鱼必魴鲤，娶妻必姬姜。请听《篙里曲》，荐哀君子堂。李公起云间，文赋久擅场。摛藻风云变，探源昆仑长。天才纷艳发，弱冠即老苍。海内传一字，珍重若珪璋。卷书千秋业，旭在百行臧。雅志托皎日，变态矢秋霜。自矜陇西姓，门阀无敢望。一叹少卿辱，再笑太白狂。天路九万里，长驾有骕骦。朝发宛城野，暮宿金台厢。壮士重远到，伏枥未尝忘。岂知蹉跎久，白首终为郎。秋月照粉署，殊非旧明光。仰视天汉星，泪下不成行：‘我今朱颜丑，何以归故乡？’郁陶发病死，谁当谅舒章！”[④] 这是九章中的最后一首，李雯是“云间六子”之一，才华横溢，早年就和方域相互倾慕而结下深情厚谊，曾和陈子龙等人同倡几社，“云间六子”中的夏允彝和陈子龙因起兵反清而先后殉

① 侯方域著，何法周主编，王树林校笺：《侯方域集校笺（上册）》，郑州：中州古籍出版社，2000 年，第 260 页。

② 侯方域著，何法周主编，王树林校笺：《侯方域集校笺（上册）》，郑州：中州古籍出版社，2000 年，第 261 页。

③ 侯方域著，何法周主编，王树林校笺：《侯方域集校笺（上册）》，郑州：中州古籍出版社，2000 年，第 275 页。

④ 侯方域著，何法周主编，王树林校笺：《侯方域集校笺（上册）》，郑州：中州古籍出版社，2000 年，第 297 页。

国，其他人飘零的飘零，离世的离世，李雯在明亡后被迫出仕清朝，内心饱受煎熬，后乞假南归，“道过淮安，故人万孝廉寿祺以僧服见，公望之泣下，曰：‘李陵之罪，上通于天矣！’未几，病死”。[①]侯方域在诗中赞扬了李雯高贵的门第和卓越的才华，回顾了好友的一生，读之悲风四起，哀婉缠绵，整首诗一韵到底，一气呵成，表现了对好友离世的无限的悲痛和深深的怀念，不仅是对朋友的悼念，也是对生逢乱世的自己不幸遭遇的哀悼。

田园隐逸。侯方域本是一个有雄才大略和报国理想的人，但是明末吏治腐败，党争不断，他也卷入政治斗争的旋涡，深受其害，辗转逃难之中萌生了归隐之意，如崇祯十六年为避阮大铖迫害逃至宜兴时作《世事》：“世事终何补？吾生亦有涯。近村成小筑，习懒慰茅斋。过雨花扶杖，微风草长阶。平泉山色好，垂老到珠崖。”[②]经历了家国之变，山河破碎，理想破灭，他不得已返回家乡隐居，不愿与清廷合作，所以诗风多清新流丽，萧散闲适，又如贾开宗评为“所谓好诗，圆美如弹丸者”[③]的《幽栖》：“寄谢松筠客，幽栖好任颠。何当云点染，不愧月婵娟？万事甘居后，一樽自可前。陈情托绮皓，争肯负华笺。”[④]

再如作于顺治四年春的《种树》：“种树南园好，荒榛径渐除。荆妻时饷馌，缓步许当车。白水遥占座，黄公竟定储。至今传二老，长遁亦何如。”[⑤]还有作于顺治五年的《遁迹》：“遁迹遥岑外，结庐问具茨。邻

① 侯方域著，何法周主编，王树林校笺：《侯方域集校笺（上册）》，郑州：中州古籍出版社，2000 年，第 297 页。

② 侯方域著，何法周主编，王树林校笺：《侯方域集校笺（上册）》，郑州：中州古籍出版社，2000 年，第 110 页。

③ 侯方域著，何法周主编，王树林校笺：《侯方域集校笺（上册）》，郑州：中州古籍出版社，2000 年，第 195 页。

④ 侯方域著，何法周主编，王树林校笺：《侯方域集校笺（上册）》，郑州：中州古籍出版社，2000 年，第 194 页。

⑤ 侯方域著，何法周主编，王树林校笺：《侯方域集校笺（上册）》，郑州：中州古籍出版社，2000 年，第 195 页。

村时见火，荒戍夜闻鸥。遣岁花舒蕊，埋忧黍作糜。忘情到寒暑，惭愧说爱咨。”[①] 这几首诗都表现了徜徉田园，享受归隐之乐的情趣。

再比如作于顺治四年春的《后春兴八首》其一：“杖藜着处置闭身，搔首高吟送暮春。烟色解愁常漠漠，烧痕无夜不燐燐。狂于阮籍何劳哭？醉似陶潜漫著巾。寄语五陵同学客，艰难衣马谢时人。”[②] 其三：“春光零落隔虞州，泯泯双江静不流。海气山川遥作国，云中龙凤谩成楼。客星忆傍严陵钓，霸业虚随范蠡舟。一自鼎分俱寂寞，侧身东望使人愁。”[③] 还有顺治三年所做的《寄李舍人雯》：“金陵门外昔同游，归去衰迟有故丘。六季春城喧野雀，三山云气黯江楼。嵇康辞吏非关懒，张翰思乡不为秋。最是月明照颜色，平芜烟雨使人愁。”[④]

四、结语

综上所述，侯方域生于明清易代之际，他的诗歌大多反映了民生疾苦，记录了明清之际的沧桑巨变，内在地继承了《诗经》的风雅精神，特别是受到了杜甫现实主义风格的影响，以天下国家为己任，忠于君父，关注社会，同情生民。在他短暂的一生中用诗歌抒发了内心的亡国之痛，表现出浓厚的家国情怀。

侯方域早年便以“诗与制艺名海内”[⑤]，但是后人所了解的他在文学上的成就主要是在散文方面，他是清初古文三大家之一。由以上所述可

---

① 侯方域著，何法周主编，王树林校笺：《侯方域集校笺（上册）》，郑州：中州古籍出版社，2000 年，第 211 页。

② 侯方域著，何法周主编，王树林校笺：《侯方域集校笺（上册）》，郑州：中州古籍出版社，2000 年，第 196 页。

③ 侯方域著，何法周主编，王树林校笺：《侯方域集校笺（上册）》，郑州：中州古籍出版社，2000 年，第 196 页。

④ 侯方域著，何法周主编，王树林校笺：《侯方域集校笺（上册）》，郑州：中州古籍出版社，2000 年，第 168 页。

⑤ 侯方域著，何法周主编，王树林校笺：《侯方域集校笺（上册）》，郑州：中州古籍出版社，2000 年，第 618 页。

见，其实他在诗歌理论和诗歌创作方面的成就也相当突出，之所以其诗名不彰，是因为他诗歌理论和创作的目的是为了反清复明，恢复大明的江山社稷，在清初的文化高压政策下，当时不便公开讨论和宣扬；到清乾隆时期他的《四忆堂诗集》被钦定为“悖逆诞妄，语多狂吠”[①]，被勒令毁书毁版；侯方域在顺治八年被迫参加河南乡试的行为也无法被一些明朝遗老和反清志士所理解，认为他名节有亏，对其诗歌甚至为人都予以否定。正是由于这些原因，侯方域的诗歌很少有人提及，褒奖赞扬的就更少了。

总之，侯方域的诗歌抒发的是真性情，发出的是被压迫在心中的忍的执拗强低音，展现的是诗家高品格的真才艺，就像清代著名史学家赵翼在《题元遗山》诗中所言：“国家不幸诗家幸，赋到沧桑句便工。”

---

① 姚觐元：《清代禁毁书目》，北京：商务印书馆，1957年，第315页。

中国现代社会言情小说对古代小说功能观的持守与嬗变

张艳丽

（华北科技学院　北京　101601）

摘　要：自汉代起至明清时期逐渐形成并确立的古代小说功能观，对民国时期通俗小说的创作产生了重要影响。其中一个主要的小说类别便是中国现代社会言情小说（简称“社会言情小说”）。社会言情小说与古代小说不仅在艺术形式上相似，在思想内容上也有相通之处，因此一度被称为“民国旧派小说”而遭到新文学家们的批判，因而使其艺术特征及文学史价值被遮蔽。本文以小说功能观为切入点、以古代小说功能观发展脉络为背景，深入探讨中国现代社会言情小说对古代小说功能观的持守与嬗变，试图矫正人们以往对社会言情小说的偏见。客观考察这类小说在现代文学史上的作用、影响、地位，对于今后学术界撰写出更加全面、客观与真实的现代文学史甚有裨益。

关键词：中国现代社会言情小说　古代小说　小说功能观

五四新文化运动以来，否定传统的新文学思潮占据文坛，中国新文学与传统文学至此发生了断裂，而通俗小说却在一定程度上挑起了继承传统的重担，中国现代社会言情小说（以下简称社会言情小说）便是其中最典型的代表。此类小说坚持运用新文学家所摒弃的小说形式，采

作者简介：张艳丽，女，山东泰安人，1981 年生。北京师范大学文学博士，华北科技学院副教授。研究领域为中国现当代文学与明清文学。

用“旧瓶装新酒”的策略，在继承古代小说艺术形式的基础上进行了创新，将报刊体制与章回小说有机结合起来，创造了民国文坛销量浩繁的盛况。正如徐文滢所说，“自五四运动以后，新的形式新的意义奠定了新文艺的基础，章回小说遭到冷落的厄运了。一般人索性称之为旧小说，以示旧形式之落伍，且难与新文艺并存并提。我们的文学史小说史上，在民国部分中已不再说起它们，因为文学史小说史编者多数就压根儿没有看‘旧’小说，但其实这是很不公允的。现在章回小说的潜势力不但仍然广大的存在着，它握有的读者群且确是真正的广大的群众。我们不能把它的势力估计得太低。《啼笑因缘》《江湖奇侠传》的广销远不是《呐喊》《子夜》所能比拟，而且恕我说实话，若以前代小说的评衡标准来估价，民国以来实在不乏水准以上的章回作品。”①

作为中国现代通俗文学研究领域的开拓者，中国现代文学研究专家范伯群先生强调并肯定了通俗文学对传统文化的继承——“内容上以传统心理为机制，形式上对传统模式的继承”②。无论在形式上还是内容上，古代小说对通俗文学的影响是不可忽略的。而从文化遗产继承的角度来讲，通俗文学对传统文化的传承也是很值得研究的。只可惜范先生一语带过，没有再详细论述。而传统文学究竟在哪些方面影响了通俗文学以及这一影响有着怎样的意义，我们该如何在继承传统文化的角度上客观评估通俗文学的价值，又该如何在传承文化遗产的角度上肯定传统文学对通俗文学影响的意义，这些都需要进一步研究。

目前，学者们较多关注社会言情小说产生的背景及意义，以及对其现代性的考察。在社会言情小说与古代小说关系的研究方面，学者们更多关注社会言情小说对古代小说的突破，并对这些突破给予很高评价。还有些学者认为社会言情小说保留了古代小说的一些类型化模式，且因

① 徐文滢:《民国以来的章回小说》，见芮和师、范伯群等编《鸳鸯蝴蝶派文学资料》，福建人民出版社，1984 年，第 139 页。

② 范伯群 :《中国近现代通俗文学史》(上卷)，江苏教育出版社，1999 年，第 18 页。

此受到束缚，是其局限之处。一些论著中提到并肯定了古代小说对社会言情小说的影响，可惜没有详细论述。个案研究较多，如对张恨水小说章回体改良的研究，对刘云若小说程式化的研究，对李涵秋小说叙事模式的研究，对张爱玲小说与《红楼梦》关系的研究等。至于其他社会言情小说与古代小说的关系，只是在著作中有所提及，全面、系统的研究还比较薄弱。

基于此，我们在科学界定现代社会言情小说概念的基础上对其进行深入研究。本人试图，一、以小说功能观为切入点，深入探讨此类小说与古代小说的相通之处，把握其迥异于古代小说的思想艺术特征；二、考察现代社会言情小说如何在古代小说功能观基础上建立自身独特的小说功能观，以利于现代文学研究界对此类小说有全面、客观的认识；进而对呈现出全面、真实的现代文学史尽一份绵薄之力。

一、中国现代社会言情小说范围的界定

本文所说的“中国现代社会言情小说”，不仅与“言情小说”不同，与人们所熟知的一般意义上的“鸳鸯蝴蝶派小说”也有所不同。三者之间仅有着密切的关系，但是是不同层次的文学概念与物指。

民国初年，以徐枕亚的《玉梨魂》为代表的哀情小说风靡文坛，引发诸如奇情小说、艳情小说、悲情小说等一片情天恨海之作充斥文界。时任《小说月报》主编的恽铁樵以卓越的眼光看到这一文坛弊病，于是倡导将言情与言社会结合起来。他指出，“言情不能不言社会，是言情亦可谓言社会。且世界者，人类之世界，即男女之世界。男女有爱力，而有夫妇。夫妇，最亲者也。爱不能无差等。以亲亲之义推之，夫妇之情厚者，于爱国、爱群之情亦厚。”[①] 这一倡导的提出，为社会言情小说的出现奠定了坚实的理论基础。与此同时，李涵秋的《广陵潮》（原名

① 恽铁樵：《答刘幼新论言情小说书》，《小说月报》，1915 年第 6 卷第 7 号。

《过渡镜》）开始连载于汉口《公论新报》，拉开了社会艳情小说创作的序幕。继《广陵潮》之后，《歇浦潮》《人海潮》等此类小说开始出现，形成了一类独特的小说类型。由此可见，社会言情小说是在言情小说泛滥成灾的情况下应运而生的，它脱胎于民初言情小说，但与言情小说已有本质区别。

那么，社会言情小说是否属于鸳鸯蝴蝶派小说呢？范伯群先生把《中国近现代通俗文学史》的社会言情编第三章第八节的题目定为“社会加言情乃鸳蝴派先天遗传基因”[①]，可以看出社会言情小说与鸳鸯蝴蝶派小说的血缘关系。我们知道，广义的鸳鸯蝴蝶派小说即为通俗小说，从这个意义上讲，鸳鸯蝴蝶派小说其实是包含了社会言情小说的。而随着通俗文学研究的深入，许多学者都曾指出将中国现代通俗小说扣上“鸳鸯蝴蝶派”的帽子实属不妥。袁进曾就“鸳鸯蝴蝶派”这个名称发表过类似主张：“最早，它指的是徐枕亚、李定夷、吴双热等人创作的骈文小说。后来，它又包含了民初小说家创作的文言小说和白话章回小说。1949 年以后，‘鸳鸯蝴蝶派’作品目录几乎包括了除新文学作家创作的小说之外的所有通俗小说，无论它是色情的还是严肃的，也无论它是传统的章回体还是新式的章回体、日记体、书信体。……‘鸳鸯蝴蝶派’只是一个约定俗成的名词，谈不上是一个科学的‘文学流派’的概念。”[②] 既然“鸳鸯蝴蝶派”不能算作一类小说的概念，更不能将社会言情小说划入其中了。笔者以为，就“鸳鸯蝴蝶”的本意而言，它单纯的指民初言情小说更为妥当。因此，本文中所提到的“社会言情小说”绝不等同于、也不狭义地属于鸳鸯蝴蝶派小说。李涵秋自不必说，而张恨水、刘云若、秦瘦鸥他们本人也不承认自己是鸳鸯蝴蝶派。尽管张恨水前期创作有着很浓重的鸳鸯蝴蝶派的影子，但本文所研究的是他的代表作品，也就是成熟的社会言情小说，不能算作鸳鸯蝴蝶派小说。正因为

① 范伯群：《中国近现代通俗文学史》，江苏教育出版社，1999 年，第 10 页。

② 袁进：《小说奇才张恨水》，上海：上海书店出版社，1999 年，第 66 页。

社会言情小说与鸳鸯蝴蝶派小说内在的血缘关系，使得二者容易混淆，所以，我们把该论文中提到的作品称为“社会言情小说”，以便于和鸳鸯蝴蝶派小说相区别。

关于社会言情小说的概念，笔者曾在另一篇文章中进行过界定：“晚清小说界革命之后尤其是五四以后出现的，由中国现代作家采用传统与现代相结合的艺术形式书写言情和社会两大主要思想内容的一类世态人情小说，全称为‘中国现代社会言情小说’”[①]。这类小说生发于民初，兴盛于 20 世纪二三十年代，及至 20 世纪 40 年代虽已近尾声仍有经典之作，可以说占据了民国时期通俗文学文坛的首要位置，吸引了大量的市民读者。其开山之作为李涵秋创作于 1909—1919 年间的《广陵潮》，中后期的代表作有张恨水的《金粉世家》《春明外史》《啼笑因缘》《夜深沉》，刘云若的《小扬州志》《旧巷斜阳》《红杏出墙记》《春风回梦记》《粉墨筝琶》，平襟亚的《人海潮》（又名《情海春潮》），秦瘦鸥的《秋海棠》及陈慎言的《恨海难填》等。

二、古代小说功能观的演变

在中国古代小说理论批评史上，小说的“功能”一直被批评家们所关注。由庄子的“小道”论开始，“小说”就处在被轻视的地位。虽然“小说”这一词语最早出现于《庄子·外物》，但它并不是作为一种文体出现的，及至汉代，“小说”才作为一种文学样式出现在文学理论视野。两汉时期的桓谭在《新论》中提及小说时说：“若其小说家，合丛残小语，近取譬论，以作短书，治身理家，有可观之辞”[②]，在这里，桓谭不仅明确了小说可以成为一种文学样式，并提出了“小说家”的说法，可见在当时已有一批从事小说创作的文人出现。在桓谭看来，虽然此时小

① 张艳丽：《中国现代社会言情小说正名问题研究》，《文艺争鸣》，2016 年第 11 期。

② 桓谭：《新论》，选自《江文通·文选》卷 31，李善注，中华书局，1977 年，第 444 页。

说的内容不过是短小的细碎片段，但已然对治身理家有可借鉴之处，小说的“传道”功能也已初露端倪。

随着魏晋南北朝时期志人和志怪小说的产生，小说开始作为一种文体出现，到了唐代，唐传奇的产生使得小说成为一种独立的文体，有其独特的艺术特征与创作目的，“传奇”的名称也已显明其娱乐的功能。唐代诗人韩愈提出了“以文为戏”[①]的观点，晚明时期领军文坛的文学家李维桢、明代小说家李昌祺及著名戏曲家汤显祖等都认为小说具有娱乐游戏功能。此外，教化及补史功能的说法也比较普遍。除了班固在《汉书·艺文志》中提出的“稗官”论，修髯子也在《三国志通俗演义引》中认为小说可“裨益风教”[②]，明代历史演义小说编著者熊大木则指出小说“稗官野史实记正史之未备”。[③]在把小说归于史类的早期批评家看来，小说的特性与史难以截然区分，小说有史的实录性质，能够拾正史之所遗，详正史之未赅，补正史之不足，因而小说可与正史参行。这种说法揭示了小说与史的密切关系，也强调了小说的认知功能。元末明初，瞿佑较早提出了“惩恶劝善”的思想，他称自己编撰《剪灯新话》“虽于世教民彝，莫之或补，而劝善惩恶，哀穷悼屈，其亦庶乎言者无罪、闻者足戒之一义云尔”[④]这种思想对后世小说的创作及其作用的评价都具有重要的影响，小说的教化功能也逐渐被重视。

到了明中后期，批评家们开始有意识地探讨小说本身的特性，并力图把小说与史区别开来，这一时期，批评家们开始视小说为一种具有独立性的文学样式，为文学创作独立之一文体，从而努力探讨小说的性质

---

① 韩愈：《重答张籍书》，见《韩愈集（卷十四）》，山西古籍出版社，2005年。

② 修髯子：《三国志通俗演义引》，见《三国志通俗演义》，花山文艺出版社，1993年，第3页。

③ 熊大木：《新刊大宋演义中兴英烈传序》，选自《中国历代小说论著选》，江西人民出版社，1982年，第117页。

④ 凌云翰：《剪灯新话序》，见瞿佑《剪灯新话：外二种》，上海古籍出版社，1981年，第3页。

和特点，确认其地位和价值，逐步形成了系统的小说观。明代文学家李贽明确提出了小说可以“发愤”的主张。他在《忠义水浒传序》中提到：“古之贤圣，不愤则不作矣。不愤而作，譬如不寒而颤，不病而呻吟也，虽作何观乎？《水浒传》者，发愤之所作也。[1]”在李贽看来，小说家创作《水浒传》不仅仅是为了记录历史人物故事，更是要抒发其胸中块垒，实为“发愤”之作。这就将小说的功能与李贽倡导的“童心说”结合起来，形成了小说的自我表现功能。

晚清批评家对小说功能的阐述更加透彻，其中影响最深远的是梁启超的观点。他在1902年11月14日发表的《论小说与群治之关系》中指出了四种力：

抑小说之支配人道也，复有四种力：一曰熏，熏也者，如入云烟中而为其所烘，如近墨朱处而为其所染，《楞伽经》所谓“迷智为识，转识成智”者，皆恃此力。人之读一小说也，不知不觉之间，而眼识为之迷漾，而脑筋为之摇飏，而神经为之营注，今日变一二焉，明日变一二焉，刹那刹那，相断相续，久之而此小说之境界，遂入其灵台而据之，成为一特别之原质之种子。有此种子故，他日又更有所触所受者，旦旦而熏之，种子愈盛，而又以之熏他人，故此种子遂可以遍世界。一切器世间、有情世间之所以成、所以住，皆此为因缘也。而小说则巍巍焉具此威德以操纵众生者也。二曰浸，熏以空间言，故其力之大小，存其界之广狭；浸以时间言，故其力之大小，存其界之长短。浸也者，入而与之俱化者也。人之读一小说也，往往既终卷后，数日或数旬而终不能释然。读《红楼》竟者，必有余恋，有余悲；读《水浒》竟者，必有余快，有余怒。何也？浸之力使然也。等是佳作也，而其卷帙愈繁、事实愈多者，则其浸人也亦愈甚！如酒焉：作十日饮，则作百日醉。我佛从菩提树下起，便说偌大一部《华严》，正以此也。三曰刺，刺也者，刺

① 李贽：《忠义水浒传序》，《水浒传》（容与堂本），岳麓书社，2008年，第1488页。

激之义也。熏、浸之力，利用渐；刺之力，利用顿。熏、浸之力，在使感受者不觉；刺之力，在使感受者骤觉。刺也者，能入于一刹那顷忽起异感而不能自制者也。我本蔼然和也，乃读林冲雪天三限、武松飞云浦厄，何以忽然发指？我本愉然乐也，乃读晴雯出大观园、黛玉死潇湘馆，何以忽然泪流？我本肃然庄也，乃读实甫之琴心、酬简，东塘之眠香、访翠，何以忽然情动？若是者，皆所谓刺激也。大抵脑筋愈敏之人，则其受刺激力也愈速且剧。而要之必以其书所含刺激力之大小为比例。禅宗之一棒一喝，皆利用此刺激力以度人者也。此力之为用也，文字不如语言。然语言力所被，不能广、不能久也，于是不得不乞灵于文字。在文字中，则文言不如其俗语，庄论不如其寓言，故具此力最大者，非小说末由！四曰提，前三者之力，自外而灌之使入；提之力，自内而脱之使出，实佛法之最上乘也。凡读小说者，必常若自化其身焉。①

梁启超在这里所说的四种力，不仅指出了小说的功能，更是揭示出了小说的艺术特性，所谓“熏”，指的是小说对读者具有潜移默化的熏陶作用；所谓“浸”，指的是读者沉迷于小说之中数日，逐渐受小说的陶冶，而与小说中的人物产生心灵的共鸣；所谓“刺”，即指小说具有刺激读者情感的作用，当读者的感情融入小说中，便与小说中的人物同呼吸、共悲欢，产生“共情”。所谓“提”，乃是读者读小说之最高境界，此时，读者已然化身为小说中的人物，由内而外散发出文学气息，足见小说的艺术感染力之深。以对小说功能的认识和特性的揭示而言，梁启超从审美心理的角度充分论述了小说的文学功能和艺术特性，得到了同时期批评家们的认可。总体而言，以上批评家对小说的功能观的认识大致可以概括为五种：传道功能、教化功能、娱乐消遣功能、补史功能、自我表现功能。

① 梁启超：《论小说与群治之关系》，《新小说》，1902年第1期。

三、中国现代社会言情小说家对古代小说功能观的继承与突破

在以“修身、治国”为己任的中国传统文人眼中，“诗言志”“文以载道”成为文学作品理所当然的职责。宋元时期，小说开始作为文学作品被研究，但由于当时的批评家对小说缺乏充分的认识，便以批评诗歌、散文的理论来评价小说，小说的传道、教化等功能自然不可推卸。明清时期，李贽、袁宏道、冯梦龙等均以儒家的传道思想为标准，认为小说应以传道为宗旨，宣扬忠孝节义、惩恶劝善，以益于社会风化。上文已指出古代小说的五种功能观，其中对社会言情小说影响最为明显的为传道功能。细读社会言情小说文本，可以发现它自觉地遵循了古代小说的功能观。只是与明清小说家在作品的自序中声明自己创作目的在于传道、教化等的不同，他们不是有意识的借小说言志，甚至在作品中明确表示自己对于小说并没有什么过多的奢望，也就是说，从其的主观意愿来看，社会言情小说家们并不相信自己的小说能够达到“传道”的目的，所以，他们的小说对“传道”的实践较之明清小说更加隐蔽了。

李涵秋在临去世前对胞弟李镜安说：“我辈手无斧柯，虽不能澄清国政，然有一支笔在，亦可以改良社会，唤醒人民，汝其于撰述上悉心研究，切勿轻视。”① 李涵秋将小说创作目的定位为“改良社会，唤醒人民”，可见其对古代小说功能观的认同。在《广陵潮》中，欺诈云家绸缎庄的田焕夫妇费尽心机骗取的家产最终还是被云家的子孙继承，云麟一家母慈子孝，虽经过一段艰难的时光但最后家业兴旺、其乐融融。反而富贵人家的不孝子柳春与打爹骂娘的明似珠最终流落街头。家道殷实的柳家的公子柳春从小在母亲的偏护下娇生惯养，去上海宏门学校混了一纸文凭后回家要兴办学校，结识青年女性明似珠后更是荒诞不经，最后沦为明似珠的姘头。明似珠父亲早亡，家境颇丰，接受新式教育后思

① 李镜安：《先兄涵秋事略》，《半月》，1923 年第 2 期，第 20 页。

想非常开放，和柳春同居后，又喜欢上了云麟，一见面就要吻云麟；见到富玉鸾后又被他的英伟所倾倒。“这一天，明似珠总算轻轻地将他一份爱情，移到富玉鸾身上去了，再不同云麟兜揽。”① 在情感上，明似珠是见一个爱一个的，在肉体上，她更不受任何道德伦理的约束。明似珠在上海街头做起了吊膀子的妓女，碰巧吊来的真济美正是革命家，便大摇大摆地做起了都督夫人。都督被暗杀后，她携带着自己靠色相捞来的十数万金家资回扬州，却在途中被亲信仆人骗走。当柳春灰心时，明似珠对他说：“凭我这副颜色，你还愁骗不到人家的银子？……你有这造化给我做了丈夫，总不至叫你没有饭吃。”② 明似珠的回扬与妓女红珠的回扬颇有相似之处，但结局却大相径庭，红珠安然回扬与心上人永结秦晋之好，明似珠却落得一贫如洗，与柳春做姘头并与土匪交结勒索公公的钱财。由此可见，小说带有明显的“裨益风教”的创作倾向。

张恨水的《啼笑因缘》的创作倾向也带有明显的教化作用。唱大鼓书的贫民女子沈凤喜遇到富家少爷樊家树，在樊家树一次一次的救济中，沈凤喜与之产生了爱情；然而，当樊家树回南时，沈凤喜遇到更加有权有势的军阀刘德柱，便又投入刘的怀抱了。有论者指出，“自古以来由于社会地位和生活水平的低下，小市民阶级有严重的劣根性——贪婪，这不仅是书中女主人公沈凤喜的悲哀，也是整个封建社会时代多数女性的悲哀。”③ 小说家不仅借沈凤喜揭示了小市民阶级的这一劣根性，并且对女主人公的贪婪给予了明显的道德评判。张恨水谈及《啼笑因缘》的创作时曾说，“至于凤喜，自以把她写死了干净，然而她不过是一个聪明绝顶，而又意志薄弱的女子，何必置之死地而后快！可是要把她写得和樊家树坠欢重拾，我作书的，又未免‘教人以偷’了。总之，

① 李涵秋：《广陵潮》，北岳文艺出版社，1986年，第718页。

② 李涵秋：《广陵潮》，北岳文艺出版社，1986年，第1073页。

③ 张湘锋：《〈啼笑因缘〉三位女性的形象》，《语文学刊》，2008年第14期。

她有了这样的打击，疯魔是免不了的。”[①] 在小说最后，沈凤喜疯了，并没有读者所期盼的大团圆结局，这正是社会言情小说的可贵之处。它们没有高深精妙的道理，也非严肃文学家们高高在上的启蒙，而是以小说中的人物故事将其思想倾向传达给读者，实现潜移默化的教化功能。

除了李涵秋、张恨水之外，刘云若小说更是把褒善贬恶的道德倾向内化为复杂的情感倾向，潜移默化地改变和影响读者的情感与生活方式。总起来看，他对古代小说功能观的实践集中体现在小说的道德内涵和伦理内涵两个方面。

首先，刘云若小说的道德内涵非常丰富，在他的思想观念和创作动机中，有十分突出的道德倾向，这种倾向能形成一种伦理化的人格，赋予作品以特殊的道德内涵。这种人格体现在作品中就是对国家、民族的忧患意识和责任感。从其小说中的描述就能看出他的真诚与忧患。正因为人心浮华，物质至上，刘云若在物欲横流的现实生活中怀恋“至真至情”，故而在描画污浊世界的同时难免流露出对真善美的热切向往。他的忧患与真诚如同杜甫的沉郁顿挫、巴金的真挚热烈一样，都是一种小说家独立人格的象征，这种人格赋予作品一种内在的伦理力量。刘云若的使命感和责任感，体现在对当时社会现状深切的道德关注，对现有文化中不公平的、丑恶的方面给予的批判和否定。他反对日本帝国主义的侵略，抨击军阀的高压统治，揭露国民党政府的黑暗腐败，肯定底层人民对正义与美好生活的追求。他在小说中运用犀利的笔墨讽刺反面人物，也用生动的笔墨塑造正面人物形象。如《小扬州志》中的散德兴，运用种种手段骗取掠夺别人的钱财，作家写他又蠢又胖，令人望而生厌。《春风回梦记》中的如莲真挚、柔媚、敢于担当且富于牺牲精神，博得了作家的同情和怜惜。小说写到她为成全爱人的婚姻而不惜以生命为代价时，令人不禁潸然泪下。《粉墨筝琶》中的陆凤云因不能忍

① 许子东:《重读〈日出〉、〈啼笑因缘〉和〈第一炉香〉》,《文艺理论研究》, 1995 年第 6 期。

受艰辛的生活而抛弃自己的丈夫，甚至委身于大汉奸，最后母亲被人毒死，自己入狱为囚，结局相当悲惨；而大巧儿虽然言语粗俗，但一身正气，不畏街头恶霸，且积极加入地下抗日工作，赢得了男主人公翥青的爱情。《碧海情天》中的蓉湄作为一名银行家的儿子，喜欢上了唱戏的影桃，他不顾父亲的反对，坚持要和影桃结婚，其矢志不移的真情得到了作家的认可。这些作品中惩恶劝善的教化倾向，也体现了小说对古代小说功能观的自觉践行。

其次，刘氏小说在人物塑造方面集中表现了刘云若复杂的情感态度，除了刻画了一批“至性人”之外，其小说还通过对世俗生活的描述揭示出一种独特的性格与精神，使读者与小说人物产生共鸣，甚至参与到小说的创作中。《春风回梦记》中的人物就很有代表性。虽然主人公如莲与陆惊寰真心相爱，且如莲品貌俱佳，但作为第三者，如莲毕竟破坏了惊寰夫妇的婚姻。小说最后，如莲服毒自尽，景寰妻子病故，演绎了一场“一宾出双棺”的凄惨故事，在此过程中如莲作为一个风尘女子其真的如莲花一般出淤泥而不染的高贵品格给人留下深刻的印象。《旧巷斜阳》中的高洁如玉的璞玉与赵警予真心相爱，其盲夫发现后为成全二人离家出走，赵警予却不忍让璞玉为难而远走他乡。璞玉带着两个儿子为糊口沦落到下等窑子，被骗为暗娼遭受百般凌辱，读者们不忍看着洁身自好的璞玉沦落到如此地步，便呼吁“救救璞玉”，并因此而在当时社会发起了一场“妇女命运”的大讨论[①]。刘云若在小说序言中写道：“有几位资产阶级的太太，竟使用贿赂手段，倘然在去岁年底能叫璞玉脱离苦海，我足可过个很肥的新年，连拙荆也许落一套日月团花袄山河地理裙，可惜一时掉不转笔头，以致失却发小财的机会。反而因璞玉受了许多委屈，先生、太太小姐们，把我摈出游宴团体，厉行绝交，宣付惩戒，或是写信斥骂，电话恐吓，以及吃饭合谋灌酒，打牌暗算输钱，

① 倪斯霆：《旧人旧事旧小说》，上海远东出版社，2010 年，第 136 页。

由若干人联名警告，限期救出璞玉，若再逾限，将全体拒看我写小说的报纸。这真使我惊讶璞玉何以人缘如此之佳，势力如此之大！她虽在书中受苦，然而能有这样的际遇，可谓不虚此生。”[①] 刘氏小说能够借小说人物的命运引发读者情感的共鸣，让读者与书中人物心心相系，甚至努力去干涉小说的创作，可见刘云若的小说已然达到梁启超所说“刺”的功能。

总的来说，社会言情小说的道德价值和伦理内涵集中体现了明清小说功能观的基本精神，值得注意的是，尽管这类小说作品的教化功能及道德惩戒意味很浓，但是由于小说家对小说功能的理性认识，使得其创作目的与小说人物故事、情感倾向水乳交融，惩戒劝善的功能不再像古代小说那样借助于说理性的语言，这是社会言情小说对古代小说功能的一个突破。

四、中国现代社会言情小说家对小说商业功能的挖掘

明清时期受儒学、理学的影响，在小说理论界，传道观、娱乐观及自我表现观成为大部分理论家的共识，对于小说家而言，创作多是出于“发愤”及“文人自娱”的创作心态，主观上掩盖了小说的商业功能。与此同时，明清时期的报刊业尚未兴盛，客观上也限制了小说的商业功能的实现。如《红楼梦》的作者曹雪芹少年时代度过了一段锦衣玉食的生活，虽然这段生活极其短暂，但是却始终难以忘怀，这也是《红楼梦》创作的来由。雍正五年，曹雪芹的父亲因“骚扰驿站”等罪名被抄家。第二年，曹家举家从南京迁到北京。再后来曹家彻底败落，一家人只得过上了“举家食粥酒常赊”的穷困潦倒生活。少年时代在南京（工商业发达）的生活经历，使他有机会受到比较开放的初级民主思想的感染。曹雪芹性格豪放，愤世嫉俗，家庭的变故使他过早地体味到了世态

① 刘云若:《旧巷斜阳》(自序)，百花文艺出版社，1995 年。

炎凉，他将自己体会到的社会黑暗与复杂矛盾付诸笔端，通过对形形色色的人物形象的刻画，来表达自己的悲凉之感。《红楼梦》是作者饱蘸着生命的血泪完成的，作品中渗透着作者对生命的感叹、对世事变幻的无奈与人间冷暖的感伤。贾宝玉是曹雪芹的影子，曹雪芹与贾宝玉都生于官宦之家，都透过家族的兴衰荣辱而尝尽了世态炎凉。晚年的曹雪芹穷困潦倒，一心著述，看尽了世事沧桑，这与贾宝玉最终出家以此来了却尘缘如出一辙。作品中的人物与作者有着相似的人生经历，通过艺术虚构与加工，作品中的人物被寄予了作者的社会理想。总之，曹雪芹重在对诗意人生的抒写，他心怀一种士大夫感世伤怀的情怀，是一种面向知识精英的心灵诉说。曹雪芹以不寻常之十年辛苦创作《红楼梦》，从未想过要拿小说来赚钱，也未曾考虑读者是否欢迎，他在《红楼梦》第一回就写道：

满纸荒唐言，一把辛酸泪！都云作者痴，谁解其中味？①

这种文人自娱的心态使《红楼梦》的创作能够直面作家内心，抒发作家理想中的情怀，塑造其心目中的人物形象以“言志”。

与古代小说不同，社会言情小说从产生之日起就高扬小说的商业功能，并且作家在创作时也是秉承“卖文为生”的创作理念的。《人海潮》的作者平襟亚出身清贫，幼年丧母，13 岁时父亲去世，四处告贷无门，只能被外姓人收养。悲惨的童年生活使得平襟亚看透了世态风情与人情冷暖，他化名为网蛛生写出了 60 万字的巨作《人海潮》。《人海潮》初版 5000 册不到一个月就被抢售一空，后又在半年之内发行了 5 万部，盈利超 10 万元。此后创作的续集《人心大变》，也有很大的市场销量。凄苦的人生遭遇、经济需求的紧迫，加之民国时期报刊业的发达，使得当时文人们的卖文为生成为一种可能。平襟亚在创作小说时，并不十分在意小说的传道、教化等作用，而更注重追求的是小说的商业价值，这

① 曹雪芹:《红楼梦》，齐鲁书社，1992 年，第 3 页。

显然对古代小说的传道功能发生了偏移。为了追求小说的商业价值，必须赢得大量读者的青睐，读者就是小说家的衣食父母，因此，社会言情小说的创作以迎合读者的阅读需求为首要旨归。为达到这一目的，在艺术形式上，社会言情小说家要考虑市民读者阅读能力的滞后性，章回小说依然是其主要形式，才子佳人的模式也未发生根本改变；除此之外，社会言情小说家们也对千篇一律的才子佳人小说进行了创新，其主要表现就是对小说悲剧结局的设定，大部分社会言情小说都以悲剧结尾，这就使得观众在感受哀情之美中受到心灵的洗礼与精神上的升华，从而实现了对大团圆式的才子佳人小说的突破。平襟亚喜于在作品中嘲讽映射当时社会中流传的各类绯闻，包括社会秘闻、奇闻怪事与歌姬逸闻等，虽得罪了不少人引得不少官司，但带动了不少报刊的销量。加上平实朴素的语言风格，引人发笑的故事情节，牵动人心的悬念设置，小说在很大程度上满足了民众对小说娱乐性的需求。因此，平襟亚的作品能赢得读者的热捧而销量颇高也就不足为奇了。

平襟亚不仅从小说的题材内容上去迎合读者需求以带动销量，作为书商的他还从小说的定价、成本、装帧上促进小说的销售。“1930年，平襟亚在书业又掀起‘一折八扣旋风’，即定价1元，零售价1角，批发价8分（预订户7分）。平襟亚的书不付稿费，成本较低。当时市场上曾流行廉价标点书，封面为牛皮纸，小5号字密排，而平襟亚的‘一折八扣’书编辑、装帧更精美，用5号字排版，阅读起来很是方便。1936年至1937年，林语堂曾推出明人袁宏道诗文合集，平襟亚马上跟进，售价只有1/5，卖了1.5万部，盈利3000元以上。”[①] 由此可见，平襟亚善于通过对小说商业价值的挖掘来创造丰厚的收益。

除平襟亚外，李涵秋、张恨水、刘云若等社会言情小说家们的创作大都是以商业利益为首要目的的。张恨水曾说：“当年写点东西，完全

① 唐山：《出版枭雄平襟亚》，《北京晚报》，2017年6月19日，39版。

是少年人好虚荣。虽然很穷，我已知道靠稿费活不了命，所以起初的稿子，根本不是由‘利’字上着想得来。”[①] 由此可见，起初创作时，张恨水与古代小说家的功能观并无二致。到了 1926 年，张恨水全家移居北京，因人口增多，开销增大，他回忆道：“而我的全家，那时都到了北京，我的生活负担很重，老实说，写稿子完全为的是图利。已不是我早两年为发表欲而动笔了。”[②] 这一时期，他创作了《春明外史》（1924 年—1929 年）、《金粉世家》、《啼笑因缘》三部重要的社会言情小说，都取得了很高的市场效益。张恨水于 1930 年说：“我既是以卖文为业，对于自己的职业，固然不能不努力；然而我也万万不能忘了作小说是我一种职业。在职业上作文，我怎敢有一丝一毫自许的意思呢。”[③] 此时张恨水的小说创作观已然与古代小说家不同，职业文人的自觉认同及生活所迫，使得他不得不重视小说的商业价值，“图利”也成为其主要的创作目的之一。

社会言情小说家刘云若曾在小说《小扬州志》的开篇坦诚自己对小说家这一职业的认识：

原来对于读者一事，抱着各式各样的大希望。可怜望来望去，什么希望也不曾实现，却不知怎的，转弯抹角就进了小说行……无论哪一行的人，就端着哪一行的饭碗，低头去吃好了，不必一面因没法高攀，一面却妄抬身份……起先鄙人也想不要脸一下，高揭一个主义，叫做“小说救国”；后来想了八日八夜，终没法把这主义说得圆通，只得收起妄谈，规规矩矩的写我破小说。[④]

这种职业文人身份的自觉确认，使他对自己的小说创作有着理性认

① 张恨水：《写作生涯回忆》，见张占国、魏守忠编：《张恨水研究资料》，知识产权出版社，2009 年，第 22 页。

② 张恨水：《写作生涯回忆》，见张占国、魏守忠编：《张恨水研究资料》，知识产权出版社，2009 年，第 28 页。

③ 张恨水：《啼笑因缘》（作者自序），江苏文艺出版社，2008 年，第 2 页。

④ 刘云若：《小扬州志》，百花文艺出版社，1986 年，第 2 页。

识，刘云若本人并不相信小说有济世救民的力量，他只是踏实地创作，对于小说发表后的客观效果，他自己也是始料未及。

对于社会言情小说家来说，写小说不过是他们赚钱谋生的一种方式，与救国救民无关，甚至与弘扬自己的理想情操也相去甚远。由此可看出，社会言情小说家们对小说商业功能不约而同的认可，对自身文人职业功能的自觉体认，不仅是当时社会时代与生活所迫，更是与其自身对小说功能的认识息息相关。无疑，这种认识影响了社会言情小说的创作，使其无论在思想内涵还是艺术形式上都难能与经典的古代小说相媲美。

综上所述，古代小说家创作小说的动力来自内在需求，或消遣，或抒情，或言志，大都带有文人自娱的心态。而社会言情小说家则恰逢其时，在出版业、报业发达且卖文为生成为可能的民国时期，他们把小说创作当成一种职业，小说家不过是一个“三百六十行”之一的行当，这就使其对小说商业功能的认识较之于古代小说家更为切实。在社会言情小说家眼中，小说的价值不再局限于消遣娱乐，也不必高抬到“小说救国”；他们对“卖小说为生”的职业文人身份的自觉认同突破了古代小说价值观，也发挥并践行了小说的商业功能。

五、中国现代社会言情小说功能观对其通俗性的影响

小说家对小说功能的认识也促使其对小说的独特性进行把握，进而创作出具有独特思想艺术特征的小说作品。每一部成功的作品都是在小说功能观的影响下进行创作的。

中国古代，明清时期“发愤”而著书的小说自我表现功能观对曹雪芹的血泪之作不无影响。曹雪芹深知《红楼梦》之前的才子佳人小说摆脱不了“才子与佳人在后花园私定终身”一贯套路，缺乏创意。于是他敢于“点铁成金”，提出“意淫”的爱情观，并通过艺术形式创新，使《红楼梦》脱胎换骨而跳出才子佳人小说的窠臼。

与古代小说家不同的是，中国现代社会言情小说家创作小说不重在表达自我，而更注重作品的通俗性。为什么社会言情小说家能在继承古代小说基础上把握住小说通俗性呢？一方面，社会言情小说家大都接受过私塾教育或深受传统文化影响，古代小说的功能观对他们的影响是显而易见的。深厚的传统文化教育不仅使他们有渊博的文学知识，更在潜移默化中影响着他对小说的认识，这也在其社会言情小说创作中得到证实。另一方面，社会言情小说家们大都在接受私塾教育的同时接受过新式教育或新式文化，如刘云若青少年时代在天津扶轮中学读书，张恨水、秦瘦鸥等都接受过新式教育。更重要的是，他们大都曾做过报刊编辑及副刊主笔，他们比古代小说家更深知小说发行量对报刊经营的影响，这也致使他们与古代小说功能观具有根本的区别。虽然社会言情小说继承了古代小说传道、教化等功能，但他们也更注重小说的商业功能。要小说实现其商业功能，就要使其服务于读者，受大众的欢迎。因而，在对小说通俗性的认识上，社会言情小说家们自始至终都保持清醒的创作趋向。

中国现代社会言情小说大都是先在当时报刊上发表而后再出单行本的。在报刊业发达的民国时期，发行量是一个报刊的生命线。而支持报业发展的台柱子无疑是其小说的副刊，也就是可以刊登社会言情小说、武侠小说等受市民读者欢迎作品的栏目。小说副刊编得好，发行量就高。因此，较之于古代小说家，社会言情小说家们更多追求较高的销量与市民读者的喜爱，创作倾向难免向符合市民口味的通俗方向靠拢，因而通俗易懂是此类小说的特点。

张恨水曾批判民国时期的新文学家们对文艺大众化实践的失败，指出普通老百姓的“乡下文艺”需要通俗易懂，倡导“赶场”的文学。他说：“大都会的儿女，不但没有看见过赶场的书籍，我相信连书名都很陌生。在这种情形下，坐在象牙塔里的文人，大喊到民间去，那简直是做梦。我们要知道，乡下文艺和都市文艺，已经脱节在五十年以上，都市人越前进，把这些人越摔在后面。任何‘普罗’文艺，那都是高调，而且绝对是作者自抬身价，未曾和这些人着想，也未曾梦到自己的作品，有可以赶场的一日。”[①] 在张恨水看来，自觉追求小说的通俗性，为中下层读者服务是其小说创作的鲜明立场。刘云若也在《小扬州志》中明确地提出过他对小说的看法：“……于是在下既然是中国人，又是用中国字写中国事，便不盲从当代名家，把中国人都写称外国式，因而也不能使担水卖菜的人，说话都带携西洋哲学意味，这是我于读者最抱歉的。”[②] 在这里，刘云若阐述了自己小说创作的两个观点：第一，要写自己国家的事情，记录当前社会中发生的事，故事的主人公也只是如担水卖菜的人一样普通；第二，语言竭尽通俗化、生活化，不讲空洞的理论，只写有趣的故事。这是刘云若第一次有意识地在小说中谈论自己的创作观点，却也无意中符合了明清小说观。严复、夏曾佑曾经在 1898 年写的《〈国闻报〉复印缘起》一文中指出小说广泛流传的原因，其中最重要的一个因素便是语言文字的通俗浅近，这与刘云若的主张有异曲同工之妙。在小说创作之始，刘云若就自觉地把自己的创作特色定格在通俗的位置上，并希求以此来引导读者，给大众以良好的影响，他所竭力追求的通俗性正是受明清小说观影响的证明。刘云若卖文为生，以市场文化需求为指针，长期写作通俗小说形成了写作惯性；对于“现代性”与“通俗性”的矛盾，刘氏可谓了然于心，但写小说是他谋生的饭碗，读者是他的衣食父母，他虽然殷勤写作，但收入有限，生活窘迫，这迫使他只能写一般读者喜欢的，有市场卖点的能糊口的通俗小说。其实，刘氏对此也不满意，他说：“可惜我生活窘迫，笔债繁冗，不能专心一致地写，所以越写越不成东西。”[③] 刘氏善于旧瓶装新酒，能在传统章回小说中让“现代性”得以存活，旧形式下有新鲜活泼的内容。

---

① 张恨水：《赶场的文章》，见《新民报》1944 年 4 月 11 日。

② 刘云若：《小扬州志》，百花文艺出版社，1986 年，第 2 页。

③ 张元卿：《刘云若传略》，《新文学史料》，2008 年第 4 期。

如果说《春风回梦记》是刘云若有意识地主动以通俗化走近大众，那么《旧巷斜阳》则是客观的影响远远超过了作者的主观意图。正如梁启超所说的“刺”一样，发表这部作品时，读者的感情真正地融入小说境界之中，大家与人物同呼吸、共悲欢——刘云若在写《旧巷斜阳》时，读者因璞玉的苦境而陷入不满甚至悲愤，以至于时常给刘氏以指示，使得作家不得不设法改变原来的写作计划，让小说的发展合乎读者的愿望。读者对于《旧巷斜阳》的欣赏已经不仅仅停留在被动的接受上，甚至作为主动地参与作家的写作，这种客观效果的出现，虽不能排除小说故事内容的吸引，但也足以见证刘云若小说创作的高妙，只有他对明清小说观中小说特性的把握达到炉火纯青的地步，才有可能对读者产生如此强大的吸引力。

结语

质而言之，社会言情小说在民国时期虽取得较高成就却一直被游离于主流文学史之外，其根本原因就在于狂飙突进的五四文学对传统文学的批判与否定。

五四前后社会转型的巨大变革使得陈独秀、胡适等人激进的文学革命成为历史的必然，以书面文言为载体的古诗文在成为文学革命的对象时，言情小说由于其原先的“贵族性”在被逐出知识阶层的领域后，也无法在民间阅读空间获得栖身之地，这就使传统文化的延续和开掘基本上要由通俗文学来承担。亦即，通俗文学从衣食住行的百姓日常生活层面入手，在进行着开掘民族传统文化资源的某些工作。

自 1958 年起，夏济安先生就开始研读中国通俗小说。夏先生研读中国通俗小说有两个基点，一是把中国通俗文学当作研究中国心灵的材料看，一是对小说的艺术留心。沿着这一思路展开对五四后中国文学的历史回溯，我们会发现，通俗文学在留摄中国民间心灵、提升古代小说叙事艺术等方面的努力显示了其价值，并构成 20 世纪民族文学重要源头之一。

社会言情小说与古代小说尤其是明清章回小说具有相似的艺术形式，只是在不同的时代背景下具有不同的创作主体，又服务于不同的阅读群体，使二者具有不同的思想特色。从这个意义上讲，二者的比较研究具有考察社会历史转型的重要价值，且有助于探究传统文学在现代文学中的传扬与彰显，符合当前社会回归传统的文化趋势。

然而，由于社会言情小说属于现代文学范畴，古代小说属于古代文学范畴，极少有研究者跨学科、跨时代将两类小说进行对比考察。即使在现代文学研究领域，也仅限于对社会言情小说的命名、发展脉络等问题进行“史”的梳理工作，对于社会言情小说与古代小说的关系一直缺乏文学研究界的普遍关注。

与一味批判古代小说的五四严肃文学家们不同，社会言情小说家对古代小说有更深入的、切合时代需要的认识，加之自身卖文为生创作目的推动，结合报刊发行体制的外部条件，把古代小说的功能观与民国时期读者市场需求有机结合起来，形成了自身独特的小说功能观，并以此为指导创作出了深受读者喜爱的佳作，满足了民国时期大量中下层市民读者，也体现了中国传统小说发展到民国时期变革的自觉追求。因此，我们不应将此类小说划分为“旧派小说”，也不能以严肃小说的价值标准来判断社会言情小说。就其对古代小说功能观的继承而言，社会言情小说承担了延续传统文学的重任；就其对古代小说功能观的突破而言，社会言情小说因其小说商业功能观的确立自觉提高了小说的通俗性，占据了中国现代通俗文学史的“半壁江山”，是一个不容忽视的存在。

浅谈《白鹿原》中女性生存之命运

卫世平

（商丘学院人文学院 河南 商丘 476000）

摘　要：陈忠实的长篇小说《白鹿原》中描述了众多女性的生存状况，许多女性存在着命短、命苦、命惨的苦难结局。导致女性命短，存亡未卜的主要原因在于当时医疗救治相对困难；而女性的命苦与命惨，不仅与当时的经济条件相关，更是因为受到了男权社会环境的制约。

关键词：白鹿原　女性　命短　命苦　命惨

陈忠实作品《白鹿原》描述了众多女性的生存现状，她们在旧社会成了深受侵害的苦妹子。她们在家族生活中依附于男性，入门听从公婆，遇事由男做主，足不出户，蹈故习常。在社会动荡与瘟疫以及饥馑侵袭下艰辛生活，与世运抗争。让我们掩卷叹息的是，许多女性存在着命短、命苦、命惨的“三命”结局。尤其是田小娥、冷秋月、大姐儿、小翠、黑牡丹等女性命运充满了苦难辛酸与悲惨结局。她们大多生活在愁云惨雾之中，除了白灵进城上过学堂以及闯荡社会外，其他女性恰如鱼钻丝网、鸟入樊笼，死守家门，很少有冲破禁锢的勇气，也无自立自强的条件。下面浅谈一下这些人物命运的表现。

作者简介：卫世平（1956—），男，山西临猗人，商丘学院人文学院教授，主要研究领域为中国文学。

一、女性命短，危机潜伏

当我们看到白嘉轩引以为自豪的是娶过“七房女人”，且看前六任媳妇都是昙花一现，短命完结，不禁为其短促生命而叹息。生命之树太容易折断。难道是“环境决定论”？生在旧社会，夺命灾殃来。

白嘉轩初婚娶的女子巩氏，难产而死。可见农村生育条件局限，乡医不会做剖腹产，听天由命。白嘉轩二婚娶的庞氏女子，痨病而死，看来乡村医术有限。白嘉轩三婚娶的是早熟的樊氏女子，突然瘦弱干枯而死，死因不明，说明诊断技术跟不上。白嘉轩四婚娶的米氏女子，得病羊毛疔，救治一番，痧疹血色黑稠而死。[①] 说明一种怪病，束手无策。前三家女子都是生长在家庭殷实的环境中，后一家米女家境如何，书中没有细述。到了五婚娶卫家三姑娘，这个卫女子家庭贫困，但是身体健壮，红扑扑的脸膛，劳动练就的一副强健体魄，手掌上一层薄茧儿留下着“操持田间农活的印证”[②]，可惜没有抵御住流言的袭击，心理脆弱，神情恍惚，栽进涝池溺死了。如果有心理疏导，也不至于半疯溺亡。白嘉轩六婚娶胡氏女子，好不容易冲破心理忌讳，似乎异性体毒消失，放开“腰禁”[③]，享受合欢之乐，可是又被噩梦袭扰，幻觉五个女鬼纠缠，请来一撮毛神汉“法官”[④]，捉鬼一番，然而还是卧炕气绝。噩梦竟然使人沉疴宿疾，一命呜呼。农村弄鬼，看来人们深信不疑，男人鹿三得病，白嘉轩也是请来神汉驱鬼，说“鬼魂附体”[⑤]。“生前惹鬼缠，死后被鬼捉”，这类说法一时难以消失。

另外女性小翠短命，是被辱骂而自尽的。新婚之夜刚过，次晨丈夫

---

① 陈忠实:《白鹿原》，北京：作家出版社，2017 年，第 2 页。

② 陈忠实:《白鹿原》，北京：作家出版社，2017 年，第 9 页。

③ 陈忠实:《白鹿原》，北京：作家出版社，2017 年，第 11 页。

④ 陈忠实:《白鹿原》，北京：作家出版社，2017 年，第 12 页。

⑤ 陈忠实:《白鹿原》，北京：作家出版社，2017 年，第 391 页。

在镇子中心的十字路口放肆吼叫:“咱娶回来个敞口子货嘛!”[①]一帮聚赌街皮二流子跟着起哄，二师兄也提供证言，这些辱骂声势，不仅使小翠无法辩解洗白，也让小翠的家人蒙羞。小翠以死解脱，杂货铺王家的新姑爷毫无同情之心，小翠入殓，薄棺安葬，还用尖扦钉住死者四肢。身为车老板的小翠父亲，面对新姑爷送来的礼品，愤恨地说“撂到茅坑去!”[②]丧事百日之后，在杂货铺王家再次娶亲唱戏之时遭到报应，王家公子被芒娃刺死，同时提供证人证言的二师兄也被芒娃捅死。小翠的坟头留下祭奠物品——绣花布裹着的刀，有人为她报仇雪恨了。如果小翠敢于像田小娥那样有私奔之心，或许命运会改观。还有田小娥死后，有人为其凭吊，白孝文跪哭:“亲亲呀我来迟了……”[③]黑娃不顾乡亲恩情也为田小娥报仇，寻找鹿子霖与白嘉轩算账，没想到鹿三证明是他干的。对待父亲鹿三所为他恨恨说道:“从今日起，我就认不得你了……”[④]算是割断父子之情。可以看出，小翠与田小娥之死，有男子甘愿赴汤蹈火为其报仇。这比其他女性更胜一筹。投下浓烈情想，报之追慕怜香。

二、女性命苦，生存磨难

命苦的女性如冷秋月，出身中医世家，嫁给乡村大户鹿家，按理来说门当户对，都是中产家庭。可惜没有博得丈夫鹿兆鹏喜欢，尽管丈夫被其父扇耳光逼迫归家，以及爷爷甩拐杖教训他，但是仍然保持分床而睡的局面。冷秋月有苦说不出，“一脸忧郁”[⑤]，回到娘家，又接受父亲严厉“训示”，什么“男儿志在四方”的说教，不回家似乎合乎情理。这让冷秋月连个诉说地方都没有，真是哑巴吃黄连——有苦说不出。后

---

① 陈忠实:《白鹿原》，北京：作家出版社，2017 年，第 315 页。
② 陈忠实:《白鹿原》，北京：作家出版社，2017 年，第 316 页。
③ 陈忠实:《白鹿原》，北京：作家出版社，2017 年，第 288 页。
④ 陈忠实:《白鹿原》，北京：作家出版社，2017 年，第 293 页。
⑤ 陈忠实:《白鹿原》，北京：作家出版社，2017 年，第 135 页。

来鹿兆鹏回乡办校，按理来说离家近，回家是正常事情，可是仍然是校务繁忙不回家，连爷爷也气愤不过，在校门口呼喊“鹿校长！”鹿兆鹏出来让爷爷别乱喊，爷爷鹿泰恒讽刺说：“我的天爷爷你是校长嘛！爷是平头百姓庄稼汉嘛！是官都得尊嘛！”[①]甚至跪着给他难堪。回到家里爷爷才用他素有的冷峻口气说：这事“还由你了？”[②]家人逼迫，也无法让丈夫鹿兆鹏收心。后来丈夫鹿兆鹏被抓，眼看就要被枪毙，岳父冷医生使出浑身解数，拿出家底银元十小麻袋买通当权人，以“调包计”换回鹿兆鹏性命。这个舍得撂出巨量银元的举动，让鹿子霖惊愕，也让当权人动心，结果枪毙了一个替罪羊，暗中释放了女婿。岳父只是捎来一句话“给女人个娃娃”[③]，有了娃，女人“就能活下去”。可是岳父这么一个最低要求竟然不能承诺，让冷秋月毫无盼望地守活寡。既不休妻，也不给条出路，让冷秋月过着无性婚姻，甚至幻想着扒灰男。可见鹿家为了自家面子几次敷衍亲家公不去休妻。如果冷秋月孕育个孩子，或许就会阳光灿烂，不会患病“淫疯”[④]而死。这种性饥渴，不但女性存在，男性尤甚，如光棍汉白狗蛋“熬得有点淫疯式子”[⑤]，白狗蛋天天骚扰孤女田小娥，扒窗哼歌“小娥的脸，我想舔；小娥的奶，我想揣；……宁喝小娥尿下的，不喝壶里倒下的……”[⑥]，用这种下流歌来调戏人。冷秋月因为受到公公鹿子霖的醉后猥亵，不禁幻想起男女之事，发疯了，声称公公对她好，绯闻不断，被冷医生下药变成哑巴，最后病死，下体糜烂，读者猜测自慰缘故。冷秋月没有田小娥那股勇气，冲出鹿家大院去寻汉子，开辟天地。

女性命苦，还有白灵的姑父皮匠的两个女儿，命运不佳，尤其是大

① 陈忠实：《白鹿原》，北京：作家出版社，2017 年，第 138 页。
② 陈忠实：《白鹿原》，北京：作家出版社，2017 年，第 139 页。
③ 陈忠实：《白鹿原》，北京：作家出版社，2017 年，第 278 页。
④ 陈忠实：《白鹿原》，北京：作家出版社，2017 年，第 449 页。
⑤ 陈忠实：《白鹿原》，北京：作家出版社，2017 年，第 217 页。
⑥ 陈忠实：《白鹿原》，北京：作家出版社，2017 年，第 218 页。

女儿嫁给一个连长，谁知连长在外勾搭一个女的，大女儿愤恨地“抓破连长的脸和那女子的下身”[①]，大女儿几乎在汉中沦为乞丐，被一个茶叶铺掌柜收留，于是嫁给这个比她大二十岁的茶叶掌柜，成了续弦妻子。皮匠二女儿嫁给一个报馆文人，薪金不高，编些歌谣，数落皮匠之苦，气得皮匠咆哮：“狗东西，把我糟践完咧！狗东西，没当官的本事可有糟践人的本事！”[②]发誓不让二女婿踏进皮货作坊。因此皮匠姑父用血的教训告诉白灵不要像那两个表姐，找对象找瞎了，被那“小连排长或穷酸文人领走”[③]，只能苦命一辈子。找对象要瞅准有身份的，“凡团长以下的当科员跑闲腿儿打闲杂的都甭理识他”[④]。皮匠倾注了对自己两个女儿的未来期望，从小就培育读书，连白灵小时都羡慕城里两个表姐姐的洋气，可是长大后婚姻不佳，让皮匠希望破灭。这也说明女性稍有不慎，遇见渣男，就会陷入苦难峡谷。

三、女性命惨，死状惨烈

女性命运惨烈，遇人不淑，这是悲剧因素之一。白孝文的妻子大姐儿嫁给白家，初期生活平顺，可是白孝文私奔窑洞田小娥之后，事情发生急剧变化，饥馑来临，白孝文踢卖家产，所得银元不给妻子，让妻子大姐儿得病浮肿，妻子鼓足勇气拼死扑进白孝文厮混的地方，“一把抓到小娥裆里，抓下一把皮毛来”[⑤]。可是被白孝文揪住发髻拖回家。妻子脸上留着白孝文拳头砸击的伤痕。妻子大姐儿临死时给公公白嘉轩说句最后的话：“我想过这想过那，独独儿没想过我会饿死……”[⑥]倒在门槛而死，白嘉轩扶起儿媳，已经晚了。办理丧事时刻，大姐儿娘家来人

---

① 陈忠实:《白鹿原》，北京：作家出版社，2017 年，第 349 页。
② 陈忠实:《白鹿原》，北京：作家出版社，2017 年，第 350 页。
③ 陈忠实:《白鹿原》，北京：作家出版社，2017 年，第 350 页。
④ 陈忠实:《白鹿原》，北京：作家出版社，2017 年，第 350 页。
⑤ 陈忠实:《白鹿原》，北京：作家出版社，2017 年，第 269 页。
⑥ 陈忠实:《白鹿原》，北京：作家出版社，2017 年，第 269 页。

吊孝入殓，派来小弟竟然连吊死问疾都无暇顾及，干嚎几声就抓碗捞面急着填肚。当我们阅读到此，不禁唏嘘女性命苦。即使嫁给富家也会让败家子折腾成饥民。大姐儿曾几何时，还是白孝文的性启蒙者，让白孝文得到身心欢悦。看着妻子僵尸，白孝文一直感到她过去“结实有劲没生过大病”[1]，怎么会死呢？但是没有惋惜之情，连弟弟白孝武都说他“哥！你作孽了！”[2]大姐儿悲惨死去，让人垂泪，同样惨烈死去的还有黑牡丹，不比田小娥被镖捅死的差。黑牡丹生活在土匪窝里，在匪寨中有两个女性被供养着，一个白牡丹，一个黑牡丹，二人都是性奴。山寨匪首大拇指喝酒死后，陪睡的黑牡丹被无辜拷打，“打得黑牡丹在地上滚着叫着”[3]，然后又追问其他可疑人，其他人为了撇清干系，诬告起黑牡丹，于是黑牡丹再次被酷刑杖责，上次酷刑伤疼未恢复元气，再次棍打就“咽气了”[4]。幼资甚鲁而长大匪气的黑娃等人明知不是黑牡丹，却拿来当个顶罪者，事后黑娃承认“黑牡丹不是内奸”[5]。这种窝里斗乱了人心，最后只得另投保安团。黑牡丹原是杂货铺王家儿媳，守寡之后被掳上山寨，当性奴伺候他人也落个死时惨痛。

这些女性命苦中，为什么唯有田小娥与小翠死后仍有男人追念？这与她们打情骂俏的才艺相关，田小娥不仅拨雨撩云能吸引男人，口才也伶俐。让情窦初开的黑娃逾墙钻穴感受到女性温柔，另外让白孝文恢复荷尔蒙雄性。小翠更是活泼可爱，语言风趣，逗引情哥哥芒娃一套一套的。开始芒娃以为要笑他这个穷娃，不禁生气，小翠说出一串顺口溜：“小哥哥，脾气嘎；跟人耍，不识耍；不识耍，拿屁打；打倒地，还要耍……”[6]，让芒娃破涕为笑，春心荡漾，爱不忍释。陪伴小翠

① 陈忠实：《白鹿原》，北京：作家出版社，2017 年，第 270 页。
② 陈忠实：《白鹿原》，北京：作家出版社，2017 年，第 270 页。
③ 陈忠实：《白鹿原》，北京：作家出版社，2017 年，第 477 页。
④ 陈忠实：《白鹿原》，北京：作家出版社，2017 年，第 478 页。
⑤ 陈忠实：《白鹿原》，北京：作家出版社，2017 年，第 478 页。
⑥ 陈忠实：《白鹿原》，北京：作家出版社，2017 年，第 312 页。

做饭，小翠哼曲："狗烧锅，猫擀面，狗择葱，猫砸蒜；一家子吃顿团圆饭……"[①]，这些情话让芒娃刻骨铭记。

当然《白鹿原》书中也有描述女性悍妇一面，例如白灵租房在魏老太太家，这个房东魏老太太算是阅人无数，不甘雌伏。她初婚嫁给一个有身份的丈夫，也算是"女攀高门，鸟宿高枝"类人。丈夫魏绍旭病故后，她守寡一段，然后反复嫁人，"九年嫁了七个男人"[②]，自豪地尝尽男人滋味，令白灵咂舌。当军警到魏老太太家搜查人时，她回答不认得，军警骂道："你老不死的，不知罪嘴还硬！"[③]魏老太太立即回应："你嫩秧秧子吃了屎了，嘴恁臭！我掌柜的反正起事那阵儿，你还在你爸裆里打吊吊哩！"[④]那帮子军警遇见这么厉害的妇女，得知她认识于大胡子（于右任），只好离开。

另外白鹿原中妇女被诱惑，随意委身，也是屡见不鲜。尤其是贫苦人家，有似于莫言作品《丰乳肥臀》中母亲上官鲁氏被诱。[⑤]白鹿原中的碗客圪塔娃奸淫妇女无数，即将被铡刀处死，临死前他喊叫："我圪塔娃睡过数不清的婆娘媳妇，铡了杀了剐了老子，老子也值了，二十年后还是一个圪塔娃，还卖碗还睡你婆娘……"[⑥]还有铡死"老骚棒"[⑦]的场面，群情激愤，老骚棒靠租地让佃户女人来家办手续，趁机污辱许多女人。这说明一些妇女迫于生计而委身，村人知晓，但是噤若寒蝉。只是在农协闹革命时，加以处治。

然而许多年轻女子被禁锢家门，婚姻不能自主，听命于父母之言，

---

① 陈忠实:《白鹿原》，北京：作家出版社，2017 年，第 313 页。

② 陈忠实:《白鹿原》，北京：作家出版社，2017 年，第 377 页。

③ 陈忠实:《白鹿原》，北京：作家出版社，2017 年，第 434 页。

④ 陈忠实:《白鹿原》，北京：作家出版社，2017 年，第 435 页。

⑤ 莫言:《丰乳肥臀》,《莫言自选集》，成都：四川文艺出版社与华夏出版社联合出版，2012 年。

⑥ 陈忠实:《白鹿原》，北京：作家出版社，2017 年，第 183 页。

⑦ 陈忠实:《白鹿原》，北京：作家出版社，2017 年，第 180 页。

嫁娶顺命，不敢随意私奔或者勾人。尤其在社会动荡交替时期，女裹足和男留辫，依然争议不停。白灵不让裹足，白嘉轩剪辫子，家人惊奇，这说明社会意识发展还很缓慢。尽管有女性下嫁，但是也会招来猜疑，例如黑娃娶走田小娥，田小娥父亲田秀才给了黑娃一笔钱财，让其厚待。领回村里，黑娃父亲惊奇感到这漂亮女子“不是穷家小户女子，怎么会跟你走？”[①]事后把这女子看作婊子与灾星。尽管郭财东富裕，能够让田小娥锦衣玉食，可是田小娥不愿受钳制而甘心跟随黑娃过苦日子，住破窑洞。这需要何等勇气！同是受害人，冷秋月看到田小娥破窑人气旺盛，不免产生嫉妒心理，转眼又想“什么样的烂女人，怎能眼红她！”[②]可是她强装笑颜实际比田小娥处境还惨。

四、结语

总之，女性命短，存亡未卜，这与医疗条件相关；女性命苦，这与经济条件相关；女性命惨，这与男权社会环境制约相关。《白鹿原》作品给我们展现了众多妇女的生存现状以及命运结局，让读者陷入深深沉思。

有哲人说过，文学是社会的一面镜子。文学作品中所反映的形象使人们看起来更鲜明、更清晰。随着时代的发展，当今我国社会中妇女的生存现状以及命运结局已经与陈忠实作品《白鹿原》中所描写情形大为不同。女性命短、命苦、命惨已经成为历史陈迹，旧时的宿命论与迷信已经失去了市场条件，女性被禁锢的条框已经被打破。但是，由于男女在生理、能力、社会角色等各个方面差别的仍然实际存在，女性各方面的权益与权利仍有待于完善与提高，因此，我们今天将《白鹿原》中所描写的女性生存状况，单独作为一个问题，作为我们认识当今社会的参照系之一来进行考察，仍有意义。

---

① 陈忠实:《白鹿原》，北京：作家出版社，2017 年，第 105 页。

② 陈忠实:《白鹿原》，北京：作家出版社，2017 年，第 136 页。

政治、经济与社会史研究

论我国春秋时代鲁国的贵族共和国特质

——从《左氏春秋》所记史实说开去

万昌华

（商丘学院学报编辑部　河南　商丘 476000）

摘　要：《春秋左氏传》（即《左氏春秋》）与《公羊传》《谷梁传》不同。《公羊传》《谷梁传》写于汉代，《春秋左氏传》是先秦原书，用先秦时期流行的文字写成，书中所记的内容更多的保持了那个时代的原貌。法国思想家孟德斯鸠说中世纪时期的英国是一披着君主制外衣的共和国，则我国春秋时期的鲁国，既实行虚君君主制，又有卿大夫会议决定军国大事，并且其国人（乡人）也得以部分地参政议政，与中世纪时期的英国相同，也是一披着君主制外衣的贵族主政的共和国。

关键词：《左氏春秋》　虚君君主制　卿大夫会议　国人参政

就像《周礼》一书原来不叫《周礼》而叫《周官》一样，不曾遭到秦火毁版的先秦古老书籍《春秋左传》原先也不叫《左传》，而叫《左氏春秋》。①

《公羊传》《谷梁传》成书于汉代，使用的是汉代通行文字，即所谓的“今文”。并且如杨伯峻先生所言，“《公羊传》《谷梁传》，不是空

作者简介：万昌华（1956—），男，山东泰安人，商丘学院学报编辑部教授，历史学博士，硕士研究生导师，研究方向为政治制度史、政治思想史。

① 司马迁：《史记》卷 14《十二诸侯年表序》，北京：中华书局，1985 年，第 510 页。

话，便是怪话，极少具体的有价值的历史资料”，[1] 因此，班固在《汉书·艺文志》中并未将《左氏春秋》与《公羊传》《谷梁传》并列，而是在“《经》十一卷”下自注曰：“公羊、谷梁二家。”[2]

《左氏春秋》与之不同。西汉“鲁恭王坏孔子宅而得《尚书》《春秋》《论语》《孝经》也。又北平侯张仓献《春秋左氏传》，书体与孔氏相类，即前代之古文矣。”[3] 亦即，《春秋左氏传》是先秦原书，用先秦时期流行的文字写成，书中所记的内容更多地保留了当时的原貌。另外，如杨伯峻所言，“《左传》有更多的是无《经》之《传》”，一些未记入《春秋》的事情，《左传》的作者也将其写了出来。[4] 因此，它在君主专制的帝国时代就显得不够入时了。西汉哀帝时，刘歆曾力争立为官学而被今文家所否定，否定理由之一是《左传》不传《春秋》。

应该讲，西汉今文家的如上说法是有一定道理的。不然，我们就无从知晓当年鲁国如下的历史事实了：一、鲁国有虚君君主制特点，卿大夫对君主权力有甚大制衡作用；二、其国家的重大事情可由卿大夫议事会直接决定；三、国人（乡人）对政治、军事决策有重要发言权；四、官民一体，对鲁国国家热爱有加，誓死捍卫；五、鲁国比较民主，卿大夫们为官比较清廉。

在此说明一下，意在矫汉代汉武帝以来专制儒家官学之过，下面的行文中不再使用《春秋左传》书名，而是恢复其本来的书名《左氏春秋》。

一、鲁国的虚君君主制与陪贰制

世界古代史上有古希腊拉西第梦人（斯巴达）的虚君君主制，近代

① 杨伯峻：《春秋左传注》，北京：中华书局，2009年，前言第26页。
② 班固：《汉书》卷30《艺文志》，北京：中华书局，1962年，第1712页。
③ 魏收：《魏书》卷91《江氏传》，北京：中华书局，1974年，第1962页。
④ 杨伯峻：《春秋左传注》，北京：中华书局，2009年，前言第25页。

以来则有英国、日本、西班牙，以及泰国等国的虚君君主制。亦即，君主（国王）并不亲自管理国家，并不掌握一国的实际治权。他们只是名义上的一国之主。君主在国家政治生活中的职能，只是主持祭祀活动和随军队出征而已。邦联制下中国东周时期的鲁国很早便实行了这种制度。①

《左氏春秋》中明确记述鲁国虚君君主制的有关内容，是以两个晋国官员对话形式而展开的。该书在《鲁昭公三十二年（公元前510年）》中写道，“赵简子问于史墨曰：‘季氏出其君，而民服焉，诸侯与之，君死于外，而莫之或罪，何也？’对曰：‘物生有两，有三，有五，有陪贰。故天有三辰，地有五行，体有左右，各有妃耦。王有公，诸侯有卿，皆有贰也。天生季氏，以贰鲁侯，为日久矣。民之服焉，不亦宜乎？鲁君世从其失，季氏世修其勤，民忘君矣。虽死于外，其谁矜之？社稷无常奉，君臣无常位，自古以然。故《诗》曰：高岸为谷，深谷为陵。三后之姓，于今为庶，王所知也。在《易》卦，雷乘《乾》曰《大壮》，天之道也。昔成季友，桓之季也，文姜之爱子也，始震而卜。卜人谒之，曰：生有嘉闻，其名曰友，为公室辅。及生，如卜人之言，有文在其手曰友，遂以名之。既而有大功于鲁，受费以为上卿。至于文子、武子，世增其业，不废旧绩。鲁文公薨，而东门遂杀适立庶，鲁君于是乎失国，政在季氏，于此君也，四公矣。’”② 以上内容翻成现代语言即：“关于鲁国的政局，当晋国正卿赵鞅问晋太史蔡墨，‘季氏赶走他的国君而百姓顺服他，诸侯亲附他，国君死在外边而没有人去惩罚他，这是为什么？’时，蔡墨回答说：‘事物的存在有的成双、有的成三、有的成五、有的有副职。所以天有三辰，地有五行，身体有左右，各有配偶，王有公，诸侯有卿，都是有陪贰的。上天生了季氏，让他辅

① 对先秦时期邦联制的论述，参见万昌华：《论孔孟的朴素联邦制思想及其当代价值》，台北：《孔孟学刊》，2016年第94期。

② 杨伯峻：《春秋左传注》，北京：中华书局，2009年，第1519—1520页。

佐鲁侯，时间已经很久了。百姓顺服他，不也是很合适吗？鲁国的国君世世代代放纵安逸，季氏世世代代勤勤恳恳，百姓已经忘记他们的国君了。即使死在国外，有谁去怜惜他？社稷没有固定的祭祀人，君臣没有固定不变的地位，自古以来就是这样。所以《诗》中说：高的堤岸变成深谷，深的谷地变成山陵。三王的子孙在今天成了平民，这是主人所知道的。在《易》的卦象上，代表雷的《震》卦在《乾》卦之上，叫作《大壮》，这是上天的常道。以前的成季，是桓公的小儿子，文姜所宠爱的儿子。刚怀孕时占卜，卜人说：生下来就有好名字，他的名字叫友，会成为公室的辅佐。等到生出来，和卜人说的一样，在左手掌上有个友字，就以此命名。季友后来为鲁国立了大功，受封在费地，并做上卿。一直到季文子、季武子，世世代代增加家业，不废弃过去的功业。鲁文公去世后东门襄仲遂杀嫡立庶，鲁国国君那时就失国了，政权落到季氏手中，到现在已经是第四代了。'”

从上面的这段记载可知，鲁国的虚君君主制度开始于春秋前期，并且甚得世人，包括鲁国众人、也包括其他诸侯国的认可。

有关鲁国君主制为虚君君主制之事，司马迁在《史记·鲁周公世家》中也有记述：“文公十八年（前 609 年）二月，文公卒。文公有二妃：长妃齐女哀姜，生子恶及视；次妃敬嬴，嬖爱，生子倭。倭私事襄仲，襄仲欲立之，叔仲曰不可。襄仲请齐惠公，惠公新立，欲亲鲁，许之。冬十月，襄仲杀子恶及视而立倭，是为宣公。……鲁由此公室卑，三桓强。”[①]

司马迁的此记载是《左氏春秋》上述记载的有益补充与矫正。亦即，他指出了鲁国实行虚君君主制的起始时间是公元前 609 年鲁文公去世之后；当时鲁国是众贵族执政，而非仅季氏一家。

另外，《左氏春秋》一书上段对话里赵简子的鲁昭公被季氏赶走的

① 司马迁:《史记》卷 33《鲁周公世家》，北京：中华书局，1985 年，第 1536 页。

说法，有欠确之处。

事情的起因有两种说法，一种是司马迁《史记·鲁周公世家》中的说法，另一种是《左氏春秋》的说法。司马迁认为错误在季氏。季氏与郈氏斗鸡赌博输了，季平子便侵害郈氏利益。季平子还逮捕了臧昭伯的家臣。郈氏和臧昭伯二人同时到鲁昭公处告状，鲁昭公便于公元前517年夏历九月十一日开始了对季氏的讨伐。《左氏春秋》中则是说，季氏家族内部人挑拨之后，鲁昭公想乘机夺权，而发起除掉季氏的行动。最后却被叔孙氏与孟孙氏打败。其中有一个相当长的密谋过程。

《左氏春秋·昭公二十五年》中讲，因怨恨季平子处死同事夜姑，季氏家族的“公若献弓于公为（昭公之子务人），且与之出射于外，而谋去季氏。公为告公果、公贲（二人皆公为之弟）。公果、公贲使侍人僚相告公。公寝，将以戈击之，乃走。公曰：‘执之。’亦无命也。惧而不出，数月不见，公不怒。又使言，公执戈惧之，乃走。又使言，公曰：‘非小人之所及也。’公果自言，公以告臧孙，臧孙以难。告郈孙，郈孙以可，劝。告子家懿伯，懿伯曰：‘谗人以君侥幸，事若不克，君受其名，不可为也。舍民数世，以求克事，不可必也。且政在焉，其难图也。’公退之。”[①] 对于子家懿伯的劝阻，鲁昭公不听，不久便发动了对季氏的讨伐。

鲁昭公实际上并不是季氏所赶走，而是被叔孙氏与孟孙氏两家联合起来打败之后自己主动出走。鲁昭公伐季氏，其武装杀死季氏臣公之鞅、进入季氏在曲阜城的官邸之后，情况危急。季平子躲进官邸的一个碉台后曾请求或者放他去费邑，或者允许他乘车流亡国外，但均被鲁昭公拒绝。在此危急时刻，是叔孙氏的武装救了季氏，而鲁昭公的局面却来了个180度的反转。也是《左氏春秋·昭公二十五年》中记载：“公使郈孙逆孟懿子。叔孙氏之司马骏戾言于其众曰：‘若之何？’莫

① 杨伯峻：《春秋左传注》，北京：中华书局，2009年，第1462—1463页。

对。又曰：'我，家臣也，不敢知国。凡有季氏于我孰利？'皆曰'无季氏，是无叔孙氏也。'骏戾曰：'然则救诸！'帅徒以往，陷西北隅以入。公徒释甲执冰而踞，遂逐之。孟氏使登西北隅，以望季氏，见叔孙氏之旌，以告。孟氏执郈昭伯，杀之于南门之西，遂伐公徒。子家子曰：'诸臣伪劫君者，而负罪以出，君止……'公曰：'余不忍也。'与臧孙如墓谋，遂行。"[①]

以上这段话翻译成现代汉语即："杀入季氏官邸之后，鲁昭公便派郈孙去迎接孟孙何忌带人前来帮忙。叔孙氏的军队负责人骏戾对大家说：'怎么办？'先是没有人回答。他便接着说：'我们是家臣，不考虑国事。有季氏与没了季氏，哪种情况对大家有利？'众人都说：'灭了季氏，叔孙氏也就没了。'骏戾说：'那么我们就快救季氏去！'骏戾率领部下从西北角攻进季氏官邸后，昭公的人就放弃了抵抗。孟孙氏派人从季氏官邸西北角高处往里看时，见到的是叔孙氏的军旗，知道此时昭公已经失败，便逮捕前来迎接的郈氏，将其杀害于曲阜南城门以西，接着参加了对鲁昭公徒众进行讨伐的战斗。子家羁在大势已去之后对鲁昭公讲：'就当您是被我们劫持的，我们承担罪责逃往国外，您留下……'鲁昭公说：'我不忍心让你们替我承担罪责。'按照当时的习俗，与臧孙氏一起，在祖上坟墓前痛哭后，离开鲁国"。

由这里叔孙氏的出兵解救季平子之事，笔者又想到，孟孙氏以后也同样出动武装解救过季孙氏后来的宗主季桓子。《左氏春秋·定公八年》中记载，季氏权宰阳虎阴谋于同年十月三日在曲阜城东门外的蒲圃，借宴请季桓子之际将他杀死。此前，阳虎已下令当天要集结武装。孟孙氏的成宰公敛处父与孟孙氏发觉之后商定，一面在阳虎劫持季桓子的必经之路上，集中300名部属佯装为孟孙氏的支系公期家盖房，以到时接应季桓子，公敛处父一面回成邑带兵前来，以防不测。

---

① 杨伯峻：《春秋左传注》，北京：中华书局，2009年，第1464—1465页。

事发当天，季桓子买通御手林楚在去蒲圃的半路上，将自己车子加速后直接开进孟孙氏的领地。孟氏的人关上门以后，用箭射杀前来追赶的阳虎从弟阳越。当阳虎劫持鲁定公与叔孙州仇进攻孟氏时，成宰公敛处父带领的成城武装也赶到了。他们是从鲁国都城东部北面的城门进入的。后面将要详细述及，成城很近，从成城经今宁阳县与曲阜市东部界山凤仙山的葛山口到曲阜，也就五六十里地。

孟氏武装进入鲁城之后，先是与阳虎的武装战于南城门以内，不胜。最后是在城里棘下这个地方最后将阳虎打败的。打败阳虎之后，公敛处父曾建议杀掉季桓子，但孟孙氏不同意，而是让其回家。[①]

由以上叔孙氏的主动出兵搭救季氏于危难之际一事看，鲁国的三桓是非常聪明的一些人。我们常说人与人的关系是相互依存的关系，唇亡而齿寒，要同类联合起来互相自保，但在实践上大都做不到。就像新教牧师马丁·尼莫拉所讲当年德国的情况那样："在德国，当他们（纳粹）把魔爪伸向共产党时，我没有说话，因为我不是共产党；当他们把魔爪伸向犹太人时，我没有说话，因为我不是犹太人；当他们把魔爪伸向工会成员时，我没有说话，因为我不是工会成员；当他们把魔爪伸向天主教时，我没有说话，因为我不是天主教徒；最后当他们把魔爪伸向我时，我环顾四周，已经没有人为我说话了。"但2500多年前的三桓，他们的做法与之不同。

上面提及的我国春秋时期君主有陪贰（副君）、卿大夫有权力改正君主错误的记述，《左氏春秋》中还有，并且也与鲁国有关。

《左氏春秋·襄公十四年》载："师旷侍于晋侯。晋侯曰：'卫人出其君，不亦甚乎？'对曰：'或者其君实甚。良君将赏善而刑淫，养民如子，盖之如天，容之如地。民奉其君，爱之如父母，仰之如日月，敬之如神明，畏之如雷霆，其可出乎？夫君，神之主而民之望也。若困民

① 杨伯峻：《春秋左传注》，北京：中华书局，2009年，第1568—1570页。

之主，匮神乏祀，百姓绝望，社稷无主，将安用之？弗去何为？天生民而立之君，使司牧之，勿使失性。有君而为之贰，使师保之，勿使过度。是故天子有公，诸侯有卿，卿置侧室，大夫有贰宗，士有朋友，庶人、工、商、皂、隶、牧、圉皆有亲昵，以相辅佐也。善则赏之，过则匡之，患则救之，失则革之。自王以下，各有父兄子弟，以补察其政。史为书，瞽为诗，工诵箴谏，大夫规诲，士传言，庶人谤，商旅于市，百工献艺。故《夏书》曰：'遒人以木铎徇于路。官师相规，工执艺事以谏。'正月孟春，于是乎有之，谏失常也。天之爱民甚矣。岂其使一人肆于民上，以从其淫，而弃天地之性？必不然矣。"①

以上这段对话的内容翻成现代语言即：晋国乐师师旷随侍晋悼公，晋悼公说："卫国人赶走他们的国君，不也太过分了吗？"师旷回答说："也许是他们的国君太过分了。好的国君将会奖赏良善而惩罚邪恶，抚养百姓好像儿女，覆盖他们好像上天一样，容纳他们好像大地一样。百姓尊奉国君，热爱他好像父母，尊仰他好像日月，恭敬他好像神灵，敬畏他好像雷霆，哪里能够赶走呢？国君是祭神的主持者，国家的捍卫者，百姓的希望所在。如果让百姓财货缺乏，不按时祭祀神灵，不能保证国家安全，哪里还用得着他？不赶走干什么？上天设立国君来管理百姓，使有品性。同时也为之设立陪贰，让他们去教育他，不让他做事过分。当君主做善事时给予表扬，犯了错误要进行批评，产生了不良后果要及时补救，犯了罪的要让其下台。天子有公，诸侯有卿，卿设置侧室，大夫有贰宗，士有朋友，庶人、工、商、皂、隶、牧、圉各有他们亲近的人，以此来互相帮助。从天子以下各有父兄子弟来观察补救他们的过失。太史记史，乐师作诗，乐工诵读箴谏，大夫规劝开导，士传话，庶人指责，商人在市场上议论，各种工匠献技艺。所以《夏书》说：'宣令的官员摇着木铎在大路上巡行，官师小吏规劝，工匠呈献技

① 杨伯峻：《春秋左传注》，北京：中华书局，2009年，第1016—1018页。

艺以作为劝谏。正月初春，在这个时候有人在路上摇动木铎，这是在劝谏人们遵守规常。上天爱护百姓无微不至，难道会让一个人在百姓头上任意妄为，以放纵他的邪恶而失去天地的本性？一定不会这样的。”

很明显，师旷虽然生存年代分别早于商鞅和韩非200年与300年，但其在这里所表述的政治思想却新得多。亦即，师旷的这段论述里已经有了社会契约思想。在这里，君主与臣民之间不是简单的服从与被服从关系，而是互有权利与义务，不得违背；违背者必须受到惩治。

师旷是春秋时期鲁国平阳邑人。《左氏春秋·宣公八年》记曰：“城平阳，书，时也。”杨伯峻在该书《经》的“城平阳”条下注曰：“平阳，鲁邑，即汉之东平阳，在今山东省新泰县西北。”① 今新泰市青云街道办事处（新泰市政府驻地）与北师店村相邻的南师店村附近有师旷坟墓，并有《师旷墓表碑》一通。据碑文可知，该师旷墓是清顺治年间知县卢宏所重修，但当地有师旷墓存在的历史久远。至清光绪时，墓左尚有古碑一通，上有“籀篆十三行，古奥不可识。”②

在今山东省新泰市东部地区的人群中，依然留有世代口传的关于师旷是该市北师店人的历史。更具体些的内容有，师旷是盲人，有惊人的记忆力，知识渊博，智慧超群，类似古希腊诗人荷马，唱起诗来能昼夜连续。

另外，从师旷对鲁国政事了如指掌上看，其也当是鲁国人。《左氏春秋·襄公三十年》中记载了这样一件事情：该年二月二十二日，晋悼公夫人宴请前一年东去为杞国筑城的役卒们。绛县人中间有个人看上去年纪已经很大了，没有儿子而自己去服的役，也在晋悼公夫人的宴请之列。有人认为他的年龄已经大大超过了服役的年龄，当让他说出自己的具体年龄时，他说：“下臣是小人，不知道自己的具体年龄。只记得下臣生的那一年正月初一是甲子日，已经过了四百四十五个甲子日了，最

① 杨伯峻：《春秋左传注》，北京：中华书局，2009年，第695页。

②《泰安区域文化通览·新泰市卷》，济南：泰山出版社，2012年，第107页。

末一个甲子日到今天正好是二十天。”在场官吏被他的说法弄得糊涂了，但当到朝廷里询问时，师旷当即便说：“鲁叔仲惠伯会郤成子于承匡之岁也。是岁也，狄伐鲁。叔孙庄叔于是乎败狄于咸，获长狄侨如及虺也豹也，而皆以名其子。七十三年矣。”①

作为鲁人的师旷当时到晋国去为晋公室服务，担任晋君的智囊与顾问，大概类似于其之前的齐国政治家管仲是今安徽颍上人而为齐国服务，以及类似于之前奴隶出身的晋国人百里奚，后来成了秦国的政治家。

前面提及的宴请“城杞”夫役的晋悼公夫人是杞国女，则师旷的去晋当与之有关。班固在《汉书·地理志》陈留郡雍丘之下自注曰：“故杞国也。先春秋时徙鲁东北。二十一世简公，为楚所灭。”② 今新泰市的所在，正好是当年鲁国紧靠着的东北。另外，清朝咸丰年间在当时的新泰县境内出土过多件带有杞伯字样的杞国青铜器。清代知名朴学家、金石学家许瀚于咸丰四年（1854 年）在《周杞伯敦铭跋》中记道：“近岁新泰某掘地得古铜器多品，铭首皆有杞白（伯）二字。知为杞国物，未久颇散失。沂水袁竹侯为此县教谕，拓敦铭寄余嘱为考释……杞国东迁，书史不详其地，以此器证之，知在新泰一带。”许瀚说的该批青铜器中，有一件的铭文为“杞伯每亡作邾曹宝鼎子子孙孙永宝永享。”③ 则由上可证，晋悼公夫人与师旷一样，也是今山东省新泰市人。推测，春秋时期杞国的中心在今新泰市中部的果都镇和洋流镇；而师旷当年的去晋，或许与晋悼公夫人的早年嫁去晋室有某种关联。之前，秦穆公夫人穆姬的“陪嫁品”中有奴隶身份的智者百里奚，则不排除后来者晋悼公夫人的“陪嫁品”中也包括了乐师师旷。 总之，本人认为，师旷以上

---

① 杨伯峻：《春秋左传注》，北京：中华书局，2009 年，第 270—271 页。

② 班固：《汉书》卷 28《地理志》，北京：中华书局，1962 年，第 1558 页。

③ 许瀚：《周杞白（伯）敦铭跋》，转引自《江汉考古》1988 年 2 期载《从考古材料看楚灭杞国》一文。

在与晋悼公的谈话中讲“故天子有公，诸侯有卿……善则赏之，过则匡之，患则救之，失则革之”，有鲁国此前已经较长时间实行了的虚君君主制和陪贰制政治实践的影子在其中。

春秋时期鲁国君主的权力不是绝对，卿、大夫们能够对其制约、平衡与抵制，其他史籍中所记几事在此顺便提及。相传作者也是左丘明的《国语·鲁语》“文公欲弛孟文子与郈敬子之宅”篇中有如下记载：“文公欲弛孟文子之宅，使谓之曰：‘吾欲利子于外之宽者。’对曰：‘夫位，政之建也；署，位之表也；车服，表之章也；宅，章之次也；禄，次之食也。君议五者以建政，为不易之故也。今有司来命易臣之署与其车服，而曰：将易而次，为宽利也。夫署，所以朝夕虔君命也。臣立先臣之署，服其车服，为利故而易其次，是辱君命也，不敢闻命。若罪也，则请纳禄与车服而违署，唯里人所命次。’”“公欲弛郈敬子之宅，亦如之。对曰：‘先臣惠伯以命于司里，尝、禘、蒸、享之所致君胙者有数矣。出入受事之币以致君命者，亦有数矣。今命臣更次于外，为有司之以班命事也，无乃违乎！请从司徒以班徙次。’公亦不取。”以上话语翻译成现代汉语即：“鲁文公打算拆毁孟文子的住宅以扩建自己的宫廷，便派人对孟文子说：‘我想在外面宽敞的地方给你安排个好住宅。’孟文子说：‘爵位，是因政事而设立的；官署，是爵位的标志；车和服饰，是标志中显示贵贱的；宅，是有车服官位者所居住的府第；禄，是有府第者所享受的食米。国君讨论决定这五项内容以建立政事，不可随意变动。现在有关部门命令更换我的官署和车服，而且说：改变你的住宅，是为了你的宽敞便利。官署，是早晚用来恭敬地执行国君命令的地方。我住先臣的官署，用先臣的车服，为了一点利益而更换地点，是有辱君命的，所以不敢服从。倘若这样做有罪，就请收回我的俸禄和车服，离开我的官署，让里宰来安排我的住处吧。’”“鲁文公又打算拆毁郈敬子的住宅，也派人到郈敬子那里说了同样的话。郈敬子说：‘我的先祖惠伯从司里官那儿得到这处住宅，每年秋祭、夏祭、冬祭、春祭时我从这住宅里送肉给国君，已经多年了；在这住宅里受使出境入国，带着礼物传达国君的命令，也已经多年了。现在命令我迁到外面去居住，如果有司按照位次下达职事，恐怕太远了吧！请让我听从司徒官根据位次来安排搬家。’鲁文公也没有能取得郈敬子的住宅。”

二、鲁国的重大事情可由卿大夫议事会直接决定

古希腊斯巴达国家的军国大事主要由贵族会议长老会决定。近代英国的国家大事则主要由对议会负责的内阁决定。与之有相似之处，我国春秋时代鲁国的军国大事，也是主要由卿大夫议事会决定。鲁国的卿大夫议事会也是由社会上层人士组成，包括公室成员。

公元前 562 年鲁国的“作三军”是一件大事。有论者认为鲁国是在原来二军基础上再机械增加一军。[①] 当不是。而应是对军队进行重大改革，是改变原有兵制，以增强其常备性、战斗力的重大举措。

据《尚书·费誓》可知，鲁国原来就是三郊三遂，就有三军。[②] 就像杨伯峻先生所指出的，“此谓‘作三军’，明非仅增加一军而已，乃改组并重新编制，组成（新的）三军。”[③] 另外，提议作三军的季武子（季孙宿）之父、前鲁国正卿季文子（季孙行父）此前的如下话语，也可给予间接说明。《左氏春秋·成公七年》中载了季文子的话语：“中国不振旅，蛮夷入伐，而莫之或恤。无吊者也夫！诗曰‘不吊昊天，乱靡有定’，其此之谓乎！有上不吊，吾亡无日矣。”对于季文子的此论，当时的高人即予以了肯定：“君子曰：‘知惧如是，斯不亡矣。’”[④]

从《左氏春秋·襄公十一年》的有关记述看，鲁国的此次作三军虽然动议是季武子所提，但是是经过贵族会议会商后决定的，并且决定后

---

① 朱凤瀚：《关于春秋鲁三桓分公室的几个问题》，《历史教学》，1984 年第 1 期。

② 孔安国传，孔颖达正义，黄怀信整理：《尚书正义》卷 20《费誓》，上海：上海古籍出版社，2007 年，第 812 页。

③ 杨伯峻：《春秋左传注》，北京：中华书局，2009 年，第 986 页。

④ 杨伯峻：《春秋左传注》，北京：中华书局，2009 年，第 832—833 页。

还举行了隆重的祭神仪式:“十一年春,季武子将作三军,告叔孙穆子曰:‘请为三军,各征其军。’穆子曰:‘政将及子,子必不能。’武子固请之。穆子曰:‘然则盟诸?’乃盟诸僖闳,诅诸五父之衢。”①

该书同处还记述了作三军的具体内容:“正月,作三军,三分公室而各有其一。三子各毁其乘。季氏使其乘之人,以其役邑入者无征,不入者倍征。孟氏使半为臣,若子若弟。叔孙氏使尽为臣,不然不舍。”②

以上关于作三军的两段话语,翻译成现代语言为:“公元前 562 年春,尚还年轻的季武子向当时执掌鲁国军政大权的叔孙豹建议:‘建立常备性质的三军,由季孙氏、孟孙氏和叔孙氏各自建立一军。’叔孙豹回答说‘虽然现在你还年轻,但你们家世为鲁国上卿,你不久就要执掌鲁国大权了,这样做对你也不好。’但季武子坚持自己的主张。叔孙豹便不得不说:‘要召开卿大夫会议决定。’讨论此事的会议是在鲁僖公庙里举行的。形成决议之后又在东南方距离现在曲阜五里的五父之衢举行了祭神盟誓”;“建立新的三军是在同年正月里进行的。把鲁国原来的武装力量一分为三,季孙氏、孟孙氏和叔孙氏各领一部。同时,三家也各自解散自己的战车兵,编入其中。具体做法是,季孙氏的原战车兵编入正规部队的,其原来采邑不征收贡赋,不加入的加倍征收;孟孙氏是使其属民的一半成为常备军人,各家或者儿子或者兄弟不限;叔孙氏是使其所有属民成为常备军人,否则各家不再提供生活所需。”

前 537 年,鲁国又有一次军制改革。鲁国的这次军制改革也是由贵族会议所决定的。《左氏春秋·昭公五年》中记载,“五年春王正月,舍中军,卑公室也。毁中军于施氏,成诸臧氏……及其舍之也,四分公室,季氏择二,二子各一,皆尽征之,而贡于公。”③

以上所言的施氏与臧氏均是鲁国公室贵族。杨伯峻先生注曰:“施

① 杨伯峻:《春秋左传注》,北京:中华书局,2009 年,第 986—987 页。
② 杨伯峻:《春秋左传注》,北京:中华书局,2009 年,第 987 页。
③ 杨伯峻:《春秋左传注》,北京:中华书局,2009 年,第 1261 页。

氏为公子施父之族。臧氏为公子子臧之族。”[①] 则以上话语翻译成现代语言为：“鲁昭公五年春周王正月里，为了进一步削弱君权，鲁国又废除了中军。卿大夫们是在公子施父家的府邸讨论的该问题，最后形成决议是在公子子臧家的府邸里……将鲁国的武装力量一分为四。季孙氏率领两部，叔孙氏和孟孙氏各一部。赋税均不再有免征的，收缴之后一律充公。”

由以上二事本人想到，世界近代史上盎格鲁—撒克逊民族特别警惕王权的强大，就像有人用不太文雅的语言所形容的，“英国人对于王权强大的警惕性简直就像警犬一般”。光荣革命胜利之后，英国的资产阶级和新贵族们联合起来又是制定《权利法案》（1689 年），又是制定《王位继承法》（1701 年），一步步褫夺了君主手中包括组建常备军在内的几乎所有治权。正是这样做，才使得大英民族为人类近代政治、经济与思想科学文化进步事业，做出了无与伦比贡献的。而我国春秋时期鲁国的季孙氏、孟孙氏、叔孙氏等贵族士大夫们，他们的以上做法是与之相近的。

三、鲁国“国人（乡人）”对政治、军事决策有重要发言权

梁启超 1899 年在《论中国与欧洲国体异同》一文中指出：“周之一代，纯为贵族政治……其国权上不在君，下不在民，而在国中之一部……虽然，其于平民也甚相亲，故其民亦与国同体，国之大事，时或得参末意焉……故当时为贵族政治时代，亦为民权稍伸时代。”[②] 梁启超这里讲的我国周代“于平民也甚相亲，故其民亦与国同体，国之大事，时或得参末意焉于平民也甚相亲，故其民亦与国同体，国之大事，时或得参末意焉”，与我国春秋时期鲁国的史实最合。鲁国有三个事情可以说明此点。第一个事情是大家比较熟悉的作为乡人的曹刿与鲁庄公“论

① 杨伯峻：《春秋左传注》，北京：中华书局，2009 年，第 1261 页。

② 梁启超：《饮冰室合集》，北京：中华书局，1989 年，文集第四册，第 62 页。

战”，第二个事情是乡人讽季氏费邑宰南蒯勿要叛国投齐，第三个事情是阳虎为乱之前的盟国人于亳社。关于乡人与国人的所指，我们本节将在讲了这三个事情之后接着加以解释。

《左氏春秋·庄公十年》载：“十年春，齐师伐我。公将战。曹刿请见。其乡人曰：‘肉食者谋之，又何间焉？’刿曰：‘肉食者鄙，未能远谋。’乃入见，问何以战。公曰：‘衣食所安，弗敢专也，必以分人。’对曰：‘小惠未遍，民弗从也。’公曰：‘牺牲玉帛，弗敢加也，必以信。’对曰：‘小信未孚，神弗福也。’公曰：‘小大之狱，虽不能察，必以情。’对曰：‘忠之属也，可以一战。’”①

此次战斗开始之后，鲁庄公又接受曹刿避其锋芒击其惰归的战法，结果在今莱芜市苗山镇西北的勺山以北地区大败齐军。

以上话语中的“肉食者”，是指鲁国当政的卿大夫们。《左氏春秋·昭公四年》中有“食肉之禄，冰皆与焉”②之语。总之，就像杨伯峻所注的，“肉食盖当时习语，大夫以上之人，每日必食肉也。”③

《左氏春秋·昭公十二年》载，“季平子（季孙意如）立，而不礼于（季氏费邑宰）南蒯。南蒯谓子仲（公子慭）曰：‘吾出季氏，而归其室于公，子更其位，我以费为公臣。’子仲许之”；事情不成，他们后来都叛逃到了齐国，“南蒯之将叛也，其乡人或知之，过之而叹，且言曰：‘恤恤乎，湫乎攸乎！深思而浅谋，迩身而远志，家臣而君图，有人矣哉！’……将适费，饮乡人酒。乡人或歌之曰：‘我有圃，生之杞乎！从我者子乎，去我者鄙乎，倍其邻者耻乎！已乎已乎！非吾党之士乎！’”④以上话语中的“邻”字，杜预注曰：“邻犹亲也。”“党”则是周代乡遂制下乡的居民编制单位之一种。

---

① 杨伯峻：《春秋左传注》，北京：中华书局，2009年，第182—183页。

② 杨伯峻：《春秋左传注》，北京：中华书局，2009年，第1249页。

③ 杨伯峻：《春秋左传注》，北京：中华书局，2009年，第182页。

④ 杨伯峻：《春秋左传注》，北京：中华书局，2009年，第1335—1338页。

该事及其结局，在该书《昭公十四年》中有另一个版本记述。亦即，季氏费邑宰南蒯将要叛鲁归齐时，其内部有不同意见，在很大程度上是重复了前面记述的内容，只是记述方式与所用名词不同而已。该处讲："南蒯之将叛也，盟费人。（费邑）司徒老祁、虑癸伪废疾，使请于南蒯曰：'臣愿受盟而疾兴。若以君灵不死，请待间而盟。'许之。二子因民之欲叛也，请朝众而盟。遂劫南蒯曰：'群臣不忘其君，畏子以及今，三年听命矣。子若弗图，费人不忍其君，将不能畏子矣。子何所不逞欲？请送子。'请期五日。遂奔齐。（南蒯到了齐国后）侍饮酒（齐）景公。公曰：'叛夫。'（南蒯）对曰：'臣欲张公室也。'子韩晳曰：'家臣而欲张公室，罪莫大焉。'司徒老祁、虑癸来归费，齐侯使鲍文子致之。"[①]

在此说明一点，白寿彝先生回忆说，顾颉刚说过，"中国的统一始于秦……在战国以前则只有种族观念，并无一统观念"；顾颉刚"认为，对于古史，应当以各时代的地域为地域，不能以战国的七国和秦的四十郡说成是古代列国早就如此的地域"。[②] 则据以上齐大夫子韩晳所讲话语"家臣而欲张公室，罪莫大焉"可知，战国以前，中国人在行政体制的观念上，也还没有君主专制与中央集权的考量。

与季氏费邑宰南蒯一样，季氏家臣阳虎也是个狐假虎威，非常势利，又反复无常的小人。比如，《史记·孔子世家》载：思想家孔子年轻时，"季氏飨士，孔子与往。阳虎绌曰：'季氏飨士，非敢飨子也。'孔子由是退。"[③] 他阻止年轻贫贱的孔子赴宴。《左氏春秋·定公五年》中记载，前主人季平子巡视东野返回时病逝于房地路上，阳虎便要用鲁国的国宝玉佩随葬。也是季氏家臣、专门负责保管玉佩的仲梁怀不给，说："情况变了宝玉的归属也要变。"以前鲁昭公出走时季平子曾经

---

① 杨伯峻：《春秋左传注》，北京：中华书局，2009 年，第 1364 页。

② 白寿彝：《悼念顾颉刚先生》，《历史研究》，1981 年第 2 期。

③ 司马迁：《史记》卷 47《孔子世家》，北京：中华书局，1985 年，第 1907 页。

佩戴此玉佩摄行君事，仲梁怀不交出玉佩的意思是不想让自己主人落僭越的恶名。阳虎于是对公山不狃讲，必须赶走仲梁怀。公山不狃回道，“仲梁怀是为其主人好，你为什么怨恨他？”埋葬了季平子之后，季桓子（季孙斯）又巡视东野到达费邑，此时已担任了季氏费邑宰的公山不狃出郊远迎，季桓子对不狃很恭敬。而随行季桓子的仲梁怀则对公山不狃并不恭敬。公山不狃因此而产生怨恨，事后即对阳虎说，“你为什么不赶走仲梁怀？”就像杜预注此事时所言，公山不狃与阳虎的谋逐仲梁怀，“为下阳虎囚（季）桓子起”，是阳虎下一步作乱叛国的序曲。①

阳虎为乱背叛季氏之前，曾收买国人并占据季氏重要封邑汶阳田的军政中心阳关。《左氏春秋·定公六年》：“阳虎又盟公及三桓于周社，盟国人于亳社，诅于五父之衢。”②《左氏春秋·定公七年》：“齐人归郓、阳关，阳虎居之以为政。”③

以上所引《左氏春秋》文字中的周社与亳社，鲁国俗称两社。同书《闵公二年》中的卜楚丘预言季孙氏之祖季友长大后要“在公之右，间于两社”，能当大任，即指此。鲁侯之宫有三门，库门、雉门和路门，即外门、中门和寝门。雉门之外右有周社，左有亳社。杨伯峻注曰：“周社自是鲁之国社，以其为周公后也。鲁因商奄之地，并因其遗民，故立亳社。”④

至于阳关，则是《左氏春秋·僖公元年》中所讲“公赐季友汶阳之田及费”⑤的汶阳田首府阳关邑，所辖地区包括了今山东省泰安市岱岳区大汶口镇、马庄镇和今泰安市下辖肥城市汶阳镇、边院镇等东西六十余里的大汶河以北广大地区，是鲁国北部重要的军事支撑和屯兵之地。

① 杨伯峻：《春秋左传注》，北京：中华书局，2009 年，第 1550—1551 页。
② 杨伯峻：《春秋左传注》，北京：中华书局，2009 年，第 1559 页。
③ 杨伯峻：《春秋左传注》，北京：中华书局，2009 年，第 1560 页。
④ 杨伯峻：《春秋左传注》，北京：中华书局，2009 年，第 1558 页。
⑤ 杨伯峻：《春秋左传注》，北京：中华书局，2009 年，第 279 页。

孟子在《孟子·滕文公上》中讲“今滕绝长补短，将五十里也，犹可以为善国”[1]，汶阳田的面积就与当年古滕国的面积相仿。《左氏春秋·襄公十七年》中记载，同年秋，齐国两路攻鲁。一路由齐灵公率领围桃（一作洮，在今济宁市汶上县军屯乡境），一路由大夫高厚率领围鲁大夫臧纥于其封邑防（今新泰市放城镇境），鲁国当时就是从阳关发兵前去解救臧纥的：“师自阳关逆臧纥，至于旅松。陬叔纥（孔子之父）、臧畴、臧贾帅甲三百，宵犯齐师，送之而复。齐师去之。”[2]

盟国人于亳社和据阳关为政之后不久，阳虎接着便于定公八年（前503年）发动了本文前已提及的叛乱。叛乱被制止后，阳虎先是逃到汶阳田的西部管理中心讙（今肥城市安驾庄镇夏辉村一带），以后又逃到齐国，最后去晋国投奔了赵氏。

从上面所引《左氏春秋》昭公十二年和昭公十四年的话语中可知，季氏费邑宰南蒯的“乡人”也就是他所盟的“费人”。与费邑司徒老祁、虑癸当时“请朝众而盟”的是同一批人。则这批人就像日知先生在《从〈春秋〉“称人”之例再论亚洲民主政治》一文中所指出的，是鲁国国人之一部，与阳虎为乱之前在鲁国亳社所盟之人在性质上相同。[3]大概，就像古罗马时期公民大会之一种的森都利亚（亦译作百人队）大会的成员，他们既是鲁国武装部队的骨干，同时也有相当政治权利，参与卿大夫封邑或整个鲁国重大军政事项的决策。要之，这里的“乡人”与“国人”，都是指鲁国武装力量的成员。

前已提及，《尚书·费誓》中讲鲁国有三郊三遂。三郊即是三乡。换言之，是指鲁国当时的三支武装部队及其驻防地区。孔颖达疏曰：“三郊，谓三乡也。盖使三乡之民，分在四郊之内，三遂之民，分在国

① 杨伯峻：《孟子译注》，北京：中华书局，2010年，第112页。

② 杨伯峻：《春秋左传注》，北京：中华书局，2009年，第1031页。

③ 日知：《从〈春秋〉“称人”之例再论亚洲民主政治》，《历史研究》，1981年第3期。

之四面。乡近于郊，故以郊言之。”① 则乡在当时既是居民组织，更是军事组织，遂只是居民组织。

《周礼》一书中有关于乡和遂细部结构的具体记述。《周礼·地官·大司徒》在讲乡的居民编制时称：“令五家为比，使之相保；五比为闾，使之相受；四闾为族，使之相葬；五族为党，使之相救；五党为州，使之相调；五州为乡，使之相宾”。《周礼·地官·小司徒》和《周礼·夏官·序官》讲到乡作为军事组织的对应单位时，分别是伍、两、卒、旅、师和军，各级军事组织的设官分别是伍长、两司马、卒长、旅帅、师帅和军将。《周礼》中关于遂的记述是，其作为居民组织，五家为邻，设邻长；五邻为里，设里宰；四里为酂，设酂长；五酂为鄙，有鄙师；五鄙为县，有县正；五县为遂，有遂大夫。有时候，遂大夫也称遂正。

考之于《左氏春秋》一书的其他相关记载及当年鲁国地界的有关史迹，我们前面提出的乡人即国人之说，以及《尚书·费誓》中讲鲁国有三郊三遂，《周礼》中记述当时的纯居民组织遂中有鄙之行政单位之设，有遂大夫的设官等，均不诬。

上面所讲叛逃齐国的季氏费邑宰南蒯，其父亲南遗以前也是季氏费邑宰。《左氏春秋·昭公五年》载：南遗当时为了给季氏谋取利益而介入叔孙氏继承人的确立，曾“使国人助竖牛（叔孙氏庶子）以攻诸大库之庭”②。则很明显，这里的国人即南蒯所盟的费人。亦即，他们就是费邑的乡人。另外《左氏春秋·襄公七年》的一条记载也与南遗有关：“南遗为费宰。叔仲昭伯为遂正，欲善季氏，谓遗：‘请城费，吾多与而役。’故季氏城费。” ③ 在当时，遂主要是出赋役，作为遂正的叔仲昭伯

① 孔安国传，孔颖达正义，黄怀信整理：《尚书正义》卷20《费誓》，上海：上海古籍出版社，2007年，第812页。

② 杨伯峻：《春秋左传注》，北京：中华书局，2009年，第1262页。

③ 杨伯峻：《春秋左传注》，北京：中华书局，2009年，第951页。

因此用来讨季氏的喜欢。

今泰安市宁阳县东庄镇东南六华里处有两个古老村庄，一个叫南鄙，一个叫北鄙，两村中间相距约三华里。它们南距鲁国都城曲阜不过五十华里，是当年鲁国的核心地区。此即鲁国当年实行乡遂地方行政制度时，遂之下鄙地方行政单位的历史遗存。实地考察时访问地方老者，他们对祖传的鄙之村名感到自豪，而对鄙也有边境之意的质疑表示不满，并当即举出鲁国当时大致的版图四至而进行反驳。

关于鲁国三乡、亦即其三支武装力量驻防的方向和地区。也是据《左氏春秋》的相关记载，以及当年鲁国地界的有关史迹可知，鲁国当时是重点防守北、东、西三个方向，驻防的地区大体上是在离曲阜不远的郊的范围之内。鲁国北部乡的驻防中心在龙乡城，东部乡的驻防中心在费邑（今临沂市费县上冶镇西毕城村一带），西部乡的驻防中心则在郈（今泰安市东平县彭集街道后亭村）。

其北部乡与东部乡的驻防方向与驻防地，我们可以联系前面已提及的僖公元年封汶阳之田和费邑于公子季友之事。要之，此事绝不是个简单封给季友私邑的问题，而是季氏从此控制了鲁国包括兵权在内的大部军政权力。

鲁国的北部军事中心龙乡城，原来叫龙，一作隆。《左氏春秋》中称龙。杜预注曰："龙，鲁邑，在泰山博县西南。"[①]《史记·鲁周公世家》中称其为"我隆"[②]。清人聂剑光在《泰山道里记》一书中记曰：淄水（柴汶河）"又西过羊祜厅南，又西过龙乡城南而注（入大汶河）。"[③]当地人则世代相传的，直接叫该地作乡城。现在，该地还有叫乡城的村庄两个，一个叫北乡城，一个叫南乡城，都是人口过千的大村。它们现

①《春秋左传杜注》卷12，成公二年春，清乾隆十一年陆氏小郁林刻本，哈佛大学燕京图书馆馆藏。

② 司马迁：《史记》卷33《鲁周公世家》，北京：中华书局，1985年，第1537页。

③ 聂剑光著，舟子等点校：《泰山道里记》，济南：山东友谊出版社，1987年，第51页。

在行政上都隶属于泰安市岱岳区房村镇。

实地考察当年鲁国龙乡城的地界，它当年地理形势的险要依然显现。有可能，它与北面邻近的阳关邑一起，是当年鲁国北部的大型军事基地之所在。其的南面与西面都是柴汶河环绕。其中，西面向北流去的柴汶河距离现在村庄北乡城不过里许，且河面相当宽阔。顺便提及，谭其骧《中国历史地图集》中将龙邑标注在了北大汶河的西岸，有误。它不在大汶河西岸，而是在南面柴汶河的东岸。

北乡城村北面紧靠乡城岭。乡城岭虽为土岭，且在20世纪六七十年代的农业学大寨运动中原地形遭到了严重破坏，但它东西十余华里，地势突兀地绵延在徂徕山前的广阔平原之上，是不可多得的兵家地理屏障。据当地村民讲，龙乡城的组成有两部分。一部分在乡城岭上，老人说城基清代还有。另一部分在现在北乡城村的村西，村民用土时从中挖出过夯土遗迹，以及青铜兵器，包括剑、箭镞等。笔者推断，它们二者有可能本来是一体的，所反映的是当年鲁国龙乡城所占面积甚大。

《左氏春秋·成公二年》中记载，这里当年曾发生过一场恶战："二年春，齐侯伐我北鄙，围龙。顷公之嬖人卢蒲就魁门焉。龙人囚之。齐侯曰：'勿杀，吾与而盟，无入而封。'弗听，杀而膊诸城上。齐侯亲鼓，士陵城。三日，取龙。遂南侵，及巢丘。"这段话翻译成现代语言即："鲁成公二年春季，齐顷公进攻我国北部边境，包围了龙乡城。齐顷公的宠臣卢蒲就魁攻打城门，龙人将其活捉。齐顷公说：'不要杀，我和你们盟誓，不进入你们的境内。'龙人不听，把他杀了，暴尸城上。齐顷公被激怒，亲自击鼓，激励兵士不断攻城。用了三天时间才把该城攻占。此后齐军曾继续向南入侵，一直到达了鲁国巢丘这个地方。"①

巢丘，以前的《左氏春秋》注者只说该地在山东泰安地界，但具体地点语焉不详。笔者实地勘察得知，它就是今宁阳县东庄镇南葛家圈村

① 杨伯峻：《春秋左传注》，北京：中华书局，2009年，第786—787页。

南的数座低矮山丘。山头的中间下凹，当地人现在称之为栲栳埠。栲栳，农村抬土用的无系筐篓。栲栳埠，山头像筐篓子之意，是宁阳县与曲阜市之间东部界山凤仙山的东支。其的西面就是向南通往鲁国都城曲阜的凤仙山东部著名隘口葛山口。过去葛山口，向曲阜方向前进的话，一路下坡而平坦。此地距曲阜已经只有四十华里了，鲁国当时可以说岌岌可危，怪不得《左氏春秋》的作者要将此地记上一笔。

对以上事情有间接说明的是，乡城岭因为原来的地理形势险要而在当地有名。也是据当地人讲，我军当年解放大汶口时曾与国军在此发生激烈的外围战斗。

在此需要补充说明的是，阳虎曾经居之为政的阳关邑，与龙乡城一起，也在今泰安市岱岳区房村镇境。在今房村镇的南阳关村与北阳关村一带，所处地理位置同样险要。它南面距龙乡城二十华里，西依北来大河牟汶河，东面有徂徕山高大屏障，正处于当年齐国南下通向鲁国的交通要冲。其北部前出齐国方向，再向北延伸数十里的地段上，道路依山傍河，山与河二者之间的距离大都不过一至数里，最狭处不过数十米，大有“一夫当关，万夫莫开”之势。

阳关邑的遗迹，部分现还尚存。大概是一防守加远距离瞭望性质的军事设施，具体位置在今泰安市岱岳区房村镇南阳关村村东。实地考察，为一高出地面约 3 米，长宽各半里许的稍圆形夯土高台。此高台前些年泰安市的一些地方志书中也有记载。比如《泰安市志》中记述说，“茅茨遗址。位于良庄办事处茅茨东北 1500 米处，当地俗称‘望儿台’。遗址高出地面约 3 米，平面呈椭圆形，直径约 300 米，总面积约 7 万平方米。地面采集到的遗物有石斧、鬲、瓮、罐、豆的残片及足部”。[①] 此处所讲的茅茨是房村镇南阳关村的东部邻村，现行政上隶属于泰安市岱岳区良庄镇。

---

① 泰安市泰山区、郊区地方志编纂委员会编:《泰安市志》，济南：齐鲁书社，1996 年，第 664 页。

四、官民团结一体誓死捍卫国家

古典时代希腊城邦国家雅典共和国不畏强敌，官民团结一体，曾几次大败强大的波斯入侵军队。比如，公元前 490 年，其军队在统帅米太亚得率领下于马拉松平原以一万重装步兵迎击 10 倍于己的入侵波斯军并将之击败。该役使波斯军伤亡 6400 余人，而雅典军队仅 192 人伤亡。前 480 年，以雅典海军为主力的希腊海军联军，又曾在萨拉米海战中大败波斯海军。该役使波斯损失战舰 300 余艘，波斯海军丧失战斗力，被迫退回小亚的港口。希腊方只付出损失 40 艘战舰的微小代价。次年春，希腊海军又在小亚的米卡勒海角全歼波斯海军余部。同时，希腊联军陆军也在中希腊的普拉提亚与入侵波斯陆军展开大战并取得胜利。波斯陆军最后只有少数人在骑兵掩护下逃出希腊，希腊联军取得了反侵略战争胜利。

与之相近的历史时期里，我国春秋时期的鲁国也曾不畏强敌，官民团结一体，抗击侵略，誓死捍卫自己国家的安全与领土完整。

春秋时期鲁国抗击外国侵略比较有名的战斗或战役，除了前面提及的长勺之战、龙乡城之战以外，还有解成邑之围之战，齐鲁炊鼻之战，齐鲁曲阜城郊的郊之战，以及与龙乡城之战同年联合晋国、卫国对齐国的讨伐，与郊之战同年联合吴国也是对齐国的讨伐。

鲁襄公十五年（前 558 年）夏，齐国因为与晋国关系破裂而出兵进攻与晋国友好的鲁国，包围成邑。成邑是鲁国孟孙氏封邑。成城的遗址尚存，在今泰安市宁阳县东庄镇北故城村南，西傍故城河，为一边长均在两华里左右的正方形城池。现附近立有山东省重点文物保护单位的碑牌。其北与前述鲁国龙乡城隔柴汶河相望，两地距离二十余华里。虽然是一私邑，但当时鲁侯曾亲率军队前往解救。齐军退走之后，鲁国随即由季孙宿、叔孙豹率师为成城建立了外城以加强防守。

次年秋天，齐国军队又前来进攻成邑，这次是被成邑的封主孟庄子自己率领武装所赶跑，而并未动用鲁国的其他武装。《左氏春秋·襄公十六年》中记道："秋，齐侯围成，孟孺子速徼之。齐侯曰：'是好勇，去之以为之名。'速遂塞海陉而还。"[①]

以上话语翻译成现代语言即："秋天齐灵公来进攻成邑，成邑宗主孟孺子速立即率领武装前往阻击，来势凶猛。齐侯见此情况后说：'孟孺子这个人不怕死，我们撤退，也让他落个勇敢的名。'孟孺子在齐国军队离开之后堵塞附近的道路海径而回。"

这里的孟孺子速即鲁国孟孙氏的第五代宗主仲孙速，死后谥曰庄子，因此又称作孟庄子。其父是鲁国著名的政治家、外交家孙蔑，即孟献子。其人不但如齐侯所讲的好勇，而且仁孝。《论语·子张》中曾子曰："吾闻诸夫子：孟庄子之孝也，其他可能也；其不改父之臣与父之政，是难能也"[②]，就是指的他。

此外，仲孙速还是个懂得音乐、会弹琴的人。《左氏春秋·襄公十八年》中记载：同年，他率领鲁国军队参加了以晋国国卿中行献子荀偃为统帅的晋、鲁、卫联军对齐灵公的平阴战役，当联军一路追击齐军追到齐国都城的西门雍门时，"孟庄子斩其椅以为公琴"[③]。椅是椿树的一种，木质硬而细密，适合做琴，但其此举似乎还有深意在其中。

由仲孙速这里的誓死捍卫自己封邑之事，笔者想到了鲁国当时的另一此类事情，以及想到了日本明治维新时期政治家岩仓具视的有关论点，还有贺卫方的有关评论。

前487年，吴国军队前来进攻，吴王已经随自己的军队到达了鲁国近郊地区庚宗（今曲阜以东的泗水县境），鲁大夫微虎曾计划用自己的属徒对之实行斩首行动，吓得吴王"一夕三迁"，最后同意两国讲和。

---

① 杨伯峻：《春秋左传注》，北京：中华书局，2009年，第1028页。

② 刘宝楠撰，高流水点校：《论语正义》卷22《子张》，北京：中华书局，1990年，第746—747页。

③ 杨伯峻：《春秋左传注》，北京：中华书局，2009年，第1039页。

《左氏春秋·哀公八年》载："微虎欲宵攻王舍，私属徒七百人三踊于幕庭，卒三百人，有若与焉。及稷门内，或为季孙曰：'不足以害吴，而多杀国士，不如已也。'乃止之。吴子闻之，一夕三迁。"[①]这段话翻译成现代汉语即："吴军进到泗水地区时，鲁大夫微虎气愤至极，计划夜里袭击吴王住处。他把自己的私人武装七百人集中起来进行体能测试，最后挑选了三百人，其中有孔子的著名弟子有若。当队伍行进到曲阜城南的稷门里时，有人对季康子说：'这样的行动对吴军构不成大的损害，我们反而会有许多优秀人才牺牲，不如停止。'于是停止。吴王听了之后吓得一个晚上换了三个住的地方。"

岩仓具视曾有我国鸦片战争所以失败，是实行郡县制导致了士气衰颓所致的说法。对于岩仓氏的此观点，贺卫方表示赞同。贺曾在其微博文章中写道："秦废封建，置郡县，将全国划分郡县以朝廷命官治之。初衷追求统一，后果则是消灭了地方自治共同体的成长空间。率土之滨，莫非王臣，但官员们既无封建契约纽带令其忠于地方，皇帝亦无力全方位监控，统一帝国遂成为一盘散沙。岩仓具视叹鸦片战争中国之败盖因郡县制令士气衰颓（有其道理）。"[②]

有关的问题，这里有必要推开去说明一下。前面《左氏春秋》引文中讲到的海陉，清代学者江永将其定在胶东的诸城，[③]甚误。其他的，段玉裁说它是一山在两川之间，也欠准确。当年孟孙氏的成邑面积较大，它西部统辖到现在宁阳县罡城镇，在此整个大汶河以南的地界上，均一马平川，其中并没有山。而海径，它指的是该地区内中部偏北，两

① 杨伯峻：《春秋左传注》，北京：中华书局，2009年，第1649页。

② 贺卫方：《封建制与郡县制》，贺卫方新浪微博2013年12月19日。另外，与岩仓具视的郡县制不利于保卫国家观点相同，我国明清之际思想家黄宗羲在《明夷待访录·封建》中也讲过。其原话是："自三代以后，乱天下者无如夷狄矣，遂以为五德沴眚之运。然以余观之，则是废封建之罪也。"吴光主编：《黄宗羲全集》，第1册，杭州：浙江古籍出版社，2012年，第421页。

③ 江永：《春秋地理考实》卷2，文渊阁四库全书本。

片大的水面之间的一条交通要路。

在古代，大的水面叫海子。考察得知，这两个大水面即前海子与后海子的具体位置，在今宁阳县磁窑镇北面稍西，北边隔大汶河与泰安市岱岳区大汶口镇驻地相距10余华里，南距宁阳与曲阜间西部界山石门山的石门山口30华里，正好在现在泰安通往曲阜的公路104国道两旁。现在，附近还有前海子与后海子两个大的自然村落，以及名字也叫前海子与后海子的两片大的洼地。它们虽然名字是前后之分，实际上是大致东西排列。前海子村在后海子村的西面稍南，而洼地前海子又在前海子村的西面稍南。后海子村在前海子村的东面稍北，但大洼地后海子在后海子村的东南方向。实地考察时，当地上了年纪的人讲，两个海子村都是以地而命名，所谓的"先有两海子，后有两海子村"。当地人另外告知，以前两个海子里都有水并且常年不干，没有了水只是近来十几年间的事。

齐鲁炊鼻之战发生于公元前516年，战场也是在孟孙氏封邑成的地界。炊鼻之战爆发的前一年，鲁昭公因灭季氏不成而出奔齐国，齐国当时也借此挑起了对鲁战争，大军直奔鲁国的北部边境而来。

孟孙氏成邑当时的主管是成大夫公孙朝。他便主动与当时主持鲁国大政的季平子商定，先用自己所管辖的成邑诈降，来迟滞与麻痹齐军，然后鲁国大军聚集，在该地区对齐军进行沉重打击。结果，战斗按照公孙朝所设想的进行，最后取得了胜利。

《左氏春秋·昭公二十六年》中对该战斗的具体记载是，战斗正式开始之前，"成大夫公孙朝谓平子曰：'有都，以卫国也，请我受师。'许之。请纳质，弗许，曰：'信女，足矣。'告于齐师曰：'孟氏，鲁之敝室也。用成已甚，弗能忍也，请息肩于齐。'齐人围成。成人伐齐师之饮马于淄者，曰：'将以压众。'鲁成备而后告曰：'不胜众。'"战斗的具体经过是，"师及齐师战于炊鼻。齐子渊捷（字子车）从泄声子（野泄、谥声子），射之，中盾瓦，繇朐汰轴，匕入者三寸。声子射其马，斩鞅，殪。改驾，人以为骏戾也，而助之。子车曰：‘齐人也。’将击子车，子车射之，殪。其御曰：‘又之。’子车曰：‘众可惧也，而不可怒也。’子囊带从野泄，叱之。泄曰：‘军无私怒，报乃私也，将亢子。’又叱之，亦叱之。冉竖射陈武子（齐国田氏宗主，字子疆），中手。失弓而骂。以告平子，曰：‘有君子白皙鬒须眉，甚口。’平子曰：‘必子疆也，无奈亢诸？’对曰：‘谓之君子，何敢亢之？’林雍羞为颜鸣右，下。苑何忌取其耳。颜鸣去之。苑子之御曰：‘视下！’顾。苑子拂林雍，断其足，鑋而乘于他车以归。颜鸣三入齐师，呼曰：‘林雍乘！’”①

以上的两段话语，翻译成现代语言即：“战役之前成大夫公孙朝主动对当时鲁国主政的季平子说：‘建设都邑就是为了保卫国家的，请让我们把齐军引到成城方向来，把他们打败。’季平子同意了。公孙朝又说：‘为了让您相信我们，给您留下人质吧。’季平子不同意，说：‘不用，相信你就是了。’公孙朝于是便送信给齐军说：‘成邑作为鲁国破落户孟孙氏的封地被剥削得太重了，我们现在想投降你们，获得休息的机会。’齐国军队相信了，向该方向开进。但是当他们的人靠近，饮马于成城北面的柴汶河时，成邑的武装却不让靠近，袭击他们。齐军问是什么原因时，公孙朝说：‘是为了迷惑自己部下，不让部下知道自己准备投降的事。’在鲁国军队做好了充分准备之后，他便告知齐军说：‘不投降了，大家不同意。’”“鲁国军队与齐国军队展开决战的地方叫炊鼻。战斗进行得非常激烈，齐国军队凶狠，并有高层亲自参与搏杀，鲁国军队则同仇敌忾，勇猛顽强。交战中齐子渊捷在追赶鲁国大夫野泄时一箭射穿了野泄的盾牌，然后箭头又进入车的轴部三寸。野泄则射对方的马，箭射在马脖子部厚的皮套子上之后，还把马射死了。子渊捷换马车时，鲁国士兵以为是季氏司马骏戾来，前来帮助。子渊捷说：‘我是齐国人。’鲁国士兵听后便马上对之进行攻击。当子渊捷射死了一名鲁国

① 杨伯峻:《春秋左传注》，北京：中华书局，2009 年，第 1471—1473 页。

士兵，负责驾车的御手说再继续射时，他说：‘应该使鲁军惧怕，而不是激怒他们。’齐军上下都粗野的很，齐国大夫子囊带在前来对付鲁大夫野泄时大声叫骂。野泄警告说：‘两军对战不是私人打架，不要骂人。否则我也骂你。’子囊带不听，继续骂，野泄便与之对骂起来。季氏家臣冉竖在战斗中射中了齐国田氏第六代宗主田成子的手，田成子手中的弓掉落了，他也骂人。冉竖后来与季平子讲：‘有一个看上去很有身份的人，白脸黑发浓眉，很会骂人。’季平子说：‘此人肯定是田氏宗主田成子。你与他对骂了没有？’冉竖说：‘那么有地位的人，我哪敢与他对骂？’鲁国勇士颜鸣和林雍在战斗中产生了矛盾，林雍不再给颜鸣当车右，下了战车。齐国大夫苑何忌发现后过来割去了林雍的耳朵。这时颜鸣已经远去，苑何忌的驾车人便提醒苑说：‘看他下面。’苑便回来又砍掉了林雍的脚。林雍后来是蹦着乘上别的战车回来的。在林雍未回来之前，颜鸣并未因其与自己此前有过不愉快而弃之不管，曾三次呼喊着‘林雍快来乘车’，而冲入齐军寻找他。”

上述这场激战的战场炊鼻，为《左氏春秋》作注的前代学者均未注出。根据以上记述而实地考察得知，它在成城遗址西北八华里处，北面距柴汶河约两华里，具体地点在今宁阳县华丰镇南梁父村与胜天庄村之间。原来为一人鼻状、深灰色石灰岩小山。与当时鲁国再北面博邑附近的石灰岩小山龟山一样，已被近人长期采石而炸掉，仅存遗迹。现附近除了有大面积的石灰岩岩石裸露于地表之外，还有些废弃了的石灰窑。不用说，以前人们在此生产石灰，就是用的该山山石。访问附近上了年纪的村民，告知说此地以前确实有过东西长约里许的黑灰色石头小埠（小山头），但不知其名字。清人聂剑光在《泰山道里记》中曾这样记道：“大汶口东南三十里为梁父山，平衍突出……诸葛亮幼从父为梁父尉，父卒后徙居南阳，好为梁父吟，谓此也。今其村称为梁父云。”[①] 则

① 聂剑光著，舟子等点校：《泰山道里记》，济南：山东友谊出版社，1987 年，第 45 页。

此炊鼻小山，即聂氏所言之梁父山。

宁阳县南梁父村附近隔着柴汶河，北岸虽然也有两个村庄，一个叫东梁父，一个叫西梁父，但那里皆是平畴田园。2015年冬季笔者驱车前往考察时，看到的是到处都是种着西红柿的蔬菜大棚。东梁父村与西梁父村在行政上不隶属宁阳县华丰镇。它们在行政上与前述阳关邑和龙乡城一样，现在均隶属泰安市岱岳区房村镇。

这里顺便提及，鲁国当年博邑附近的龟山，聂剑光在《泰山道里记》中也有记述。其中写道：泰安“城东南二十二里，有横埠状类龟，埠北之田曰龟阴。按《水经注》：‘博县北有龟山，山北即龟阴之田。’《春秋》定公十年，齐人来归龟阴之田是也。”[①] 聂这里讲的龟山，具体位置在今泰安市泰山区邱家店镇桂林村。笔者此处也实地考察过，它比以上讲的炊鼻小埠破坏得更严重，现在只有一大的石坑残存了。

鲁国与齐国的曲阜城郊之战发生于公元前484年。《左氏春秋·哀公十一年》中记道：同年春，“国书、高无平帅师伐我，季孙谓其宰冉求曰：‘齐师在清，必鲁故也，若之何？’求曰：‘一子守，二子从公御诸竟。’季孙曰：‘不能。’求曰：‘居封疆之间。’季孙告二子，二子不可。求曰：‘若不可，则君无出。一子帅师，背城而战，不属者，非鲁人也。鲁之群室众于齐之兵车，一室敌车优矣，子何患焉？……’季孙使从于朝，俟于党氏之沟。武叔呼尔问战焉。对曰：‘君子有远虑，小人何知？’懿子强问之，对曰：‘小人虑才而言，量力而共也。’武叔曰：‘是谓我不成丈夫也。’退而搜乘。孟孺子泄帅右师，颜羽御，邴泄为右。冉求帅左师，管周父御，樊迟为右。季孙曰：‘须也弱。’有子曰：‘就用命焉。’季氏之甲七千，冉有以武城人三百为己徒卒，老幼守宫，次于雩门之外。五日，右师从之。公叔务人（公为，昭公之子）见保者而泣，曰：‘事充，政重，上不能谋，士不能死，何以治民？吾既

① 聂剑光著，舟子等点校：《泰山道里记》，济南：山东友谊出版社，1987年，第46页。

言之矣，敢不勉乎？’”[①]

该书同处对该战役的具体记述则为：“师及齐师战于郊。齐师自稷曲，师不逾沟。樊迟曰：‘非不能也，不信子也，请三刻而逾之。’如之，众从之。师入齐军。右师奔，齐人从之。陈瓘、陈庄涉泗。孟之侧后入以为殿，抽矢策其马，曰：‘马不进也。’林不狃之伍曰：‘走乎？’不狃曰：‘谁不如？’曰：‘然则止乎？’不狃曰：‘恶贤？’徐步而死。师获甲首八十，齐人不能师。宵谍曰：‘齐人遁。冉有请从之三，季氏弗许。’……公为与其嬖童汪锜乘，皆死，皆殡。”[②]

以上两段话语翻译成现代汉语即：“前484年春，齐国军队由将领国书、高无平率领在清（今济南市长清区境）集结，季孙宗主季康子获知情报后便与其家臣冉求商量对策说：‘齐军在清集结，一定是前来进攻我们，怎么办？’冉求回道：‘你们孟孙、叔孙、季孙三位，一位留守，两位跟随鲁君去边境防守。’季康子说力量不行，不能那样。冉求说，‘那就在国内近郊地区打击敌人。’季康子同意这样做，但与孟孙何忌和叔孙州仇商量时，二位未置可否。冉求便对季康子说：‘如果他们不同意，那就不让国君出去。您一个人率师，背靠城池而战，不参战者，不算鲁国人。鲁国各家的战车比齐国的战车要多，就是您一家的，也多于他们，您犹豫什么？……’季康子带领冉求朝见鲁君后，他的部队驻守在鲁侯朝宫附近的党氏沟地区。其间叔孙州仇前来问仗如何打时，冉求回答说：‘你们有身份的人都有长远考虑，我怎么知道？’孟孙何忌接着逼问时，冉求含有讥讽对方之意地说：‘本人是小人，只能量材做器，量力而行。’叔孙州仇听后说，‘冉求这是在讽刺我不敢面对强敌啊。’回去以后检阅自己所属的战车兵，准备抗敌。鲁国军队分成右、左两军对敌。右军由孟孙何忌的儿子孟孺子泄率领。颜羽担任驾驶孟孺子战车的御手，邴泄担任保证孟孺子战车安全行驶的车右。冉求率

① 杨伯峻：《春秋左传注》，北京：中华书局，2009年，第1657—1659页。

② 杨伯峻：《春秋左传注》，北京：中华书局，2009年，第1659—1660页。

领左军，管周父担任驾驶冉求战车的御手，孔子学生樊迟担任保证冉求战车安全行驶的车右。樊迟当时才刚过二十，季康子看了后对冉求说，‘换换吧，他太年轻了。’冉求说：‘不用。他虽然年轻，但能服从命令。’季氏的部队集中了七千甲士，还有冉有从武城带来的三百名徒卒，老者与年幼的守卫鲁宫，部署在曲阜城的南门一带。五天的时间里，鲁国军队的右军也全部到齐。看到这种同仇敌忾的情景，以前出走君主鲁昭公之子公叔务人感动得哭了，说：‘我以前说过鲁国的坏话，说它徭役多，赋税重，主政的无能，士没有必死之心，国家没有希望。既然说过这些了，我自己就要努力做到！’”“鲁军与齐军战于郊地。齐军自稷曲方向而来，鲁军这时还在党氏沟后面不发起进攻。樊迟对冉求说：‘不是不能打败齐军，是大家对你还未完全相信，请重申号令，冲过沟去。’按照樊迟说的，在主帅冉求重申了作战纪律之后，大家跨过党氏沟，一起向齐军冲了过去。其间，孟孺子泄率领的右军一度被齐军打败。齐大夫陈瓘、陈庄追赶右军，一度追过泗河。鲁大夫孟之侧沉着对敌，自己走在败阵队伍的后面殿后，后来对人说起时称：‘在后面的原因是马走不快。’军官林不狃同伍的人问：‘走不走？’林不狃说：‘谁不知道走？’此人又问：‘那么是停下来吗？’由于右军退却的趋势已不可逆转，林不狃答曰：‘停下来抵抗就更好吗？’林不狃在缓慢后退时被杀。冉求所率左师在此次战斗中共杀死敌人甲士八十，齐军溃不成军。夜里侦察人员报告说，齐军已经逃跑。冉求请求追击，季康子没有允许。……战前被人们同仇敌忾情景而感动哭了的公叔务人当时是在右军参战，与他的爱童汪锜一起，战死在一辆战车上。战后，都被隆重安葬。”

上面提到，鲁国军队的右师在战斗中一度后退，鲁大夫孟之侧在后退时殿后，表现沉稳。对此，孔子曾给予赞扬。《论语·雍也》中记述道：“子曰：‘孟之反（即孟之侧）不伐。奔而殿。将入门，策马，曰：

非敢后也，马不进也。'"[1] 此话翻译成现代汉语为：孔子赞扬说，"鲁大夫孟之侧这个人不自夸。军队后退时不怕危险，负责殿后。快到城门有人夸他负责殿后勇敢时，他说：'不是有意在后面的，是马走不快。'"

对于公叔务人所喜爱的年轻人汪锜在此战斗中战死，以及自己的学生冉求在此战斗中所发挥的作用，孔子也曾给予高度评价。对于汪锜，《左氏春秋》在同年中记道："孔子曰：'能执干戈以卫社稷，可无殇也。'"对于冉求，该书同年中则记道："冉有用矛于齐师，故能入其军。孔子曰：'义也。'"由孔子这里的充分肯定冉有的军队武器装备改革，想到，本人以前常讲孔子包括政治体制在内，在许多方面是个向后看的人，看来并不全对。孟子在《孟子·万章下》中讲"孔子，圣之时者也。孔子之谓集大成"[2]，有其道理。

这场鲁国军队打败入侵齐军的战斗，司马迁在《史记·孔子世家》中是这样记述的："其明年，冉有为季氏将师战于郎，克之。季康子曰：'子之于军旅，学之乎？性之乎？'冉有曰：'学之于孔子。'"[3] 这里的年份与地点均有误。上溯计算司马迁所说年份，是在鲁哀公八年，而此年并未有冉有参与的鲁国与齐国作战。这里的郎，则明显是郊字的误写。结合上述《左氏春秋》中关于该战斗的较详细记述，考之于曲阜附近的实地，则此次战斗具体地点在今曲阜市西北部的姚村镇地界。或许，郊之战就是姚村之战，这里古今都是兵家相争的战地。

现代国际政治学与战略学的研究表明，外交是一国国力的重要构成，则春秋时代鲁国已早谙此道，曾几次使用外交手段使敌对的齐国受到重创。

前面已提及的公元前 589 年联合晋国、卫国对齐国的作战，具体经

① 刘宝楠撰，高流水点校：《论语正义》卷 7《雍也》，北京：中华书局，1990 年，第 230—231 页。

② 杨伯峻：《孟子译注》卷 10《万章章句》，北京：中华书局，2010 年，第 233 页。

③ 司马迁：《史记》卷 47《孔子世家》，北京：中华书局，1985 年，第 1934 页。

过是，龙乡城之战鲁国受到重创之后，派其外交家臧宣叔“如晋乞师”，说服了晋国同意出兵相助。晋军的领兵主帅是身残但志壮的正卿郤献子郤克。

鲁军在季文子率领下与晋军、卫军联合后，从卫邑莘一路东向追击齐军，于同年六月十六日进至靡笄山下（今济南市南之千佛山）。次日，因此地附近全是丘陵不便车战，晋鲁卫联军又稍回向西，在鞍山（今济南市市中区英雄山风景区内之马鞍山）之前布阵。随后，晋鲁卫联军与齐军的大战便在马鞍山与今济南市大明湖之间十余里的地界上展开。

齐国原来的后退，本来是有诱敌深入之意的。齐顷公在此次开战前曾夸下必胜的海口，要“灭此朝食”；齐战将高固则在正式的战斗打响之前用石头击伤一晋军士兵，将其俘获上战车，回来之后又战车上系上桑树根，在自己的营垒之前巡行高叫“余勇可贾”。《左氏春秋》一书中记述的他们的原话分别是：“余姑剪灭此而朝食”；“欲勇者贾余余勇。”[①]

但是，此次战斗开始后不久，齐军就败下阵来。抵挡不住联军的凌厉攻势，被追得绕华不注山转了三圈。《左氏春秋》载，“逐之，三周华不注。”[②] 华不注山即现在济南市东北二十里处菜园庄附近小的山丘华山。本人大学时代听了老师“鞍之战”古文讲解之后，为了亲临古战场其境体验而攀登过。则齐军此时已被晋鲁卫联军从原战场开打处逐出了四十里。

齐军后退过程中，统帅齐顷公战车的偏马被华泉附近的大树绊住了，动弹不得。恰好，晋军将领韩厥也追到了跟前。眼看着就要被韩厥俘虏了，齐顷公的车右逢丑父灵机一动，以主子的口气让齐顷公下车去附近的华泉里取水，自装齐王。

逢丑父冒充齐王被俘后，齐顷公才得以脱身，逃回临淄。晋国军队东进至齐国腹地马陉（今青州市西南之马山）后，齐国被迫求和，于同

① 杨伯峻：《春秋左传注》，北京：中华书局，2009 年，第 791 页。

② 杨伯峻：《春秋左传注》，北京：中华书局，2009 年，第 792 页。

年七月归还了齐鲁龙乡城之战中侵占的鲁国北部领土汶阳田。

前面已提及的前484年联合吴国对齐国的作战，据《左氏春秋·哀公十一年》的记载，具体经过是，郊之战之后的同年夏天，鲁国通过外交努力争取到了吴国出兵援助，组成联军联合讨伐齐国。

战役开始后，同年五月，吴鲁联军收复鲁国失地博邑（在鲁阳关邑以北二十里牟汶河东岸，城址尚存，村名旧县，今属泰安市泰山区邱家店镇）。五月二十五日到达嬴邑（故城在今莱芜市西北的羊里镇城子县村）。五月二十七日，吴鲁联军与齐军的大战在艾陵（今莱芜市苗山镇以东常庄地区）爆发，联军最后获得胜利。

战斗结束之后，吴王夫差把俘虏的齐军高级将领国书、公孙夏、闾丘明、陈书、东郭书，以及战利品革车八百辆、甲首3000等，献于鲁哀公。其中，所献战俘国书，就是齐国同年春天发动侵略鲁国的郊之战的主帅。

与此次战斗有关的两件事在此值得一提。一是该战斗开始以前，吴王夫差看见了鲁军将领叔孙州仇，问他担任的什么职务，答曰司马。夫差便以铠甲和宝剑相赠，并且勉励他说："要完成你们君主交给你的任务。"叔孙州仇不能回答。正好孔子的弟子子贡在旁边，替他回答说："州仇坚决听从您的指挥"，并替州仇对夫差表示感谢。二是当吴王夫差把俘获的齐军将领国书献给鲁哀公之后，鲁哀公将其斩首，并让大史固把国书的头颅放在一个新的篮子里，回敬给夫差。国书头颅下面铺的是黑色丝绸，上面还系了个组带，组带上写了"上天如果看不到此人那些不正当行为的话，怎么会使下国获胜？"《左氏春秋·哀公十一年》中两处的原话分别是"州仇奉甲从君"；"天若不识不衷，何以使下国？"[①]

① 杨伯峻：《春秋左传注》，北京：中华书局，2009年，第1663页。

五、鲁国其他的几个特点

除了以上所述诸项之外，春秋时期鲁国的以下几点也值得在此加以论列，其中包括了他们的讲究法治，他们决定事情的方式比较民主，他们的卿大夫们为官清正廉洁，以及他们的比较重视科学技术等。尽管在程度上有差别，但他们在这些问题上也与当年古希腊雅典的做法十分相似。

中国晚清以前无法治。中国近代意义的法治思想、法治文本与司法实践是近代才从西方引进的无疑。但是，秦代之前的中国是有与西方近代法治相近的法治思想、法治文本与司法实践的，尤其是春秋时期的鲁国。这与我们前述的当时的鲁国有与之相近的政治体制、经济体制、社会结构，以及有社会契约与权利主体等存在有关。

当时的鲁国，在此方面有三个比较显著的实例：一是其君主主要是公平断狱，有相争双方仲裁人的角色；二是卿大夫们之间也可以通过打官司来处理双方之间的矛盾与争执；三是鲁国建有象魏，象魏是保存法典、公布法令的地方。

关于这里第一点的实例，有前已提及的《左氏春秋·庄公十年》中所记长勺之战前鲁庄公的“小大之狱，虽不能察，必以情”[①]之语可以为证。

第二点的实例，《左氏春秋·昭公十二年》中记曰：“昭子朝，而命吏曰：‘婼将与季氏讼，书辞无颇。’”[②]这句话翻译成现代汉语即：“叔孙昭子上朝后对有关的吏员说：‘我叔孙婼准备与季氏打官司，诉状要写得圆满些。’”

第三点的实例，鲁国朝宫雉门附近有建筑物象魏。象魏是专门用来保存鲁国法典，即鲁国“旧章”的地方。同时，象魏也是向国人公布

① 杨伯峻：《春秋左传注》，北京：中华书局，2009年，第183页。

② 杨伯峻：《春秋左传注》，北京：中华书局，2009年，第1336页。

法律法令的场所。《左氏春秋·哀公三年》记载，鲁宫大火时，“季桓子至，御公立于象魏之外，命救火者伤人则止，财可为也。命藏象魏，曰：‘旧章不可亡也。’”[①] 这里的象魏，东汉经学家服虔注曰：“悬挂法令使万民知晓之处，因名法令亦曰象魏，即旧章也。”

关于鲁国当时的军政之事要民主决策。此点除了我们前述的它的卿大夫会议决定军国大事，以及其国人（乡人）与会参与国家与地方的军政大事决策之外，其卿大夫会议也有否决权利；主政者用人不耻下问、请教高人；被用之人敢于直面否决主政者，也是其政治民主的表现。

《左氏春秋·哀公七年》中记载了这样一个事情：“季康子欲伐邾，乃卿大夫以谋之。子服何曰：‘小所以事大，信也；大所以保小，仁也。背大国，不信；伐小国，不仁。民保于城，城保于德。失二德者，危，将焉保？’孟孙曰：‘二三子以为如何？恶贤而逆之？’对曰：‘禹合诸侯于涂山，执玉帛者万国。今其存者，无数十焉，唯大不字小，小不事大也。知必危，何故不言？鲁德如邾，而以众加之，可乎？’不乐而出。”[②] 以上话语翻译成现代汉语即：“季康子想要攻打邾国，就设享礼招待大夫们来一起商量。大夫子服何说：‘小国用来事奉大国的，是信；大国用来保护小国的，是仁。违背大国，这是不信，攻打小国，这是不仁。百姓由城邑来保护，城邑由德行来保护。丢掉了信和仁两种德行，就危险了，我们还凭借什么？’孟孙何忌说：‘各位意见如何？哪一种意见好我就采纳哪一种。’大夫们回答说：‘大禹在涂山会合诸侯，拿着玉帛的有一万个国家。现在还存在的，没有几十个了，就是因为大国不养育小国，小国不事奉大国。明知必有危险，为什么不说？鲁国的德行和邾国一样，用大兵来施加压力，对吗？’大家不欢而散。”

鲁国的执政在用人时常提前广泛征求社会贤达的意见。《论语·雍也》中记载：“季康子问：‘仲由可使从政也欤？’子曰：‘由也果，于

① 杨伯峻：《春秋左传注》，北京：中华书局，2009 年，第 1621—1622 页。

② 杨伯峻：《春秋左传注》，北京：中华书局，2009 年，第 1642—1643 页。

从政乎何有？’曰：‘赐也，可使从政也欤？’曰：‘赐也达，于从政乎何有？’曰：‘求也，可使从政也欤？’曰：‘求也艺，于从政乎何有？’”①另外，该书同处中还记载：“季氏使闵子骞为费宰，闵子骞曰：‘善为我辞焉！如有复我者，则我必在汶上矣。’”②

以上两段话语，翻译成现代汉语即：“季康子向孔子请教，问：‘仲由，可以让他主持政事吗？’孔子回道：‘仲由这个人做事果敢，让他主政有什么不可以的？’又问：‘端木赐，可以吗？’孔子回道：‘端木赐这个人通达事理，让他主持政事有什么不可以的？’再问：‘冉求，可以吗？’孔子回道：‘冉求这个人多才多艺，让他主持政事有什么不可以的？’”“当季康子派人请闵子骞出山去做费邑宰时，闵子骞对来人说：‘坚决为我辞掉！如果再来对我讲这事，我就到汶河以北去，不再在鲁国了。’”从孔子、闵子骞以上对季康子讲话的态度和语气来看，他们倒像是当代一些民主选民与其总统对话时的态度和语气，平等而无拘束。

关于他们当政者的为官清正廉洁。当时的鲁国执政者大多比较简朴清廉。比较有名的是季文子与孟献子。

《左氏春秋·襄公五年》记载了这样一个事情：同年冬“季文子卒。大夫入殓，公在位。宰庀家器为葬备，无衣帛之妾，无食粟之马，无藏金玉，无重器备，君子是以知季文子之忠于公室也：‘相三君矣，而无私积，可不为忠乎？’”③

以上话语翻译成现代汉语即：“鲁国正卿季孙行父去世。按照礼仪，大夫入殓时鲁公要在场。家臣要准备器物作为葬具。看到的是，他家里

① 刘宝楠撰，高流水点校：《论语正义》卷7《雍也》，北京：中华书局，1990年，第221页。

② 刘宝楠撰，高流水点校：《论语正义》卷7《雍也》，北京：中华书局，1990年，第222—223页。

③ 杨伯峻：《春秋左传注》，北京：中华书局，2009年，第944—945页。

没有穿丝绸的妾，没有吃粮食的马，没有收藏铜器玉器，一切用具没有重复。有君子知道了季文子对公室的忠之后说：‘辅佐了三位国君而没有私人积蓄，难道不是忠吗？’”要之，此处的君子之言，实际上是讲的季文子忠于国家、忠于国家正卿的职守，而不是忠于虚君制之下的一位鲁君或几位鲁君。

孟献子生活简朴的具体记述，前已提及的《国语·周语》“刘康公论鲁大夫俭与侈”篇，和《国语·鲁语》“季文子论妾马”篇。在“刘康公论鲁大夫俭与侈”篇中，周王大臣刘康公认为鲁国孟孙氏与季孙氏一样“敬恪恭俭”。“季文子论妾马”篇中则记道：“季文子相宣、成，无衣帛之妾，无食粟之马。仲孙它谏曰：‘子为鲁上卿，相二君矣，妾不衣帛，马不食粟，人其以子为爱，且不华国乎！’文子曰：‘吾亦愿之，然吾观国人，其父兄之食粗而衣恶者犹多矣，吾是以不敢。人之父兄食粗衣恶，而我美妾与马，无乃非相人者乎！且吾闻以德荣为国华，不闻以妾与马。’文子以告孟献子，献子因之七日。自是，子服之妾不过七升之布，马饩不过稂莠。”以上话语翻译成现代汉语即：“季文子在鲁宣公和鲁成公时担任国相，他的妾不穿丝帛，马匹不喂精料。孟献子之子仲孙它劝他说：‘您是鲁国的上卿，辅佐过两朝国君，妾不穿丝帛，马匹不喂精料，国人恐怕会以为您吝啬，而且国家不也有失体面吗？’季文子说：‘我也愿意华贵一些啊。但是我看国人中，父兄吃粗粮，穿陋衣的还很多，所以我不敢。别人的父兄衣食不丰，而我却优待妾和马匹，这难道是辅佐国君的人该做的吗？况且我只听说高尚的德行可以为国增光，没有听说过以妾和马匹来夸耀的。’季文子把这件事告诉了仲孙它的父亲孟献子。孟献子为此把仲孙它关了七天。从这以后，仲孙它的妾穿的只是粗布，喂马的饲料也只是稗草。”

孟献子亦非常有治国理财头脑。《礼记·大学》中有如下记述：“生财有大道，生之者众，食之者寡，为之者疾，用之者舒，则财恒足矣。仁者以财发身，不仁者以身发财。未有上好仁而下不好义者也，未有好义其事不终者也，未有府库财非其财者也。孟献子曰：'畜马乘不察于鸡豚，伐冰之家不畜牛羊，百乘之家不畜聚敛之臣。与其有聚敛之臣，宁有盗臣。'"有研究者认为，《礼记·大学》中上述记述出自曾子曾参。

关于鲁国当年的重视科学技术。此点也是除了我们前面提到的季氏曾重用善于革新兵器的冉求（用步兵持长矛冲击敌阵）并取得了郊之战的战斗胜利之外，另有事实可以加以证明。

当时的鲁国是中国工匠技艺水平最高的国度。我们都知道，我国木工工匠之祖鲁班（又称公输般）即生活于春秋时代的鲁国。鲁班还是古代中国战船的发明人。据《墨子·鲁问》记载："公输子自鲁南游楚，焉始为舟战之器。作为钩强之备，退者钩之，进者强之，量其钩强之长，而制为之兵。"①

鲁国执政季武子，曾与其所属大夫申丰二人一起，详细讨论防雹与贮冰防病防灾等问题。虽然与相近时代的雅典人一样，其中有宗教迷信的成分，但也包含有不少科学知识与科学思想。

《左氏春秋·昭公四年》关于此事的记载如下："大雨雹。季武子问于申丰曰：'雹可御乎？'对曰：'圣人在上，无雹。虽有，不为灾。古者，日在北陆而藏冰；西陆，朝觌而出之。其藏冰也，深山穷谷，固阴沍寒，于是乎取之。其出之也，朝之禄位，宾食丧祭，于是乎用之。其藏之也，黑牲、秬黍，以享司寒。其出之也，桃弧、棘矢，以除其灾。其出入也时。食肉之禄，冰皆与焉。大夫命妇，丧浴用冰。祭寒而藏之，献羔而启之，公始用之。火出而毕赋。自命夫、命妇，至于老疾，无不受冰。山人取之，县人传之，舆人纳之，隶人藏之。夫冰以风壮，而以风出。其藏之也周，其用之也遍，则冬无愆阳，夏无伏阴，春无凄风，秋无苦雨，雷不出震，无灾霜雹，疠疾不降，民不夭札。今藏川池之冰，弃而不用。风不越而杀，雷不发而震。雹之为灾，谁能御

① 孙怡让：《墨子间诂》，北京：中华书局，2001年，第482页。

之？”[1] 以上话语翻译成现代汉语即：“天在下大雨并伴有冰雹。季孙宿便问：‘能否不让天下冰雹？’申丰回答说：‘圣人在上，没有冰雹。即使有也成不了灾。与之有某种关联的一个事情，我可以对您讲一下。在古代，太阳在虚宿和危宿的位置上时（夏历十二月）藏冰，昴宿和毕宿在早晨出现时（夏历来年的四月）开始取冰。所藏之冰取之于深山穷谷，凝聚着寒气。冰取出来之后，用之于朝廷上士大夫们的迎宾、用膳、丧事、祭祀。藏冰的时候，用黑色公羊和黑色黍子来祭祀司寒之神。取冰的时候，门上挂上桃木弓、荆棘箭，来消灾。冰的收藏与取出都按时令。凡是禄位足以吃肉的官吏，都有资格用。大夫、命妇死后要用冰洗擦身体。祭祀司寒之神之后而收藏，奉献羔羊祭祖之后打开冰室。国君最先使用。大火星出现时而分配完毕。大夫命妇以至于老病者，都能分到。藏冰时，山人在深山中凿冰，县鄙之人负责长途的运输，舆人负责近处搬运，隶人负责收藏。冰因风而坚固，也因风而取出使用，它的收藏周密，它的使用普遍。普遍的藏冰用冰了，会冬无暖冬，夏无阴寒，春天没有凄风，秋天没有苦雨，雷鸣不伤人，霜雹不成灾，瘟疫不流行，百姓不死于传染病。现在河川池塘里的冰弃之而不用，风不散而草木凋零，雷不鸣而人畜伤亡，冰雹成灾，谁能够防止它？”

另外，季武子父亲季文子的做事与思想方法，在此也值得一提。季文子凡事三思而后行。对之，季文子去世十八年后出生、作为隔代后辈的孔子知道后很是赞赏。这体现在《论语·公冶长》：“季文子三思而后行。子闻之，曰：‘再思可也。’”上。[2]

① 杨伯峻：《春秋左传注》，北京：中华书局，2009年，第1248—1250页。

② 刘宝楠撰，高流水点校：《论语正义》卷6《公冶长》，北京：中华书局，1990年，第196页。

六、余论

法国思想家孟德斯鸠说过，英国是一披着君主制外衣的共和国。综上所述，我国春秋时期的鲁国既实行虚君君主制，又有卿大夫会议决定军国大事，并且其国人（乡人）也得以部分地参政议政，与之相同，也是一披着君主制外衣的贵族主政的共和国。

实际上，对于有关的历史，与本人相近的学术观点，我国学术界以前已经有多人提出过，只是未引起更多人的重视而已。比如，梁启超 1899 年在我们前已提及的《论中国与欧洲国体异同》中讲道："中国周代国体，与欧洲希腊国体，其相同之点最多……周之一代，纯为贵族政治，在周则有周召单刘，在齐则有国高，在鲁则有三桓，在郑则有七穆，在晋则有乐郤胥原范荀，在楚则有昭屈景，皆相持一国之权，欧洲人所谓少数共和政体。"

20 世纪 80 年代初期日知先生曾在《孔孟书中所反映的古代中国城市国家制度》一文中讲，"春秋时代和战国时代（的中国），那时既没有统一的帝国，也没有专制制度的国家。"[①] 与此同时，笔者大学时代的中国先秦史老师徐鸿修先生则在文章《周代贵族专制政体中的原始民主遗存》中进一步指出，我国周代是一带有贵族共和国色彩的贵族专制政体。[②] 徐先生的文章在当时社会上有一定反响之时，也正是本人当他学生之际。对于徐先生的该文章，当时的师生间相传着，连胡乔木也给予了肯定，讲什么是一篇真正的博士论文。

总之，我国近代知名史学家夏曾佑说"中国之有周人，犹泰西人之有希腊"，正确。只是，其该话语的部分稍加改动，改作"中国之有春秋时代之鲁国，犹泰西之有古典时代之雅典"，更为贴切。

另外在此需要指出的是，关于《左氏春秋》，司马迁《史记·十二

---

① 日知：《孔孟书中所反映的古代中国城市国家制度》，《历史研究》，1980 年第 3 期。

② 徐鸿修：《周代贵族专制政体中的原始民主遗存》，《中国社会科学》，1981 年第 2 期。

诸侯年表序》中“鲁君子左丘明惧弟子人人异端，各安其意，失其真，故因孔子史记（《春秋》）具论其语成《左氏春秋》”[1]的说法不确。《左氏春秋》是一部独立的史书。二者虽然在内容上有一定关联，但著史主旨却相去甚远。《春秋》是王权主义和极端道德主义的史观，而《左氏春秋》有虚君君主制思想与自然道德主义的倾向。此点，其中充分肯定了包括季氏在内的鲁国各公族保卫与治理国家的丰功伟绩，以及其中秉笔直书了齐襄公与其妹妹文姜通、季康子妹妹季姬与其叔父季鲂侯通等，便是明证。[2]总之，本文一开始时提到过，西汉哀帝时的经文家说《左氏春秋》不传孔子之《春秋》，该说法有其道理。

① 司马迁：《史记》卷14《十二诸侯年表序》，北京：中华书局，1985年，第509—510页。

② 分别见《左氏春秋》桓公十八年、哀公八年。

泰山新发现两方越南人物碑石述略

周　郢

（泰山学院泰山研究院　山东　泰安 271000）

摘　要： 历史上泰山与越南交往密切，近年在泰山灵岩寺新发现交趾人恒公墓塔，在壶天阁发现交趾入明仕宦陈儒撰《重修东岳上庙碑记》，均披露明代越南人在泰山的行迹。

关键词： 泰山灵岩寺　恒公墓塔　陈儒　重修东岳上庙碑记

历史上泰山与越南文化多有交流，唐宋时先后有占城、交趾之国主或使节参加封禅大典，此后碧霞元君、石敢当等信仰相继传入越南，清代越南燕行使节更留下多篇关于泰山的吟咏。而近年在泰山灵岩寺与壶天阁各发现石刻，又披露明代越南人在泰山的行迹，今予简考。

灵岩塔林东南中有一方《恒公墓塔铭》，其文云：

> 恒公提点，原业交趾人也。幼乃出游山东，大灵岩寺出家。历至正统九年，端坐辞也（应为世）。兹于祖林左侧遂其塔焉，而以迹其铭也。
>
> 理金、理□、理□、理受、理庆、理鉴；法孙□□、□□、□□；石匠崔浩、崔恕。

作者简介：周郢（1970—），男，山东泰安人，泰山学院泰山研究院教授、副院长，主要从事泰山历史与文献研究，在《历史研究》《中国史研究》等学术刊物发表论文 200 余篇。

此位恒公法讳全名已不可考，仅知下一字为“恒”。铭称“原业交趾”，业此指家业、世业，知恒公为交趾人。越南佛教自陈朝开始得到推崇，进入其鼎盛时期，僧侣数至中国来求法。如水月正觉尝游学北京，后至湖州凤凰山参禅得法，成为越南曹洞宗的始祖[①]。另外还有僧伽远赴中国铸造寺钟的轶事，《安南志略》卷十五《人物·方外》载：“空路、觉海二师，尝入大国化铜铸钟。”[②] 凡此皆反映了两国佛教交流的密切。据恒公卒年推考，其出游山东当在明初，时交阯北属，关门洞开，其得北上万里来泰山求法，并于灵岩寺出家，后为提点，至正统九年（1444 年）圆寂寺中。其法迹可与重开普照的高丽云公（满空）相媲美，堪称明代弘法泰岳的两大域外高僧。

除了恒公墓塔之外，泰山上还留下一方越南士人撰写的碑石。2004 年 6 月“泰山景区盘路修复拨正工程”中，红门景区施工人员在壶天阁门洞中，发现了一块残碑陷于地下，碑阴朝上，在清理周围碎石时，又在碑东南侧掘出一倒置之赑屃，时龟头与龟身已断裂。事后乃将残碑与赑屃粘合重立于壶天阁门右侧[③]。今碑上端已残，存石高 1.80 米，宽 1 米，厚 0.2 米。碑文东向，漫漶严重。2017 年 3 月，山东科技大学郭笃凌教授细辨残文，发现与志书所录明代陈儒《重修东岳上庙碑记》文相合，遂断定此为久已迷失的陈儒碑记。

此碑的特异之处，在于其撰碑者陈儒祖籍交趾，陈儒家世在明清史料上颇多叙述。明王世贞《弇山堂别集》卷一八《外国人进士》：“嘉靖二年（1523 年）癸未陈儒，俱交趾人。儒仕至右都御史。”[④] 又清俞樾《茶香室四钞》卷十六《明初高丽士亦与会试》条云：“明制外国人

①《海上丝绸之路研究 2·中国与东南亚》，福州：福建教育出版社，1999 年，第 190 页。

② 黎崱：《安南志略》，中外交通史籍丛刊本，北京：中华书局，2000 年，第 355 页。

③ 红门景区宗世强区长提供情况。

④ 王世贞：《弇山堂别集》，北京：中华书局，1985 年，第 336 页。

皆得应试，……嘉靖二年癸未（科进士）陈儒，俱交趾人，儒至右都御史。”[①] 其家族入明始末，陈儒碑传中有详细叙述。万士和《明资善大夫都察院右都御史芹山陈公暨配杨淑人墓志铭》称：“公讳儒，字懋学，姓陈氏，世出交南。其先有仕者，为乂安卫百户。仕之子曰复宗，当宣德时，父子并从王师征黎氏有功，以所属如京师。宣皇帝嘉其忠义，赐第长安，授锦衣卫百户。正统己巳（1449 年），北虏犯阙，复宗曰：‘事急矣！臣请以象战。’遂身先入贼，中流矢。虏退，复以功进一级，升本卫千户，世袭。又诏其子孙世补京学弟子员，食廪，应科贡。复宗配唐氏，生二子，长曰广，袭荫。次曰贤，入太学，充校职，仕至纪善，配田氏，是为公之考妣。复宗、贤以公贵，累赠刑部右侍郎，唐氏、田氏赠淑人。”[②] 又《明资善大夫都察院右都御史芹山陈公暨封淑人陈母杨氏行状》称：“先生姓陈讳儒，字懋学，别号芹山，先世为交阯布政司乂安府支罗县人。国初交南黎氏叛，我天王怒兴师问罪，时公之曾祖乂安卫百户仕及祖锦衣卫千户、累赠通义大夫、刑部右侍郎复宗出万死迎王师为导，获大捷班师，乃率众如京，帝嘉其忠义，赐第长安，赐银钞器皿等物，授锦衣卫百户。”[③]

据上引史料，陈儒祖籍交阯乂安府支罗县（故治在今越南河静省德寿县），其先祖陈仕于永乐中入明为锦衣卫百户，至陈儒已历四代。明朝于宣德二年（1427 年）放弃交阯后，对内附土官采取“加意抚绥”政策，安置各地任职，并可获得任职地或任职机构的户籍。陈儒父祖辈任职北京锦衣卫，遂获“锦衣卫官籍”[④]。陈儒以此籍考中嘉靖二年癸未

① 俞樾：《茶香室丛钞》，北京：中华书局，1995 年，第 1743 页。

② 陈儒：《芹山集》，《北京图书馆古籍珍本丛刊·集部》，北京：书目文献出版社，1998 年，第 279 页。

③ 陈儒：《芹山集》，《北京图书馆古籍珍本丛刊·集部》，北京：书目文献出版社，1998 年，第 284 页。

④ 张希清等主编、郭培贵著：《中国科举制度通史·明代卷》，上海：上海人民出版社，2015 年，第 303 页。

科进士，后曾历任提督浙江学政、山东布政使、南京户部刑部侍郎、右都御史总督漕运、巡抚淮阳。所至卓有政绩。去官后徙居宜兴，卒葬于斯。

《重修东岳上庙之碑》是陈儒在山东布政使任上，应山东巡抚曾铣之请而撰。嘉靖二十二年（1543年）三月，曾铣重修岱顶东岳上庙，并建碧霞坊、泰岳坊、元君庙及钟鼓楼等，工竣后陈儒为撰记碑。明《泰山志》卷二称："东岳上庙：在岳顶磨崖碑前。……嘉靖间都御史曾铣重修，布政使陈儒记。"碑文见于明《泰山志》卷二[①]、《岱史》卷九[②]著录（后书为节录）。《岱览》卷九著录称："明重修东岳庙碑：右碑在岳庙内，嘉靖年布政使陈儒撰文，见《岱史》。今佚。"[③]认定陈儒记碑原立岱顶东岳上庙内，清乾隆间已迷失不存。

新发现的陈儒碑石，与明《泰山志》《岱史》著录相对勘，碑石镌有题名与年款，前列："山东布政使前奉敕提督浙江学校广阳陈儒撰文，□□布政司南阳王鸿渐书丹，山东按察使淳安余铿篆额。"末署："（上残）在癸卯夏五月庚戌立石。"两志皆未著录。正文也有个别差异，如《泰山志》录文"于时协谋，则先任按察使、今山西右布政使刘玑"，原碑"今"后有"升"字，当以碑石为确。另外根据碑之出土地点可推知，其立石处非如《岱览》所言在岱顶上庙内，而是应在壶天阁下。可能为省人工，明人重修岱顶庙宇碑，往往立于山下或山半，如弘治八年（1495年）《重修碧霞灵应宫碑》及嘉靖六年（1527年）《重修天仙玉女碧霞元君宫记》，皆记修岱顶碧霞宫事，却一立于水帘洞东北，一立于红门宫中。陈儒记碑立壶天阁下，并非特例。

此碑的发现，除了可佐证泰山史事外，亦有助于探讨交阯入明士

① 汪子卿撰，周郢校证：《泰山志校证》，合肥：黄山书社，2006年，第225—227页。

② 查志隆撰，马铭初等点校：《岱史点校》，青岛：中国海洋大学出版社，1992年，第139—140页。

③ 唐仲冕撰，孟昭水集注：《岱览校点集注》，济南：泰山出版社，2007年，第285页。

人之心迹。如陈儒题款自署“广阳”，按广阳为汉郡，故治蓟县，后世作为北京之古称。陈儒因父祖隶籍于北京锦衣卫，故署“广阳”为其乡贯，而不书“交阯”，则说明其不仅身仕于明廷，且在文化心态上也以“他乡为故乡”。陈儒记碑以汪洋恣肆之笔，对泰山形胜概加评说，如言：“泰山为五岳之尊，横亘齐鲁，跨引江淮，矗突云霄，辉映日月，巍乎高哉！其天下之奇观而独秀者乎？”“鸿濛肇判，五岳攸封；蜿蜒迤逦，泰岱为宗。日观东升，载瞻沧海；漠漠白云，玄堂掩霭。”如果说这些赞辞还是以官方立言，那么陈儒泰山诗咏中便是发自内心所感。陈儒登岱时作有《风雷篇》《泰山书院》二诗，其中《泰山书院》云：“鲁国有二子，读书泰山傍。泰山不可极，尼父时彷徨。驾言陟其巅，龟蒙但石卷。睠兹圣辙远，千秋谁象贤？嗟嗟石徂徕，偕此孙明复。咫尺阙里限，耿耿绍芳躅。我兹登泰山，其下扁书院。因问读者谁，二子相炳炫。所嗟微言湮，茫茫仅如线。赖兹正学传，万代昭如见。缅邈此风流，瞻拜肃明荐。因之赋所思，夜分遂忘倦。”[①] 诗歌追怀北宋泰山书院开山孙复、石介，对其正学直道深致缅怀，清夜三叹，感慕不已！可见陈儒虽为来自异邦的士子，其情怀心绪已全然浸淫于泰山正统儒学文化之中矣。

张秀民先生在论述“明代交阯人在中国内地之贡献”时称：“明代交阯人，在国内建设上、武功上、政治上之贡献，已略如上述。至于黎澄、阮勤、何广、陈儒，均能文章，广与儒文名尤著。……今日……山西、河南亦有交阯人撰文之碑刻。故明代光复交阯，虽不过昙花一现，而遗迹颇多，惜国人及越胞均未注意耳。”[②] 泰山陈儒记碑的发现，又增益一处相关遗存与史证，实可宝也。

今将据原碑校补之陈儒《重修东岳上庙之碑》全文附后，以供

① 陈儒：《芹山集》卷14，《北京图书馆古籍珍本丛刊·集部》，北京：书目文献出版社，1998年，第139—140页。

② 张秀民：《中越关系史论文集》，台北：文史哲出版社，1992年，第69页。

参证：

重修东岳上庙之碑

山东布政使前奉敕提督浙江学校广阳陈儒撰文

□□［山东］布政司南阳王鸿渐书丹

山东按察使淳安余铎篆额

泰山为五岳之尊，横亘齐鲁，跨引江淮，矗突云霄，辉映日月，巍乎高哉！其天下之奇观而独秀者乎？我明天子御极，望于山川，遍于群神，曰用相我国家维兹岳。乃辛丑北虏犯顺，乃申敕封疆之臣曰："其各壮乃金汤，峙乃砦堠，用捍卫我国家，予一人以宁，亦维兹岳。"嗟乎，岳之时用大矣哉！维时都察院右佥都御史广陵曾公铣，实承简命，保厘东土。比至，时且告饥，公约己裕民，发棠秩祀，而凡为我民徼福者，靡不备至。是故疏请于朝，得减京储数万石，减租亦数万石。间乃语诸藩臬庶正曰："泰山威灵，鼓动海内，矧兹兵戎之调度，颠连之赈恤，以暨百官之匪颁，罔弗赖之，是其庇我东山者乎！闻今庙貌圮坏，弗亟图之，其何以祀？"乃夏五月，谋诸监察御史关西杨公本深，佥同兹议，曰：其动乃官需，毋勤力，毋违时，乃底绩。已乃祗若成命，移檄诸司：曰若布政使陈儒、王鸿渐，尔其经理诸难；曰若按察使余铎，尔其纠察御事，乃罔弗既厥心，亦罔弗慎厥事；曰知府刘玺，曰同知王景明，尔其鸠工僝工；曰知州马逢伯，尔其率作兴事，乃罔弗奔走，惟罔功是惧。于是群工毕兴，始于壬寅夏五月，迄于癸卯春三月。东岳殿之修者四楹，南向；碧霞坊之建者一，亦南向；泰岳坊亦一，西向；东官厅之建者六楹，西官厅之建者四楹，各南向；钟鼓楼对峙于元君之庙者，各东西向，如其制。工既讫，而是岁雨旸时若，东方底宁。君子谓泰岳于是乎有神，佥乃请勒石于泰山之巅。公以记属之儒，乃拜手稽首飏言曰：嗟乎！天降时雨，山川出云，耆欲将至，有开必先，言神异也。顾兹东岳，孕秀钟灵，甲于天下，则所以奠我民生、翊戴我国家者，宁有涯哉！是役也，创议者为都御史、今兵部尚书蔡公经，申议者为都御史胡公缵宗，成之者则今中丞氏曾公也。《书》云："三后协心，同底于道。"其是之谓乎。于时协谋，则先任按察使、今升山西右布政使刘玑，左参政雒昂、朱纨，右参政张臬、韩威，左参议卢耿麒，右参议张鹏翰，副使吕高、王杨、谈恺、徐守义、金靖、潘恩，佥事为黄卷、吴嘉会、汪东洋、黄鳌、辛珍、翟镜，都司为贾席、李忠，法皆得书。乃系以诗，用崇厥祀：

鸿濛肇判，五岳攸封；蜿蜒迤逦，泰岱为宗。日观东升，载瞻沧海；漠漠白云，玄堂掩霭。宣圣是登，適小天下；中道弗巅，万古长夜。顾兹庙貌，秩祀是将；有严有翼，岂曰弗臧。栋隆其饬，丹雘其涂；匪伊黩祀，安民是图。维时保釐，殷忧如惄；先后协心，乃兹底绩。跻攀万仞，峻极于天；茫茫终古，法象俨然。谁佑我民，眷焉灵异；时雨时旸，百物纷至。以裨国需，以赈氓庶；盛德鸿休，东方伊豫。大夫君子，仰止高风；万年歌此，永奠神功！

［明嘉靖二十二年岁］在癸卯夏五月庚戌立石

熙宁变法期间王安石同年关系述论

祁琛云　闫国防

（河南大学历史文化学院　河南　开封 475001；

商丘学院　河南　商丘 476000）

摘　要：从宋神宗熙宁二年（1069年）开始，至元丰八年（1085年）神宗去世结束的社会改革运动，史称“熙宁变法”。与中国近代某些改革近似，其宗旨在于改变北宋建国以来贫弱的局面。王安石是这场改革的主角，因此又称之为王安石变法。王安石作为庆历二年榜进士的典型代表，与他交往的同年可考者达二十九人。熙宁变法初期，王安石援引同年进入变法领导机构与台谏言事机构，对变法开展起过一定推动作用。但随着改革运动的深入，变法初期的有利局面不再，王安石与同年之间的关系也变得复杂起来。其同年中有继续交好、共图变革事业有成者。但也有逐渐交恶，甚至对变法起相反作用者。王安石熙宁变法期间希望通过同年关系掌控政局的小范围用人模式有其两面性。

关键词：熙宁变法　同年　吕公著　王珪　陈襄

庆历二年（1042年）是宋仁宗时期第六次举行科举之年，也是庆

作者简介：祁琛云（1977—），男，甘肃镇原人，历史学博士，副教授，河南大学历史文化学院副院长、硕士研究生导师，研究方向为宋史。闫国防（1991—），男，河南虞城人，历史学硕士，商丘学院教师，研究方向为宋代政治史。

历年间的首次科考之年。[①] 本年录取的进士对北宋历史产生了重要影响。本榜进士如王安石、韩绛、王珪、吕公著、韩缜、苏颂等先后担任过宋神宗、宋哲宗时期的宰相，可谓名副其实的“龙虎榜”。

在“举世重交游”的北宋时期，王安石作为当时具有影响力的人物之一，自然成为人们争相交游的对象。王安石曾自言：“丁年结客盛游从”，可见当时的他的交游之盛、游从之多。其盛况令人叹为观止。

王安石以此自述交游的盛况十分贴切。据不完全统计，仅《王荆文公诗笺注》中涉及的交游人物就有三百余人，交游诗多达六百余首。据刘成国先生统计，与王安石交往的同年可考者有 27 人。[②] 除此外还有陈荐、虞太宁等人。很显然，王安石是该榜进士中同年交往的焦点人物。

对王安石及其变法的研究历来是治宋史者的关注点。[③] 其间其与同年的关系自然也应是该领域研究的重要方面。凡事都有两面性，本文即考察王安石与同年在熙宁变法之间的互动，探究王安石同年关系对变法的正反不同作用。在此基础上，分析其“成功”与“失败”的原因。

一、变法初期王安石对同年的援引

熙宁二年（1069 年）二月，王安石出任参知政事，对此，当时

① 宋仁宗朝共举行 13 次科举，庆历二年为第 6 次，因康定二年十一月郊祀改元“庆历”，庆历元年实际只有两月，故庆历二年科考是庆历年间的首场科举。见何忠礼:《〈宋史·选举志〉补正》附录一《宋代科举一览表》，北京：中华书局，2013 年，第 293—294 页；《续资治通鉴长编》（以下简称《长编》）卷 134，庆历元年十一月丙寅条，北京：中华书局，2004 年，第 3198 页。

② 交往的同年有：王珪、韩绛、吕公著、韩缜、苏颂、杨寘、马仲甫、王广渊、王陶、韩宗彦、孔延之、石牧之、吕夏卿、李师中、孙子高、李处厚、沈起、金君卿、柳瑾、陈绎、陈洙、陈襄、晁仲约、黄庶、萧汝励、董傪、王越石。见刘成国:《王安石年谱长编》卷 2，北京：中华书局，2018 年，第 103 页。

③ 漆侠:《王安石变法》，保定：河北大学出版社，2001 年。李华瑞:《王安石变法研究史》，北京：人民出版社，2004 年。邓广铭:《北宋政治改革家王安石》，北京：三联书店，2017 年。

“中外相庆，以为三代之隆可以立俟也。”[①] 时任宰相的曾公亮、富弼也认为王安石出任参知政事是顺应时势，所以此时的王安石俨然成为实行社会变革的领军人物。为此王安石顺势而为，奏请宋神宗设立制置三司条例司（以下简称“条例司”）作为领导变法的机构，开始实行变法。为保证变法的顺利实施，王安石在变法领导机构与台谏监督机构的人事安排上有意援引同年。

朝廷设立制置三司条例司（以下简称“条例司”）作为领导变法的机构是在熙宁二年二月由中书和枢密院各差一人同领。当时的中书官员是宰相曾公亮、富弼、陈旭，参知政事王安石、赵抃、唐介，此时王安石虽是作为副相的参知政事，但条例司长官的中书人选非王安石莫属。而此时枢密院长贰有枢密使文彦博、吕公弼，知枢密院事陈升之，枢密副使韩绛。对出任条例司的枢密院人选，王安石有自己的想法。王安石向来看重陈升之，[②] 此时陈升之与文彦博、吕公弼同为枢密院长官，[③] 相对于身为枢密副使的王安石同年韩绛，陈升之的资质较高，基于以上原因，王安石首先选择了陈升之。至此，条例司作为领导变法的新设独立机构，由王安石和陈升之同领。但随后情况出现了变化，熙宁二年十

① 赵汝愚编，北京大学中国中古史研究中心校点整理：《宋朝诸臣奏议》卷 114《上神宗论王安石》，上海：上海古籍出版社，1999 年，第 1152 页。

② 王安石与陈升之于庆历年间已相识，王水照主编：《王安石全集》卷 84《送陈升之序》载：“予在扬州，朝之人过焉者多，堪大臣之事可信而望者，陈升之而已矣。”上海：复旦大学出版社，2016 年，第 1488 页。王安石在扬州即庆历三年至六年签书淮南判官时，此时二人相遇，王安石很看重陈升之。此事又见于《东都事略·陈升之传》：“始为小吏，与王安石相遇淮南，安石深器之。”

③ 枢密院设置有枢密使、知枢密院事、枢密副使、同知枢密院事、签书枢密院事、同签书枢密院事。它们的设置组合是不同的，一种组合是枢密使和枢密副使；一种组合是知枢密院事、同知枢密院事、签书枢密院事和同签书枢密院事。即枢密使和知枢密院事不能同时设置。唯熙宁元年（1068 年），以文彦博和吕公弼为枢密使，韩绛为枢密副使，又以陈升之为知枢密院事，也就是同时设置了枢密使和知院事。原因是陈升之曾三度为枢密院长官，故特别优礼；另一个原因据说是王安石故意抑制文彦博。枢密院一般不同时设两位以上首长，文彦博、吕公弼、陈升之是特例。

月，陈升之由知枢密院事升任集贤相，任相后上奏宋神宗："臣待罪宰相，无所不统，所领职事，岂可称司？"[①] 认为自己身为宰相不应再兼领条例司事宜，提出让孙觉、吕惠卿领局，自己与王安石提举即可。此议遭到王安石的反对，理由是"今中书支百钱以上物及补三司吏人，皆奏得旨，至于制置三司条例司，何故乃以为不可？"[②] 宋神宗对他们的意见左右为难，随后提出一个折中办法：因陈升之与王安石此时都任职中书，同时都兼领条例司，可将条例司并归中书。这一折中办法会导致条例司丧失作为领导变法独立机构的地位，因此，王安石依旧反对，多次与宋神宗争论，持久不下。几日后，宰辅又于殿前讨论此事，宋神宗想让王安石独领条例司，但王安石认为这样破坏了条例司原定的任官原则，提出反对意见。面对如此僵局，王安石提出"今若与韩绛同事，甚便"[③] 的建议。前已提及韩绛此时为枢密副使，王安石援引韩绛进入条例司，一是因为这样选择符合条例司的领司原则，二是此时已争取不到陈升之继续兼领条例司，只能举荐别的枢密院官员，身为枢密副使的韩绛不仅支持变法，而且与王安石互为同年，关系甚好，所以在王安石看来韩绛是继陈升之后领条例司的最合适人选。

总之，王安石提议设置条例司作为领导变法的独立机构，目的是保证变法不受来自中书门下和枢密院的干涉。由以上所述看来，先后选择素来看重的陈升之和支持变法的同年友韩绛作为条例司的长官，王安石对此是煞费苦心。

在确定变法机构领导人选的同时，王安石又对负有监察作用的台谏机构人员进行了安排。

---

① 黄以周等辑注，顾吉辰点校:《续资治通鉴长编拾补》(以下简称《长编拾补》) 卷 6，熙宁二年十一月乙丑，北京：中华书局，2004 年，第 253 页。

② 黄以周等辑注，顾吉辰点校:《长编拾补》卷 16，熙宁二年十一月乙丑，北京：中华书局，2004 年，第 254 页。

③ 黄以周等辑注，顾吉辰点校:《长编拾补》卷 16，熙宁二年十一月乙丑，北京：中华书局，2004 年，第 254 页。

台谏机构包括御史台、谏院，负有监察百官和劝谏皇帝的职责。北宋时期，台官和谏官的职责逐渐融合，出现了台谏合一的局面。台谏官的监察范围逐渐扩大。

为实现台谏官不反对变法措施的实施，王安石特意援引同年进入台谏机构，这主要基于王安石的切身经历。

新法未行之时，王安石就遭到御史中丞吕诲的弹奏，关于二人的恩怨主要缘于他们对濮议结论的看法上，[①]而最终的爆发则因熙宁二年五月章辟光上奏请岐王迁居外邸事件。据《宋史·吕诲传》载："王安石执政，时多谓得人。诲言其不通时事，大用之，则非所宜。著作佐郎章辟光上言，岐王颢宜迁居外邸。皇太后怒，帝令治其离间之罪。安石谓无罪。诲请下辟光吏，不从。"[②]可知王安石支持章辟光所奏之事，御史中丞吕诲就此上章弹劾王安石，胪列王安石十大罪状。王安石为此称病告假，居家待罪。宋神宗多次遣中使抚慰，最终王安石进宫面圣。

也许王安石在居家待罪期间，考虑变法之事时，就想到为了保证变法的顺利实施，负有弹奏责任的台谏官员也需要换成支持自己的人。其这一考虑在王安石与宋神宗的议论中得到了反映。上曰："近臣中只有吕公著，又与吕公弼相妨。"安石曰："富弼在密院时，妇翁晏殊为相，此亦近例。如吕公著行义，陛下所知，岂兄弟为比周以负陛下？今富弼、曾公亮大抵欲不逆流俗，不更弊法，恐如此难持以久安，难望以致治。"上亦患之。[③]此议论发生在熙宁二年（1069年）五月，宋神宗与王安石皆认为御史中丞吕诲不晓时事。在他们谈论吕诲时言及吕公著，宋神宗认为吕公著可用，言外之意是要吕公著代替吕诲御史中丞之职，

① 吕诲怒王安石原因详见刘成国：《王安石年谱长编》卷4，北京：中华书局，2018年，第893—894页。

② 脱脱等著：《宋史》卷321《吕诲传》，北京：中华书局，1997年，第10429页。

③ 黄以周等辑注，顾吉辰点校：《长编拾补》卷4，熙宁二年五月甲午，北京：中华书局，2004年，第181—182页。

只是其兄吕公弼位居枢府，若吕公著充任御史中丞则违背了当时的官员回避原则。但王安石援引富弼任职枢密院时，其岳丈位居宰相，二人任职并未回避的近例，又以“吕公著行义，陛下所知，岂兄弟为比周以负陛下？”为理由，坚决认为吕公著是代替吕诲充任御史中丞的合适人选。此时对王安石而言，吕公著若能够任御史中丞是最好的结果，一是因为二人为同年密友，再者因为二人在许多问题上有着共同的看法，至于何种问题留待后文叙述。

熙宁二年六月，王安石最终如愿以偿，同年好友吕公著出任御史中丞，原御史中丞吕诲被罢免，出知邓州。同年七月，章辟光因新任御史中丞吕公著的弹奏降为湖南路监当。此事引起了多位御史的质疑，其中刘琦上言：“吕诲指陈安石党庇小人之迹，而诲复降黜，中外之议，喧然不平。及吕公著一言辟光之罪，实时贬责，诲与公著均中丞也，何诲言之而获戾，公著言之而遽行？非公著与安石生平相知，表里相应，亦恐言之未必从也。岂非威福之柄，不出于陛下，而尽由于安石乎？且如近用吕公著为御史中丞，与兄公弼职任相妨，臣等亦曾论列，陛下不以为听也。切闻陛下始欲用司马光为中执法，安石力荐公著，而欲罢公弼枢府之任。公著以人言不协又于兄弟之义难安也，遂亦辞免。陛下乃听安石之言，遂两用之，此得为允当乎？”①刘琦的上奏再次说明吕诲被罢免的原因是弹劾章辟光，继任者吕公著在此事上的态度与原御史中丞吕诲相同，二人皆认为章辟光有罪。但不同是吕诲因弹奏章辟光而罢官，而吕公著在弹奏章辟光后，章辟光立即被贬降为湖南路监当。同样的弹奏因不同人带来了不一样的结果，其背后蕴含的意义不言而喻。王安石与吕公著既有同年之谊，又同列于“嘉祐四友”②，彼此关系密切。

① 赵汝愚编，北京大学中国中古史研究中心校点整理：《宋朝诸臣奏议》卷109《上神宗论王安石专权谋利及引薛向领均输非便》，上海：上海古籍出版社，1999年，第1188页。

② 陈元锋：《论“嘉祐四友”的进退分合与交游唱和》，《江西师范大学学报（哲学社会科学版）》，2014年第4期。

在外人看来，王安石援引吕公著为御史中丞，其意是希望吕公著可以帮助自己推行变法[①]，上引刘琦的奏疏也证明了这一点。后来吕公著举荐的御史台官员，如王子韶、程颢、谢景福、侯叔献等人均为条例司中人。[②]鉴于此，刘琦又上奏："近又睹中书劄子，今后御史中丞独举台官，不拘官职高下。此亦安石之谋也，不过欲引同门下之人置在台中，为己之助尔。"[③]矛头直指王安石与吕公著，认为御史中丞不按章程举荐台官是出自王安石的教唆。然而，这并不符合事实，其实早在治平四年（1067年），时为翰林学士的吕公著已对举荐台官事宜有所论列，认为举荐台官不必依照官员的资叙，应该以能力的大小为标准，[④]所以吕公著不按官职高低举荐台官实非王安石之谋，而是吕公著早有此举荐标准。但人们更情愿认为吕公著所举荐的台官都是王安石所喜爱的，是为了迎合王安石。

总之，不论吕公著是否有意迎合王安石，支持变法的御史台官员已经占多数，为主观上减少变法异议，保证变法顺利实施提供了"舆论环境保证"。

二、变法中王安石与韩绛、王珪等的合作

史料显示，变法的具体实施当中，王安石曾得力于其同年多多。比如有韩绛、王珪等人，都是为变法做出了大贡献之人。

王安石与韩绛的合作与其对韩绛的举荐。

熙宁二年二月，王安石出任参知政事，同年友韩绛已于治平四年九

① 徐自明撰，王瑞来校补：《宋宰辅编年录校补》卷8，北京：中华书局，1986年，第476页。

② 脱脱等著：《宋史》卷160《选举六》，北京：中华书局，1997年，第3748页。

③ 赵汝愚编，北京大学中国中古史研究中心校点整理：《宋朝诸臣奏议》卷109《上神宗论王安石专权谋利及引薛向领均输非便》，上海：上海古籍出版社，1999年，第1188页。

④ 赵汝愚编，北京大学中国中古史研究中心校点整理：《宋朝诸臣奏议》卷52《上神宗论举台官不必校资序》，上海：上海古籍出版社，1999年，第570页。

月任职枢密副使，此时二人位列执政，同殿为官，为彼此之间的交往更加提供了便利。二人有着共同的政治理想，在很多问题上有着一致的认识，在变法中彼此援引，相互扶持，力求改变宋神宗朝初年的“贫弱”局面。王安石与韩绛的合作，主要有以下几点。

其一，支持任命李定出任台谏官。

熙宁三年四月，秀州军事判官李定在孙觉的极力推荐下被召至京师，得到王安石的接见，李定极言实施青苗法的好处，得到王安石的赞赏，于是将他引荐给宋神宗。在听取了李定关于青苗法实施情况的汇报后，宋神宗心中喜悦，有意任命李定知谏院，但宰相曾公亮、陈升之提出反对，认为李定只是选人，官阶太低，自北宋开国至今没有以选人担任谏官的先例，宋神宗无奈，于是改命李定为太子中允、权监察御史里行。[①] 按北宋旧制：太常博士经两任通判者才有资格充任御史之官。景祐初因资任相当的人太少，于是降低了要求，允许举奏通判未满任的官员充任台官。依照这一要求，李定出任监察御史里行有违旧制，因此，这一任命先后遭到宋敏求、李大临、苏颂三位知制诰的反对，三人因封还任命李定的词头而罢知制诰。其中，在宋敏求封还词头之后，王安石为了让除命李定的制书能够顺利下达做了两个准备：一是奏请宋神宗依照祖宗旧制任命官员直舍人院，以代替知制诰起草外制之职能；二是安排王安石认为可靠的人知通进银台司，以规避诏书的封驳。在直舍人院的人选上先是任命王安石的同年陈襄，但陈襄多次推辞。后来又命蔡延庆与王益柔二人直舍人院，其中王益柔为王安石旧识。在知通进银台司的人员安排上，王安石与韩绛共同举荐孙固兼权管勾御史台、知通进银台司，以代替持反对意见的同年陈荐。因为从一开始王安石就认为任命李定为台官的诏书会被陈荐封驳，加之同年韩绛又怀疑陈荐不会放李定进入御史台，所以二人向宋神宗上奏，请求以孙固代替陈荐。事情似乎

① 徐松辑，刁忠民等校点：《宋会要辑稿·食货》5之5，上海：上海古籍出版社，2014年，第6059页。

朝着王安石与韩绛设想的方向发展，但事实并不如意，蔡延庆在起草李定制词后不知出于什么原因辞去了直舍人院的差事，而被王安石和韩绛看好的知通进银台司孙固再次封驳了任命李定的制书。后来几经周折，任命李定为权监察御史里行的制书最终行下。[①] 从此事件中可以看出在众多官员的反对声中，只有同年友韩绛与王安石处在了同一立场，支持王安石的决定。

其二，共同提议设置审官西院。

熙宁三年五月，宋神宗与宰臣等论及大使臣的磨勘及常程差遣问题，欲将其付于三班院处理，但王安石与韩绛皆认为不如设置审官西院“专领閤门祇候以上至诸司使磨勘、常程差遣。”宋神宗欣然应允，于是下诏设置审官西院，以天章阁待制齐恢为知院，兵部郎中韩缜同知。[②] 按照北宋前期旧例，武臣的磨勘等问题属于枢密院管辖，审官西院的设置侵犯了枢密院的权力，加之此次讨论设立新机构的会议未让作为执政官的枢密使参与其中，[③] 所以设立审官西院的决议遭到枢密使文彦博的强烈反对，王安石与韩绛同时对文彦博进行了反驳。此次论争引起了不小的风波，除了上述原因外，又因同知审官西院韩缜既是王安石同年又是韩绛之弟，所以当时多数官员认为王安石与韩绛共谋设置审官西院是为了压制文彦博。但事实并非如此，当时大使臣的磨勘差遣等属于枢密院，因其磨勘等无先后名次，没有一定规则，时人已“颇患其不平”[④]，设置审官西院正是为了纠正武臣磨勘无规则的缺点。在王安石和韩绛的共同努力下，审官西院最终得以设置。

---

① 任命李定事件过程史料出自李焘:《长编》卷 210，熙宁三年四月辛巳，第 5105 页；卷 211，熙宁三年五月辛卯、乙未、癸卯，第 5119、5120-5121、5123—5124 页。

② 李焘:《长编》卷 210，熙宁三年五月丁巳，北京：中华书局，2004 年，第 5126 页。

③ 韩绛已于熙宁三年四月由枢密副使转为参知政事，位列中书。见李焘:《长编》卷 210，熙宁三年四月己卯，北京：中华书局，2004 年，第 5210 页。

④ 设置审官西院事见李焘:《长编》卷 211，熙宁三年五月丁巳，北京：中华书局，2004 年，第 5138—5139 页。

其三，协力处理陕西军事。

熙宁三年，西夏入侵庆州等地，陕西告急，宋神宗欲遣一大臣前往陕西处理军政，在人选问题上出现了以下一幕：绛奏以夏人寇庆州，陕西用兵，请出使。王安石曰："臣于边事未尝更历，宜往。"上亦欲用安石，乃曰："王安石未尝行边，今可出使也。"绛以为朝廷方赖安石，不宜往。安石曰："朝廷所赖独韩绛尔。"……然上卒遣绛，仍赐绛诏：'如有机事不可待奏报，听便宜施行。'"[①] 此时已为参知政事的韩绛上奏宋神宗请求出使陕西，王安石也以未曾经历边事为由请求出使，但韩绛以为王安石此时正是宋神宗所依赖之人，不应该离开朝廷前往陕西。二人争相出使陕西，各以对方为朝廷变法所赖的中流砥柱，争论的最终结果是以韩绛为陕西路宣抚使前往陕西处理西北边事，当年十二月又于军中拜相。在韩绛临行前，王安石请求宋神宗赋予韩绛便宜从事之权，将陕西事全权委托给韩绛。[②] 在上述事件中，王安石与韩绛为了西部边事争相出使军事前线，而各以对方为朝廷依赖中流砥柱为由，欲留对方于中书。后来韩绛前往陕西，王安石又奏请宋神宗赋予韩绛大权，足见王安石对韩绛的信任和韩绛对王安石的尊崇。另外，值得注意的是韩绛与宋神宗之间的对话，韩绛言："有未尽事当以私书抵安石，宜令安石在中书为表里。"韩绛此言更能体现出此时二人之间的通力合作。

熙宁三年十月，提点河东路刑狱、屯田员外郎韩铎改任陕西路。韩铎乃韩绛举荐，这一举荐发生于韩绛出使陕西之前，[③] 韩绛之意是想让韩铎为河东路转运使，但王安石认为韩铎处事乖张，对此提出反对意见，宋神宗听取了王安石的建议，并未任命韩铎为河东路转运使，只是

---

① 李焘：《长编》卷215，熙宁三年九月乙未，北京：中华书局，2004年，第5236—5237页。

② 徐自明撰，王瑞来校补：《宋宰辅编年录校补》卷7，北京：中华书局，1986年，第429页。

③ 刘成国：《王安石年谱长编》卷4，北京：中华书局，2018年，第1161页。

在韩绛出使后将韩铎调往陕西任陕西路提点刑狱。[1] 熙宁四年（1071 年）二月，宰相韩绛再次上奏宋神宗乞用韩铎为河东路转运使，对此宋神宗召集大臣议论，宋神宗认为韩铎性格暴刻，而河东地区新经疮痍，不可用韩铎。文彦博提出："韩绛要铎了边事，今不用铎用他人，恐败事。"王安石与冯京皆认为韩铎不可担任此职。在经过议论分析之后，宋神宗以为暂时没有合适人选出任河东路转运使，只能暂且任用韩铎，并向王安石征求意见，这次王安石对此无异议，支持韩绛的请求，最后宋神宗下诏任命陕西路提点刑狱韩铎为河东路转运使。[2] 从韩铎为河东路转运使的任命历程中可以看出，王安石第一次对韩绛的提议持反对意见，原因是认为韩铎人品不佳，不能堪当转运使大任，并不是因为王安石与韩绛二人政见不合。第二次支持韩绛的提议，可能的原因有二：一是因为为了配合韩绛工作，没有其他合适人员可以担任河东路转运使。二是因为熙宁四年时，变法事业面临更多的困难，局面相当严峻，在此背景下，王安石必须支持韩绛（在不违背变法精神的前提下），以防止变法阵营的削弱。

此事发生不久，王安石在处理陕西荒堆寨事件中再次支持韩绛，此事的具体经过是：先是，韩绛奏河外所修荒堆寨，久远不可守，已令废拆，且抽兵回，而大防独不肯，绛因使大防以便宜往相视，大防又迁延麟州不即往。大风雨，役人暴露，终夜叫号，河外官皆以为言。王安石白上曰："朝廷便宜只付韩绛，岂可转付大防？欲戒大防，凡事当申宣抚司，毋得径行。荒堆寨乞令毁拆，如宣抚使指挥。"上疑大防方往相视。安石曰："若不决然可弃，绛岂肯如此？不须俟大防报也！"上既手札谕大防，乃降是诏。[3] 王安石认为，朝廷既然赋予了韩绛便宜行事

① 李焘:《长编》卷 216，熙宁三年十月甲戌，北京：中华书局，2004 年，第 5256 页。

② 李焘:《长编》卷 220，熙宁四年二月壬戌，北京：中华书局，2004 年，第 5342 页。

③ 李焘:《长编》卷 221，熙宁四年三月庚寅，北京：中华书局，2004 年，第 5372—5373 页。

之权，就应该全力支持韩绛，不应该再让吕大防“以便宜往相视”。再者韩绛认为河外所修荒堆寨因年久失修，不应在此派兵继续驻守，应该拆除放弃，而吕大防不同意韩绛的看法。在王安石看来，如果荒堆寨真的不应该放弃，那么韩绛肯定会派兵继续在此驻守，怎么还会等到吕大防上报不应该放弃荒堆寨呢?

可见，在处理陕西事务上，王安石与韩绛始终处于同一战线，二人为变法事业共同进退。但尽管有王安石的支持，韩绛因军事不太熟悉，最终导致庆州兵变，韩绛也因此罢相知邓州。①

举荐韩绛为相。

韩绛第一次罢相后相继知邓州、许州、大名府，在地方上仍继续施行朝廷的变法措施，此间与王安石并无书信往来，但这并不意味着二人已经遗忘彼此。熙宁七年四月，因种种原因，王安石罢相知江宁府，变法事业面临破产。面对此种局面，王安石向宋神宗举荐自己的同年韩绛出任宰相，继续主持变法。宋神宗接纳了王安石的建议，下诏命韩绛依前官平章事、监修国史，但此时韩绛并不在京城，而是正以观文殿大学士、吏部侍郎衔知大名府，宋神宗立即遣御药院刘有方持诏书前往大名诏韩绛赴阙任相。在韩绛还未到京师之前已上奏宋神宗，请求皇帝能够挽留王安石，并希望能和王安石在京城相见，宋神宗将韩绛的请求以手诏的形式下发给王安石：“韩绛肯欲得一见卿，意者有所咨议，卿可为朕详语以方今人情政事之所宜急者。”② 希望王安石能够将下一步的变法政策交代给韩绛，以保证韩绛能够继续按照王安石的规划实行变法。韩绛的请求不仅反映出韩绛全力变法事业，还折射出二人的深厚友谊和共同的政治理想，韩绛也因此被称为“传法沙门”。③

---

① 关于庆州兵变的原因，详见于李华瑞:《庆州兵变与王安石变法》,《河北大学学报》, 1990 年增刊，第 S1 期。

② 李焘:《长编》卷 252，熙宁七年四月丙戌，北京：中华书局，2004 年，第 6170 页。

③ 脱脱等著:《宋史》卷 327《王安石传》，北京：中华书局，1997 年，第 10548 页。

在知江宁府任上，王安石继续留心变法事业的进程，曾致书参知政事吕惠卿谈及给田募役法不切合实际，[1] 韩绛同样不主张实行给田募役法。任官江宁期间的王安石曾举荐韩绛子侄，据《长编》记载："光禄寺丞韩宗古为馆阁校勘。宗古，绛从子也，以王安石荐召对，故命之。"[2] 可知韩绛从子韩宗古能够任馆阁校勘得到了王安石的举荐。韩绛的另一位侄子韩宗厚，字敦夫，韩绪之子，在知江宁府上元县主簿期间，大兴水利，变污莱为良田千余顷，又创堰闸，旱涝保收，百姓大获其利，时"丞相王文公为守，上其状于朝，以劳应格，特转光禄寺丞。"[3] 此时王安石正知江宁，[4] 韩宗厚因治理上元县有功于民，王安石特将其治状上奏朝廷。

王安石与王珪的交往与合作。

王安石与王珪二人初识于扬州任上。至宋仁宗嘉祐年间，二人同任职于京师。此时王安石的声望正与日俱增，其交游的广度和深度正在扩大，上至宰辅大臣，下至布衣百姓，但唯独少见其与王珪的交往记载，有关二人交往记载较多的是熙宁变法时期。虽然如此，但从下面一则史料中可以窥见熙宁变法前王安石与王珪的私人关系，据《清波杂志》载："辉尝见父友许志康宦论太素脉，谓可卜人之休咎。因及治平中，京师医僧智缘为王荆公诊脉，言当有子登科甲之喜。时王禹玉在座，深不然之。明年，雱果登第。缘自矜语验，诣公乞文以为宠，公为书曰：妙应大师智缘，诊父之脉，而知其子有成名之喜。翰林王承旨疑古无

① 刘成国：《王安石年谱长编》卷 6，北京：中华书局，2018 年，第 1757 页。

② 李焘：《长编》254，熙宁七年七月壬寅，北京：中华书局，2004 年，第 6219 页。

③ 王昶辑：《金石萃编》卷 142《宋故承议郎充庆成军使兼知河中府荣河县及管内劝农事骁骑尉赐绯鱼袋韩府君墓志铭》，北京：中国书店，1985 年影印。

④ 王安石共三次知江宁府：第一次是治平四年闰三月至熙宁元年，第二次是熙宁七年四月王安石第一次罢相至熙宁八年二月复相，第三次是熙宁九年十月王安石第二次罢相至元祐元年，据《韩宗厚墓志铭》："丞相王文公为守，上其状于朝……既辅政，同时预丈席者多被荐擢，屡欲用君，而辄龃龉不谐。"可知此次上韩宗厚治状于朝是王安石第二次知江宁府期间。

此，缘曰：‘昔秦医和诊晋侯之脉，知其良臣将死。夫良臣之命，尚于晋侯脉息见之，因父知子，又何怪乎？’所书大略如此。”[①] 此史料中涉及的人物有王安石、王珪、医僧智缘、王雱，时间是治平中，地点是京师。史料中提及王雱的登第时间，据《宋登科记考》载王雱登治平四年（1064）进士第，[②] 所以史料中的事应发生于治平三年，但此年王安石正居江宁讲学，不可能在京师，所以此事记载有误，但记载者将王珪作为这件诊脉小事的参与者可以看出当时人们认为王安石与王珪私交甚密。

既然同年之间情如兄弟，那么也就爱屋及乌，将照顾同年的亲人视为理所应当的事情。治平四年十一月，即位不久的宋神宗“诏令内外文武官各举有材德行能者”，[③] 群臣应诏荐举人才，其中王安国受到王珪荐举，王珪在《举王安国奏状》中明言：“应茂才异等科王安国，翰林学士安石之弟，行义纯茂，而学足以明先王之道。”[④] 王安国能够为王珪所熟知，必然得益于其兄王安石，所以奏状中交代王安国乃王安石之弟，不仅是向宋神宗表达王安国乃宋神宗仰慕已久的王安石之弟，其学行才茂受到王安石的影响，实为宋神宗渴求之人才；而且暗含了王珪荐举之人乃同年友之弟，暗示王安国获举不仅是因其才学高异，还有举主与其兄有同年之谊的原因。除了王珪之外，王安国还得到王安石的另一位同年韩绛的举荐，《太平治迹统类》云：“安国，安石弟也，于书无所不读，数举进士，试礼部辄不中，又举茂材异等。有司考其策为第一，以母丧罢。上即位，翰林承旨王珪首荐之，绛、亢以所著《序言》进。手诏称美。”[⑤] 史料中的绛、亢是指韩绛、邵亢，可见同年之间的相善不仅

① 周辉撰，刘永翔校注:《清波杂志校注》卷12《太素脉》，北京：中华书局，1994年，第83页。

② 傅璇琮主编，龚延明、祖慧编纂:《宋登科记考》卷5，南京：江苏教育出版社，2009年，第285页。

③ 脱脱等著:《宋史》卷14《神宗一》，北京：中华书局，1997年，第267页。

④ 王珪:《华阳集》卷7《举王安国奏状》，北京：中华书局，1985年，第75页。

⑤ 彭百川:《太平治迹统类》卷13《神宗任用安石》，南京：江苏广陵古籍刻印社，1982年，第10册，第5页。

有利于各自仕途的发展，还会影响到同年子弟的仕途。

随着熙宁时期王安石进入北宋的权力中心，其与王珪的关系变得似乎若即若离起来。王珪也并非人们认为的那样“王珪奴事安石，犹惧不可。”[①]而是以自己的为人处世方式来处理与这位性格执拗的同年之间的关系。

熙宁三年十二月，王安石与韩绛同时拜相，王安石的拜相制书由时为翰林学士的王珪起草，制文中称赞王安石“良心不外，德性攸尊，至学穷于圣人，贵名薄于天下。不以荣辱是非易其介，不以安危利害辞其难。”[②]制书起草完成后王珪拜为参知政事，出现了“一时同榜用三人”的盛况。[③]王安石拜相后，王珪有启祝贺，王安石作《回谢王参政启》《回王参政免启》给以回复，回谢启中称赞王珪“秉哲在躬，推仁及物。”[④]又称“冀回操以就工，遂协谋而许国。”[⑤]希望自己能够同年友王珪协谋为国，共担变法大业。

熙宁八年二月，王安石第二次任相，鉴于宋神宗对新法的态度发生了变化，加之爱子王雱病卒，王安石已无心政事，多次上章请求解除机务，宋神宗皆未允，于是王安石致书同年友王珪，请求他能在宋神宗面前曲为开谕。在信中他向王珪道出心中之言：“自念行不足以悦众，而怨怒实积于亲贵之尤；智不足以知人，而险陂常出于交游之厚”[⑥]，悔恨

---

① 李焘：《长编》卷237，熙宁五年八月癸卯，北京：中华书局，2004年，第5779页。

② 王珪：《华阳集》卷26《王安石授金紫光禄大夫礼部侍郎同中书门下平章事监修国史进封开国公加封邑功臣制》，北京：中华书局，1985年，第330页。

③ 王安石著，李壁笺注，高克勤点校：《王荆文公诗笺注》卷44《题中书壁》，上海：上海古籍出版社，2010年，第1161页。

④ 王水照主编：《王安石全集》卷79《回谢王参政启》，上海：复旦大学出版社，2016年，第1401页。

⑤ 王水照主编：《王安石全集》卷79《回王参政免启》，上海：复旦大学出版社，2016年，第1405页。

⑥ 王水照主编：《王安石全集》卷74《与参政王禹玉书》，上海：复旦大学出版社，2016年，第1314页。

自己缺乏识人之明，此时所求唯有解除机务，而自己能否达到心愿“所恃在明公一言”[①]，表明王安石对王珪的信赖与殷切盼望之情。

熙宁年间的王安石与王珪除了在政事上的合作之外，还有相互的戏谑唱和。熙宁时期王安石与同年王珪同供职于中书，二人交往更加便利，关系更为密切，常常于朝堂之上论事唱和。《墨客挥犀》载：“荆公、禹玉，熙宁中同在相府。一日，同侍朝，忽有虱自荆公襦领而上，直缘其须。上顾之笑，公不自知也。朝退，禹玉指以告公，公命从者去之，禹玉曰：‘未可轻去。辄献一言，以颂虱之功。’公曰：‘如何？’禹玉笑而应曰：‘屡游相须，曾经御览。’荆公亦为之解颐。”[②] 王珪戏谑安石，王安石不仅没有恼怒反而“为之解颐”，足见二人私交甚密。熙宁六年（1073 年）十月，熙和大捷，宰臣王安石与蔡挺、王珪、元绛等唱和，祝贺熙和大捷。王安石作《和蔡副枢贺平戎庆捷》《次韵元厚之平戎庆捷》二诗，[③] 王珪作《依韵和蔡枢密岷恢复部落迎降》[④] 诗，诗中兴奋之情溢于言表。熙宁七年正月，王安石与吴充、王珪等赴资政殿听读《诗》义，三人有感而发，王安石作《次韵吴冲卿听读诗义感事韵》，[⑤] 王珪同和《依韵和吴枢密上王相公同召赴资政殿听读诗义感事》[⑥]，同僚之情、同年之谊通过诗歌唱和的形式表达出来。

---

① 王水照主编:《王安石全集》卷 74《与参政王禹玉书》，上海：复旦大学出版社，2016 年，第 1314 页。

② 彭乘撰，孔凡礼点校:《墨客挥犀》卷 4，北京：中华书局，2002 年，第 34 页。

③ 王安石著，李壁笺注，高克勤点校:《王荆文公诗笺注》卷 28《和蔡副枢贺平戎庆捷》《次韵元厚之平戎庆捷》，上海：上海古籍出版社，2010 年，第 689、692 页。

④ 王珪:《华阳集》卷 5《依韵和蔡枢密岷洮恢复部落迎降》，北京：中华书局，1985 年，第 43 页。此诗误入王安石著，李壁笺注，高克勤点校:《王荆文公诗笺注》卷 37《次韵王禹玉平戎庆捷》，上海：上海古籍出版社，2010 年，第 97 页。

⑤《王荆文公诗笺注》卷 28《次韵吴冲卿听读诗义感事韵》，上海：上海古籍出版社，2010 年，第 683 页。《王安石全集》卷 18 作《次韵吴冲卿召赴资政殿听读诗义感事》，上海：复旦大学出版社，2016 年，第 406 页。《王安石诗系年初稿》系此诗于熙宁八年，刘成国先生已考其谬误，详见刘成国:《王安石年谱长编》卷 6，北京：中华书局，2018 年，第 1699 页。

⑥ 王珪:《华阳集》卷 4《依韵和吴枢密上王相公同召赴资政殿听读诗义感事》，北京：中华书局，1985 年，第 37 页。

在提及王安石与苏颂的关系时首当提及的是“熙宁三舍人”事件。此事件中二人的关系看似水火不容，实则不然。在熙宁时期苏颂曾为王安石洗刷了不白之冤，《宋史·吕诲传》载：“著作佐郎章辟光上言，岐王颢宜迁居外邸。皇太后怒，帝令治其离间之罪。安石谓无罪。（吕）诲请下辟光吏，不从，遂上疏劾安石曰：‘……辟光之谋，本安石及吕惠卿所导……’诲求去，帝谓曾公亮曰：‘若出诲，恐安石不自安。’安石曰：‘臣以身许国，陛下处之有义，臣何敢以形迹自嫌，苟为去就。’乃出诲知邓州。苏颂当制，公亮谓之曰：‘辟光治平四年上书时，安石在金陵，惠卿监杭州酒税，安得而教之？’故制词云：‘党小人交谮之言，肆罔上无根之语。’制出，帝以咎颂，以公亮之言告，乃知辟光治平时自言他事，非此也。”[①] 从这一史料中即不难看出，苏颂与王安石之间并非你死我活的敌党关系。

熙宁二年，王安石任参知政事，开始实行变法，不久苏颂判司农事。[②] 司农寺在北宋前期属于闲职机构，而在熙宁变法时，司农寺逐渐成为主要的行政机构。在变法前期：“诏天下贷粮，近已与除，破闻尚有远年，倚阁蚕盐麦种，至今依旧催纳，可令司农寺契勘并与蠲免。”[③] 在制置三司条例司罢废后，司农寺成为变法的领导机构。变法前期苏颂担任判司农事一职，足见王安石对苏颂的信任，这也是王安石在变法前期援引同年的有力佐证。

三、市易法实行基于同年沈起、韩缜的调查

市易法是熙宁变法中的一项重要措施，正式公布实施于熙宁五年三月，与其他变法措施实施过程不同，市易法的实施形式是自下而上，其

① 脱脱等著：《宋史》卷321《吕诲传》，北京：中华书局，1997年，第10430—10431页。

② 苏颂撰，王同策等点校：《苏魏公文集》附录二《赠司空苏公墓志铭》，北京：中华书局，1988年，第1193页。

③ 李焘：《长编》卷230，熙宁五年二月丁巳，北京：中华书局，2004年，第5591页。

肇始于熙宁三年王韶的提议，所以对王安石而言王韶是关系到市易法试点成败的关键人物，换言之，有王韶则市易法成，无王韶则市易法不成。为了保证王韶能够在陕西施行市易法，王安石做出了极大努力，在这期间王安石与同年沈起、韩缜起到了重要作用。

熙宁三年二月，时为秦凤经略司主管机宜文字王韶上奏："渭源城下至秦川……欲每岁常于秦州和籴场预价钱三五万贯作本价，择田之膏腴者，量地一顷约用钱三十千，岁收不下三百硕。"① 又言："沿边州郡惟秦凤一路与西蕃诸国连接……欲于本路置市易司，借官钱为本，稍笼商贾之利，即一岁之入亦不下一二十万贯。"② 王韶所言有两件事：一是提议在秦凤路设立市易司；一是开垦沿河荒地。此提议首先得到经略使李师中的赞同，上奏朝廷后参知政事王安石与宋神宗经过分析后也赞同这一提议，于是宋神宗下诏令王韶提举番部兼营田、市易事。此时的市易司设置于秦州，后来王韶进京召对，提议将市易司移至古渭城，宋神宗许之。但经略使李师中得知后提出反对，上奏云："移市易司于古渭寨，臣恐自此秦州益多事，所得不补所失"，不仅反对市易司位置的移动，又弹劾王韶所言荒田事不实，此奏引起了宋神宗的注意，为了弄清事实，宋神宗诏遣权开封府判官王克臣、内侍押班李若愚前往陕西调查，经过按察王克臣、李若愚得出的结论是王韶所奏闲田事不实，并言在古渭寨置市易司不便。③

王安石看到此结果后恐王韶获罪，市易司之事也随之破产，于是上言宋神宗："若愚在广西素与师中善，所奏不能实。"认为李若愚所奏不实，希望再次派人前往调查。究竟派何人前去，在王安石看来已除为陕

① 徐松辑，刁忠民等校点：《宋会要辑稿·食货》1之29，上海：上海古籍出版社，2014年，第5959页。

② 徐松辑，刁忠民等校点：《宋会要辑稿·食货》55之31，上海：上海古籍出版社，2014年，第7269页。

③ 李焘：《长编》卷212，熙宁三年六月丁卯，北京：中华书局，2004年，第5147页。

西路都转运使的沈起是最佳人选，此提议得到同年韩绛的赞同，于是熙宁三年七月宋神宗“诏陕西转运司详度市易司于古渭寨利害以闻。”也即是“令（沈）起往别行体究”。[1]关于此次事件的本末，王安石曾自叙道：“初，王韶言沿渭地，李师中先与韶合，既而为大臣所讽，遂极力沮韶，奏以为全无荒地。朝廷下李若愚等体量，令窦舜卿打量，乃云止有一顷有余……事既无效，而师中、宝前后奏事诬罔不一，朝廷又令沈起往案问，并根究韶田事。起奏，具得师中、宝欺罔事，惟田事欲须后日进呈。”[2]

从王安石的自叙中可知，沈起到达陕西经过调查后，结果是“具得师中、宝欺罔事，惟田事欲须后日进呈。”先调查的是在古渭寨设立市易司的利弊问题，得出的结论是李师中前分析市易司事欺罔，反言之即是市易司移至古渭寨有利。这正是王安石希望的结果。最终在王安石的坚持下在当年“置秦凤市易司于古渭城”[3]，古渭城市易司成了后来推行市易法的一个先期试点。

以上是王韶提议在古渭城设置市易司事有了所期望的结果。而对于另一件开垦荒地的事还未有头绪。后经沈起调查，于熙宁三年十月上奏道：“韶所说荒地，不见的实处，虽实有之，然于今未可检踏召人耕种，恐西蕃诸族见如此兴置……俟招安诸蕃各已信服，人情通顺，然后为之未晚。”[4]这一结果按王安石所言为“沈起自奏以为恐引惹边事，未可打量田地”[5]，反对在古渭寨设置市易司的文彦博等人面对沈起这样的调查结果并不满意，因为沈起在调查王韶事奏闲田事时给出了两面回答，所

① 李焘：《长编》卷 213，熙宁三年七月己亥，北京：中华书局，2004 年，第 5176 页。

② 李焘：《长编》卷 224，熙宁四年六月丙子，北京：中华书局，2004 年，第 5458 页。

③ 马端临撰，上海师范大学古籍研究所等点校：《文献通考》卷 20《市籴考》，北京：中华书局，2011 年，第 580 页。

④ 李焘：《长编》卷 216，熙宁三年十月己卯，北京：中华书局，2004 年，第 5261—5262 页。

⑤ 李焘：《长编》卷 224，熙宁四年六月丙子，北京：中华书局，2004 年，第 5460 页。

以文彦博曰："沈起善顾望，岂肯根究王韶罪状？"在沈起的两面回答与文彦博的质疑下，宋神宗也怀疑王韶所奏闲田事不实，不久有旨令知秦州韩缜打量。

据《长编》载：缜言："缘渭果有荒田四千余顷。"上曰："……如窦舜卿言王韶所奏地只有一顷，当时朝廷以为必无此地。今韩缜打量，乃有四千余顷，舜卿尚言今打量地必非王韶所指处。"文彦博、冯京亦皆以缜所言非实。神宗曰："边臣各自用己爱恶利害非有所忌惮。韩缜所以打量出地者，以与窦舜卿不相能故也，其他事即不肯如此尽力。"王安石即指图所载，且言："韩缜专沮坏王韶，于奏报中陛下自可见，无缘于此荒田乃肯与韶比而为欺罔。陛下尝记御史所以攻韶否？乃是陈升之、冯京谕谢景温言沈起将甘谷城地妄作沿渭地，欲盖王韶罪……景温对臣与冯京言：是集贤相公与参政、谏议说如是。"上以韶为无罪，令复其官。[①]

前述文字传达出三个信息：一是宋神宗认为韩缜所奏中带有个人恩怨，同样认为身为边臣的窦舜卿、沈起等所奏有关荒地事皆有私心。二是韩缜与王韶政见不合，韩缜无庇护王韶之理，所以韩缜所奏当属实。三是先前御史谢景温攻击沈起所奏王韶事的理由不实，所以王韶所奏荒地事不虚。

综合以上三个信息，宋神宗认为王韶所奏荒地事属实，最终的结果是王韶恢复了原先被罢免的官职。在这一过程中，知秦州韩缜的作用至关重要。

在这里交代一下韩缜知秦州的原因，熙宁三年七月知秦州，因为前知秦州窦舜钦与李若愚合力排斥王韶。王安石上奏宋神宗将窦舜卿调离秦州。宋神宗接到奏报后打算让韩缜知秦州，王安石以为韩缜兄韩绛正在陕西用兵，此任命恐会引起大臣反对。此时文彦博以为用韩缜比较合

① 李焘：《长编》卷224，熙宁四年六月丙子，北京：中华书局，2004年，第5459—5460页。

适，王安石便也支持文彦博的建议。于是命韩缜为天章阁待制、知秦州，代替窦舜卿。可见在任命韩缜知秦州的过程中，王安石起了一定作用，不过王安石的最终意图是为了保护王韶。

韩缜调查此事在《宋史·王韶传》中被记载为：“王安石主韶议……安石又为罢舜卿而命韩缜，缜遂附会实其事，师中、舜卿皆坐谪，而韶为太子中允、秘阁校理。”[①] 按其记载韩缜乃是为了迎合王安石附会其事。

但经过上面的分析可以看出，韩缜调查此事过程中绝无包庇王韶之理。另外已有学者论述王韶所言闲田确有其地。[②]

总之，市易法所以能够顺利形成试点，王安石的同年沈起、韩缜在其中起到了很大作用。

四、王安石与吕公著、陈襄等人的分道扬镳

有言曰：主观上的愿望往往不一定会达到客观的效果。王安石即是。熙宁变法初期王安石设定的依靠同年关系进行变革的愿望随着变法之事的深入逐渐发生了变异。他的同年中有些由变法的支持者变成了反对者。他们中比较有代表性的有吕公著、陈襄、苏颂等。

吕公著，字晦叔，寿州人，吕夷简第三子，宋仁宗时以父荫补奉礼郎，后登庆历二年进士榜，初召试馆职，不就，遂通判颍州，与郡守欧阳修为讲学之友。后判吏部南曹，除崇文院检讨、同判太常寺，进知制诰，三辞不拜。宋英宗时加龙图阁直学士。宋神宗时任翰林学士、知开封府，熙宁二年为御史中丞，因反对变法出知地方。后起知河阳，提举中太一宫，迁翰林学士承旨，改端明殿学士、知审官院，不久，同知枢密院事。元丰五年（1082 年）以疾去位，除资政殿学士、定州安抚使。宋哲宗即位，以侍读还朝，拜尚书左丞、门下侍郎。元祐元年（1086

---

① 脱脱等著：《宋史》卷 328《王韶传》，北京：中华书局，1997 年，第 10580 页。

② 参见崔玉谦：《熙宁初年甘谷城垦田争议考述》，《西夏学》，2014 年第 9 辑。

年），拜尚书右仆射兼中书侍郎，三年，拜司空、同平章军国事，四年二月薨，享年七十二，赠太师、申国公，谥正献。[①]

嘉祐时期王安石与吕公著过从甚密，二人的关系持续升温，即使出现了一些小的矛盾，总体上没有影响到他们的交往。在王安石与吕公著关系出现嫌隙之前，也即熙宁二年九月之前，他们之间关系异常密切，这在后来宋神宗与司马光的一段对话中可以一目了然地得到解释。司马光云："臣善安石，岂如吕公著。"宋神宗也云："安石与公著如胶漆。"[②]然而物极必反，这是世间万事万物不变的法则，王安石与吕公著的关系在经历了"蜜月期"后逐渐出现了嫌隙，导致二人相睽，乃至形同陌路。

熙宁二年二月，王安石为参知政事，同时设立条例司作为主持变法的机构，由王安石与知枢密院陈升之兼领。十月，陈升之拜集贤相，此时对条例司的人事安排出现了问题。时为御史中丞的吕公著认为条例司"本出权宜，名分不正，终不能厌塞舆论"，于是连上两章请求撤销条例司这一新设机构，[③]但宋神宗没有采用吕公著的建议，而是依从王安石的建议，任命枢密副使韩绛同领条例司，继续设置此机构领导变法。此时二人因对条例司事出现相左的意见，表明二人此时的关系已经出现嫌隙。

而真正让王、吕二人决裂的是熙宁三年吕公著连续上章反对青苗法的实施。熙宁二年九月，朝廷开始施行青苗法，并派遣提举官到地方上指导新法的实施。[④]随着青苗法的实施，其弊端不断显露出来。熙宁三

① 吕公著生平来自《宋史·吕公著传》，《名臣碑传琬琰集》下集卷10《吕正献公公著传》，《长编》等史料。

② 李焘：《长编》卷214，熙宁三年八月乙丑，北京：中华书局，2004年，第5201页。

③ 赵汝愚编，北京大学中国中古史研究中心校点整理：《宋朝诸臣奏议》卷110《上神宗乞罢制置三司条例司》，上海：上海古籍出版社，1999年，第1192、1193页。

④ 徐松辑，刁忠民等校点：《宋会要辑稿·食货》4之17，上海：上海古籍出版社，2014年，第6042页。

年，御史中丞吕公著连续发难，多次上奏请求罢去青苗法和罢去各地提举官，其中云："自古有为之君，未有失人心而能图治，亦未有能胁之以威、胜之以辩而能得人心者也。昔日之所谓贤者，今皆以此举为非，而生议者一切诋为流俗浮论，岂昔皆贤而今皆不肖乎？"王安石对此的态度是"怒其深切"，两人的同年兄弟情谊彻底决裂。因为此举吕公著于熙宁三年四月被罢去御史中丞一职。[①] 按宋朝惯例，官员被罢时要有一道制词，吕公著的这次制词言语相当激烈："御史中丞吕公著，比大臣之抗章，因便坐之与对，乃诬方镇有除恶之谋，深骇予闻，乖事理之实，可翰林侍读学士、知颍州。"[②] 其中"诬方镇有除恶之谋"是说吕公著曾有"将兴晋阳之甲以清君侧"之语，意为号召韩琦带兵入朝除去王安石，但"诬方镇有除恶之谋"之语在王安石《时政记》与司马光《日记》中所记不同[③]，所以吕公著是否有这样的说法，仍待详考。不过，据《吕公著家传》载："(熙宁)三年二月，公自贡院遂论青苗钱法，前后章十数上，不见从。即王奏乞解宪职，再上章待罪。然神宗待公素厚，初无谴怒意，顾公言愈切，乃谕执政，听解言职。四月五日，除翰林学士兼侍讲学士、宝文阁学士。"[④] 按其《家传》所言，吕公著被罢御史中丞完全是王安石使然，但这也不能完全使人信服。无论吕公著是否有"将兴晋阳之甲以清君侧"之言，总之，吕公著反对青苗法是导致二人关系破裂的直接原因，二人最终因变法事业而关系决裂，几乎形同陌路。

在吕公著被罢御史中丞后，王安石举荐了"嘉祐四友"中的另一人韩维出任御史中丞。但因为当时韩绛为同制置三司条例，韩绛与韩维是

① 脱脱等著:《宋史》卷336《吕公著传》，北京：中华书局，1997年，第10774页。

② 杨仲良撰，李之亮点校:《皇宋通鉴长编纪事本末》，哈尔滨：黑龙江出版社，2006年，第122页。

③ 李焘:《长编》卷210，熙宁三年四月戊辰，北京：中华书局，2004年，第5099页。

④ 李幼武:《三朝名臣言行录》卷8《丞相申国吕正献》，上海：商务印书馆，1936年。

兄弟关系，宰相曾公亮等人认为如果以韩维为御史中丞的话必然招致非议，韩绛也认为这样任命不妥，最后以韩维权知开封府，冯京权御史中丞。①

自吕公著离开京师后，昔日的同年好友再也无缘相见。据赵善璙《自警编》载："初，王安石与吕正献公晦叔善。及秉政，为人所间，怒公甚，晚稍悔悟。及退居金陵既久，闻公至扬州，数寄声，欲就见。安石未用时，以兄礼事公甚谨。自熙宁后，间一通庆吊，皆书吏以公函答。至是以亲书，复称兄。然公未久即召赴，竟不果来见"。②

元丰六年十一月，宋神宗应吕公著之请将其调往扬州，元丰八年三月，宋神宗病卒，在弥留之际将吕公著调回中央。在扬州一年有余。在此期间王安石数次亲书寄声欲见同年兄吕公著，无奈直到吕公著还朝二公也未能相见。此事又见于吕公著后人吕祖谦的《东莱集》中："平生交友，如王荆公、刘侍读、曾舍人，屈指不满十。虽中间以国论，与荆公异同，元丰末守广陵，钟山犹有书来，甚惓惓，且有绝江款郡斋之约，会公召归乃止。已尔自讲筵还政路，遂相元祐。"③

在王安石看来，他与友人之间的关系之所以由亲至疏其根源就在于"皆因国事相绝"。这其中当然包括他与同年之间的关系。但遗憾的是王安石殷切盼望能够和好的同年吕公著在王安石临死前也没有完成这一愿望。

陈襄作为北宋著名的士人，其在思想和政治上皆有一定造诣。据《宋元学案》记载："宋仁之世，安定先生起于南，泰山先生起于北……闽海古灵先生于安定盖稍后，其孜孜讲道，则与之相埒。安定之门，先

① 李焘：《长编》卷210，熙宁三年四月丁丑，北京：中华书局，2004年，第5099页。

② 赵善璙撰，程郁整理：《自警编》，《全宋笔记（第七编）》，郑州：大象出版社，2016年，第469页。

③ 吕祖谦：《东莱集》卷7《题伯祖紫薇翁与曾信道手简单后》，影印文渊阁四库全书，第1150—1164页。

后至一千七百余弟子，泰山弗逮也，而古灵亦过千人。”[①] 史料中的安定先生、泰山先生分别为胡瑗与孙复，将陈襄与被称为“宋初三先生”中的胡瑗、孙复相提并论，可见陈襄在学术思想上的造诣之高，其学说为宋学的发展奠定了一定基础。

陈襄在政治上的表现则与熙宁变法紧紧联系在了一起。四库馆臣在《古灵集》提要中写道：“其生平最可传者，一在熙宁中弹劾王安石并极论新法，反复陈奏，若目睹后来之弊，其文今具载集中。”[②]

熙宁二年，各项新法措施陆续出台，知谏院陈襄认为变法措施有违仁义，于是上书《论三司条例乞行均输法札子》，[③] 接着又有《论王安石劄子》，其中云：“王安石者，道德之臣，经艺明诚，足以开导人主，不当责以有司财利之事。近置条例一司，失于过听。事不由于宰府，谋不及于士民，耆艾不与闻，台谏不得议，所建议者，惟门生属吏而已。”[④] 陈襄依旧推崇王安石的才学，认为他是道德之臣，足以为帝师，不应该过问本应该属于有关机构负责的财利之事。同时认为条例司的运行有违正常的行政程序，王安石未能广泛听取建议，受到了条例司属吏的蒙蔽。上文中的“所建议者，惟门生属吏而已”中的门生故吏主要是指吕惠卿，与吕公著的看法一致，陈襄也认为误神宗者，王安石；误王安石者，吕惠卿也。可见陈襄对于王安石的人格还是相当认同，王安石出现失误的原因主要在于偏听吕惠卿，未能做到兼听其他人的意见或建议。

熙宁二年九月，随着青苗法的实施，各种弊端层出不穷。鉴于此，陈襄于熙宁三年连上《论散青苗不便乞住支状》《论青苗钱第二状》《论

① 黄宗羲著，全望祖补修：《宋元学案》，北京：中华书局，1986 年，第 228 页。

② 永榕等撰：《四库全书总目》卷 152《古灵集》，影印文渊阁四库全书本，第 1313 页。

③ 陈襄：《古灵先生文集》卷 18《论三司条例乞行均输法札子》，《宋集珍本丛刊》，第 793—794 页。

④ 陈襄：《古灵先生文集》卷 18《论王安石札子》，《宋集珍本丛刊》，第 794—795 页。

青苗钱第三状》《论青苗钱第四状》《论青苗钱第五状》[①] 等五篇奏疏论述青苗法的不当。在第五状中云："如臣等之言非，则甘从远窜，以戒妄言；如臣等之言是，则安石、惠卿亦允特行贬斥，以谢天下。"《东都事略·陈襄传》也云："又乞贬斥王安石、吕惠卿，以谢天下，奏五上。"[②] 此时陈襄对王安石的态度有了一定变化，由之前的推崇转变为现在的指责，尽管如此，陈襄相比于其他反对新法者对王安石的攻击程度减弱了许多，所以司马光在《日记》中云："襄虽论常平新法，而辞婉，故除官独优。"[③] 针对陈襄的态度，王安石也采取了有别于对待其他反对者的态度，对其先是斥责再是拉拢最后对其猛烈攻击，而这一态度的变化发生在熙宁三年四月至九月短短半年之内。

熙宁三年四月，侍御史知杂事陈襄和监察御史里行程颢因屡次上奏言新法不便，陈襄被罢侍御史知杂事，有旨召试知制诰；程颢被罢御史，责降为签书镇宁节度判官，此处可见对陈襄的斥责相对较轻。

在此事件之后，王安石上奏宋神宗："陈襄、程颢专党吕公著，都无助陛下为治之实"[④]，将陈襄指为吕公著一党，斥责陈襄为小人，在陈襄屡辞召试知制诰后，[⑤] 王安石建议用陈襄为集贤殿修撰、陕西转运使。但宋神宗欲留陈襄为经筵官，于是陈襄直舍人院、判吏部流内铨兼天章阁侍讲。之所以任命陈襄直舍人院，是由于在"熙宁三舍人"事件后，知制诰空缺，影响朝廷政令的正常运转，于是"执政以祖宗故事有直舍人院，欲令襄为之。"[⑥] 此处的"执政"应指参知政事王安石，因为据

---

① 陈襄:《古灵先生文集》卷3《论散青苗不便乞住支状》《论青苗钱第二状》《论青苗钱第三状》《论青苗钱第四状》《论青苗钱第五状》,《宋集珍本丛刊》，第754—758页。

② 王称:《东都事略》卷68《陈襄传》，宋刻本，眉山程舍人宅刊。

③ 李焘:《长编》卷210，熙宁三年四月癸未，北京：中华书局，2004年，第5111页。

④ 李焘:《长编》卷210，熙宁三年四月壬午，北京：中华书局，2004年，第5107页。

⑤ 陈襄:《古灵先生文集》卷14《辞中书召试知制诰状》,《宋集珍本丛刊》，第762页。《陈襄年谱》将该状系于熙宁三年春，见《宋人年谱丛刊》第3册《古灵先生年谱》，成都：四川大学出版社，2002年，第1605页。

⑥ 李焘:《长编》卷211，熙宁三年五月辛卯，北京：中华书局，2004年，第5119页。

《长编》载：“直舍人院自太平兴国以后不复除，时安石建议，欲令直舍人院者草李定制词已，乃除知制诰，因举祖宗旧例。”[①] 王安石又云：“如此除人，则可不轻与人资序，而官易得人。”可见除陈襄直舍人院得到了王安石的支持，此时王安石赞成陈襄直舍人院，希望其能够起草除命李定的诏书，表明王安石以此想争取陈襄的支持。[②] 但陈襄并不以此为意，屡辞不就。[③] 最后以王安石旧人王益柔、蔡延庆直舍人院，负责起草除命李定的诏书。此处需要注意的是，除陈襄为知制诰或直舍人院皆是宋神宗的意愿，其原因应该在于因陈襄只反对变法措施，未有极力攻击王安石，宋神宗此时留任陈襄极是宋神宗欲发挥“异论相搅”的祖宗家法，希望陈襄可以牵制王安石，防止王安石权力过大。[④]

此次陈襄辞命正式惹怒了王安石，熙宁三年九月，宋神宗宣谕中书，因知制诰空缺，下令勘会蔡延庆、陈襄资历，欲以二人知制诰。王安石见此遂上书论陈襄：“臣伏见陛下宣谕中书，以知制诰阙，令勘会蔡延庆、陈襄等资历……如陈襄邪慝，附下罔上，阴合奸党，兴讹造讪，以乱时事……臣已尝略论襄之邪慝，不宜重有所陈，顾在廷之臣，孰肯违流俗以助陛下，消小人之道者乎？是以复冒昧言之，伏惟陛下详酌。”[⑤] 熙宁四年（1071年）七月，宋神宗又想让陈襄出任知制诰，王安石再次提出反对：“襄憸邪，必不能助宣德化，不宜使在内，且已尝辞知制诰，今复辞则亏人臣体。”建议除陈襄为待制、都转运使，请求将其外放，但宋神宗未准奏，不久即令陈襄直学士院。[⑥] 此时王安石与陈

① 李焘：《长编》卷211，熙宁三年五月乙未，北京：中华书局，2004年，第5121页。

② 李焘：《长编》卷211，熙宁三年五月辛卯，北京：中华书局，2004年，第5119页。

③ 陈襄：《古灵先生文集》卷14《辞直舍人院状》《辞直舍人院兼判吏部流内铨兼天章阁侍讲状》，《宋集珍本丛刊》，第762页。

④ 邓广铭先生对宋神宗运用“异论相搅”的祖宗家法已有论断，详见邓广铭：《北宋政治改革家王安石》，北京：生活·读书·新知三联出版社，2017年，第257—259页。

⑤ 李焘：《长编》卷215，熙宁三年九月丙寅，北京：中华书局，2004年，第4536页。

⑥ 李焘：《长编》卷225，熙宁四年七月丁酉，北京：中华书局，2004年，第5278页；脱脱等著：《宋史》卷321《陈襄传》，北京：中华书局，1997年，第10420页。

襄的关系已经变得僵硬，双方稍有不慎就会导致彼此关系的进一步恶化，下面发生的一件事最终激化了二人的矛盾，据《长编》载："知制诰、直学士院陈襄知陈州。襄既忤王安石，尝草河北诏，言'水不润下'，中书改之；又明堂赦书，有'奉祠紫宫'，语犯俗嫌，故出。"[①]据此，王安石与陈襄的关系降到了冰点，二人终因变法而分道扬镳。

熙宁八年（1075年）二月王安石第二次任相，是年冬，陈襄召还。熙宁九年，陈襄有章奏举荐王安石国："前秘书省著作佐郎王安国材器磊落，文亦豪迈，可充词翰之职。向居罪废间，不忘进学，亦奇伟之才也。"[②]王安国因赵世居狱于熙宁八年正月被放归田里，经陈襄这次举荐后，于熙宁九年七月复为大理寺丞、江宁府监当。无奈王安国时运不济，在诏书下达后不久病死江宁。[③]不知是否和陈襄举荐王安国有关系，在陈襄举荐王安国后不久，王安石举荐陈襄除龙图阁直学士，李焘言："吕本中《杂说》：王安石再相……安石尝进呈陈襄除龙图阁直学士，吕嘉问集贤殿学士、河北路都转运使，上曰：'陈襄甚好，吕嘉问更少时。'"[④]此时的王安石因爱子王雱病卒，自身疾病忧伤相寻，已无心政事，上章求罢，在几经请辞后最终罢相，于熙宁九年十月判江宁府，从此远离朝政，与同年陈襄之间仅有的关系就此中断，四年后陈襄卒于京师。[⑤]

在此需要指出的是，早在皇祐时期陈襄就曾举荐过王安石，可见陈

① 李焘：《长编》卷226，熙宁四年九月丙申，北京：中华书局，2004年，第5513页。

② 陈襄：《古灵先生文集》卷1《熙宁经筵论荐司马光等三十三人章藁》，《宋集珍本丛刊》，第663页。考陈襄的仕宦经历，其熙宁年间任经筵只有一次即熙宁九年，此年兼侍讲。加之王安国于本年去世，所以上此章的时间为熙宁九年。《古灵先生年谱》将此章系于熙宁九年，当是。参见《宋人年谱丛刊》第3册《古灵先生年谱》，成都：四川大学出版社，2002年，第1606页。

③ 李焘：《长编》卷277，熙宁九年秋七月己卯，北京：中华书局，2004年，第6772页。

④ 按《杂说》记载中的时间："王安石再相……进呈陈襄除龙图阁直学士……居半月，再以前议……数日遂罢。"又王安石罢相的时间为熙宁九年十月二十三日，以此上推可知王安石进呈陈襄除龙图阁直学士的时间当九月末至十月初，晚于陈襄举荐王安国的时间。见《长编》卷278，熙宁九年十月丙午，第6803页。

⑤ 李焘：《长编》卷303，元丰三年三月甲戌，北京：中华书局，2004年，第7367页。

襄当时很看好这位同年。[1]在熙宁变法时陈襄的态度依旧是这样。陈襄反对变法只是针对变法措施的不当提出批评和反对意见，并未就王安石的人品进行攻击，所以清人评价陈襄“他如陆佃博洽典礼，则荐之，不以王安石之门客而歧视；刘放轻脱嘲弄，则弹之，亦不以苏轼等之密友而徇隐。皆是是非非，不立门户之见。”[2]

在此顺便提及的还有王安石的另一位同年陈荐，也是不支持变法。陈荐，字彦升，邢州沙河人，《宋史》有传。[3]庆历二年进士，初授华阳尉。后被韩琦辟为幕僚，韩琦辅政后，荐为秘阁校理、判登闻检院、知太常礼院，所以陈荐与韩琦关系较为密切。据现存史料显示，陈荐与王安石的交集应发生在熙宁时期。

熙宁变法时期的陈荐虽无激烈的言辞反对王安石，但其根本态度是反对变法。一是因为陈荐依从韩琦，韩琦作为反对熙宁变法的主要人物之一已被学界共知，他的追随者自然也是反对者的代表。另外，王安石、韩绛对陈荐的看法也可以反映出陈荐对变法的态度。据《长编》载：“司封员外郎、直史馆、同修起居注蔡延庆，兵部郎中、集贤校理王益柔直舍人院……天章阁待制孙固兼权管勾御史台、知通进银台司，代陈荐也。王安石谓荐必封驳李定除命，韩绛又疑荐不放定入台，故言于上，罢荐而用固。”[4]熙宁三年四月，御史中丞吕公著被罢。朝廷本欲任命韩维接替御史中丞一职，由于种种原因，最终改命冯京担任，侍御史知杂事的职位由谢景温代替陈襄。在冯京、陈襄未到任之前，御史台人事出现空白，为了应对这一局面，采取了以龙图阁直学士陈荐权发遣御史台的权宜计策。此事恰逢除命李定为言官之际，王安石为了能够顺利完成李定的除命，特在除命程序上做了一定的人事调整，其中以“孙

① 陈襄：《古灵先生文集》卷7《与两浙安抚使陈舍人书》，《宋集珍本丛刊》，第702—703页。

② 永榕等撰：《四库全书总目》卷152《古灵集》，影印文渊阁四库全书本，第1314页。

③ 脱脱等著：《宋史》卷322《陈荐传》，北京：中华书局，1997年，第10444页。

④ 李焘：《长编》卷211，熙宁三年五月乙未，北京：中华书局，2004年，第5121页。

固兼权管勾御史台、知通进银台司”代替陈荐，原因是王安石、韩绛皆认为陈荐会阻碍李定的任命，王安石、韩绛对陈荐的这一认识表明陈荐并非变法一派。

五、结语

综上所述，宋神宗即位后王安石为之所用，开展了北宋年间新的规模更大的熙宁年间改革。但实质言之，他的这场改革与我国中古时期的有关前代相比，并没有什么更多的新东西。比如，其在经济上大多采取的是西汉武帝时桑弘羊变法中所已经用过的方法，市易法等就是西汉平准法、均输法的翻版；其在社会组织与社会控制方面的一些措施，则是秦代乡里什伍组织的复制。总之，其上述做法的出发点与所要达成的目标，是行政权力全控社会、全控社会中的所有人。

很明显，除了人民安居乐业的社会理想之外，王安石的上述做法与本来的传统儒家预期是相左的。亦即，当时北宋统治集团中相当多具有传统儒家观念的人是不接受的。在此情况之下，王安石在变法期间试图依靠自己的同年关系打造出一有利于变法事业顺利进行的局面。变法前期初步实现了这一愿望。

但随着变法的深入，王安石与同年之间的关系变得复杂起来。变法阵营中的同年有继续合作、共图变革者。也有分道扬镳、站到对立面者。换句话讲即：王安石的同年关系与变法事业相辅相成而又相克，或者说是成也同年、败也同年。

何以至此？笔者认为有如下三点值得后人思考或引以为戒：一、中国古人讲的任人唯贤，有其道理。用人还是以不搞小圈子为好。二、用人应有一定的容异之雅量为好。我们这里是讲的，在治国理政的问题上应该求同，也必须存异。三、进一步推开去，王安石的变法用同年失败之事，是否也与其不可能实现的“复三代”（实际上是反三代）之空想社会蓝图有关系呢？就像老百姓用通俗语言讲来的，试想，一个人人都不能念好的歪经，它能凝聚人心与人才吗？

王安石与陈绎交游述略

赵光焘

（商丘学院　河南　商丘 476000）

摘　要：王安石与陈绎同登宋仁宗庆历二年进士榜，二人互为同年，王、陈的交游即缘于此。嘉祐年间，二人在京师比邻而居，过从甚密。熙宁变法时期，二人的友谊依旧密切，并未受到变法活动的影响。王安石在第二次罢相归隐江宁后，与陈绎的交游依然不断，二人的关系可谓历久弥新。

关键词：王安石　陈绎　同年　熙宁变法

王安石（1021—1086），字介甫，抚州（今江西抚州）人，王益子，登宋仁宗庆历二年进士甲科，北宋政坛和文坛上的著名人物之一，元祐元年，卒，年六十六。[①] 陈绎（1021—1088），字和叔，洛阳（今河南洛阳）人，陈见素子，登宋仁宗庆历二年进士乙科，历宋仁宗、宋英宗、宋神宗、宋哲宗四朝，元祐三年正月，卒，年六十八。[②]

王安石与陈绎同岁，又同登宋仁宗庆历二年进士榜，二人父亲王益

作者简介：赵光焘（1991—），男，河南虞城人，历史学硕士，现为商丘学院教师，主要研究方向为宋代政治史。

① 脱脱等著：《宋史》卷 327《王安石传》，北京：中华书局，1977 年，第 10541—10550 页。

② 苏颂著，王同策点校：《苏魏公文集》卷 60《太中大夫陈公墓志铭》，北京：中华书局，1988 年，第 911—916 页。

与陈见素皆为宋真宗大中祥符八年进士[①]，父子两辈皆为同年。在“同年如兄弟”“同年为朋友”的北宋时期，[②]王安石与陈绎的同年情谊显得更加浓厚，这种谊切苔岑的关系一直伴随着二人始终，并未受到熙宁变法的影响。[③]就笔者所见，目前学界对二人交游的考察未有专文论述[④]，为此，笔者不揣谫陋，以求抛砖引玉。

一、嘉祐时期王安石与陈绎的交游

庆历二年（1042）是宋仁宗朝第六次举行科举之年，本年共取正奏名进士 432 人，[⑤]其中王安石登进士甲科第四名，陈绎登进士乙科。现存史料中未见二人初识明确的记载，只能略做推测。按照北宋进士及第后共同编订《同年录》的惯例，二人可能初识于同年集会上。[⑥]同年集会后，进士开始释褐授官，王安石初授签书淮南节度判官（今江苏扬州），陈绎初调梁山军（今重庆市梁平县）判官。后来二人几任地方官，其间未有联系。至于二人何时开始交游，王安石在写给陈绎的一通书信中言道：“今日承以券致馈，喻令来取。与和叔交游三十年，岂敢复相求于末度！然人道所以相交际，亦宜粗有礼，非苟以豢养为利而已。是

① 王水照主编：《王安石全集》卷 99《宁国县太君乐氏墓志铭》，上海：复旦大学出版社，2016 年，第 1708 页。

② 北宋士人对同年关系的认同详见祁琛云：《北宋科甲同年关系与士大夫朋党政治》，成都：四川大学出版社，2015 年，第 45—67 页。

③ 熙宁变法时期，王安石与同年好友如吕公著、陈襄等因政见不合而分道扬镳。详见闫国防：《王安石同年关系研究》，河南大学 2019 年硕士论文。

④ 梁建国：《朝堂之外：北宋东京士人交游》中提及王安石与陈绎在嘉祐时期的交游状况，北京：中国社会科学出版社，2016 年。

⑤ 现存史料中关于庆历二年榜进士人数的记载互有出入，今依《长编》卷 135，庆历二年三月：乙丑，御崇政殿，赐进士杨寘等二百三十七人及第、一百二十二人出身、七十三人同出身。

⑥ 陈绎父亲陈见素与王安石父亲王益皆为大中祥符八年进士，互为同年，但现存史料中未见陈见素与王益有交往，二人之子先前并不相识，故此处姑且推测为陈绎与王安石初识于同年集会上。

以不敢拜觌，窃恐此非公指。然久客于此，每以烦费公帑为惭，自是台无馈，不亦善乎？余留面叙。不宣。”[①]此通书信在龙舒本《王文公文集》卷4中题作《与陈和叔内翰书》：“早承以券致馈，喻使来请。与和叔交游三十年，非敢相求于末度！然人道交际，又须以礼，是以不果拜赐。久客于此，每烦费公帑为惭，自是台无馈也，不亦善乎？勒此布左右。不宣。拜上”其文字与上述多有不同，但总体意思一致，李之亮先生认为此信所作的时间为元丰五六年间（1082—1083），[②]当是。按王安石所言“与和叔交游三十年”，据此上推三十年，则二人开始交往的时间为皇祐四五年（1052—1053）。但需要注意的是此书信是王安石追忆，“与和叔交游三十年”并非确指，而应是约数。二人定交的时间无论是庆历时期（1041—1048）还是皇祐年间（1049—1954），他们交游的频率相当有限，不然对此记载的史料也就不会寥若晨星。

王安石与陈绎的真正密切交游，开始于宋仁宗嘉祐年间（1056—1063），王安石曾对此自述道：“嘉祐末，和叔以集贤校理判登闻鼓院，同知太常礼院。宅皮场街，有园数亩，中置二桴，砖袤丈。北户临沟，略彴通街。旁作小屋，毁辎车为盖。某以集贤院为三司度支判官，以知制诰纠察在京刑狱，同管勾三班院。间度彴，饭车盖下，随所有无，坐卧砖上，笑语常至夜，如此三岁。而和叔遭太夫人忧，未几，某亦丧亲以去，时永昭陵尚未复土也。”[③]据苏颂《太中大夫陈公墓志铭》记载，嘉祐三年（1058年），陈绎召试学士院，充馆阁校勘，编订秘阁书籍，后改著作佐郎、秘书丞，进集贤校理。[④]又据《王安石年谱长编》载：

① 王水照主编：《王安石全集》卷73《与陈和叔内翰简》，上海：复旦大学出版社，2016年，第1311—1312页。

② 王安石撰，李之亮笺注：《王荆公文集笺注》卷36《与陈和叔内翰简》，成都：巴蜀书社，2005年，第1258页。

③ 王安石著，李壁笺注，高克勤点校：《王荆文公诗笺注》卷27《送陈和叔》，上海：上海古籍出版社，2010年，第663页。

④ 苏颂著，王同策点校：《苏魏公文集》卷60《太中大夫陈公墓志铭》，北京：中华书局，1988年，第911页。

王安石自嘉祐三年十月除三司度支判官。次年五月，直集贤院。五年（1060年）四月，同修起居注。六年六月，进知制诰，纠察在京刑狱。七年（1062年）十月，同勾当三班院。[①]因此前述引文“某以集贤院为三司度支判官，以知制诰纠察在京刑狱，同管勾三班院”的时间是指嘉祐四年至嘉祐七年，也即文中的“如此三岁”。据梁建国考证，此时二人同住开封城北的显仁坊，[②]比邻而居，往来方便，交游甚欢。王安石经常至陈绎家造访，“饭车盖下”“坐卧砖上”，不拘礼节，毫无拘束之感，足见他们关系之密切，彼此谈古论今，“笑语常至夜”，这种互为近邻的关系一直持续到嘉祐八年。嘉祐八年二月，陈绎遭母忧，解官归家居丧。[③]八月，王安石母卒于京师，为丁母忧，王安石解官归江宁。[④]终丧后，陈绎还朝，王安石居江宁讲学。两人虽相隔两地，但联系并未中断。因陈绎至孝，“尝作庆老堂以娱其母”[⑤]，王安石赠《庆老堂》诗，其中云：“板舆去国宦三年，华屋归来地一偏。种竹常疑出冬笋，开池故合涌寒泉。”[⑥]诗中“板舆去国宦三年”是指陈绎居丧守制三年，即此诗作于王安石居江宁讲学期间。“种竹常疑出冬笋，开池故合涌寒泉。”是借用二十四孝之孟宗、姜诗孝行的典故来赞美陈绎对母亲的孝顺。

---

① 刘成国：《王安石年谱长篇》卷3，北京：中华书局，2018年，第457、476、535、586、587、624页。

② 梁建国：《朝堂之外：北宋东京士人交游》，北京：中国社会科学出版社，2016年，第111页。

③ 据王安石《宁国县太君乐氏墓志铭》：“屯田员外郎、通判河南府、西京留守司陈君讳见素之夫人乐氏……以嘉祐八年二月辛巳卒于京师，卜以三月丙寅祔葬……子男三人……其一人为秘书丞、集贤校理”，秘书丞、集贤校理即陈绎，可知陈绎母卒于嘉祐八年。

④ 曾巩撰，陈杏珍等点校：《曾巩集》卷45《仁寿县太君吴氏墓志铭》，北京：中华书局，1984年，第610页。

⑤ 葛立芳：《韵语阳秋》卷10，北京：中华书局，1985年，第74页。

⑥ 王安石著，李壁笺注，高克勤点校：《王荆文公诗笺注》卷22《庆老堂》，上海：上海古籍出版社，2010年，第878页。

二、熙宁年间王安石与陈绎的交游

熙宁二年（1069年）二月，王安石除参知政事，不久制置三司条例司成立，北宋历史上的“王安石变法”开始。到熙宁九年（1076年），王安石第二次罢相归隐江宁，变法活动暂告一段落。王安石的人际关系，尤其是他与同年之间的关系，受到了这次变法活动的影响，有分道扬镳者，有继续交游者。[①]在这些同年之中，嘉祐时期的同年好友陈绎就是继续交游者之一。

在宋神宗即位之初，陈绎曾出知泾州，不久迁为陕西路转运副使。熙宁三年（1070年）十一月，移为京东路转运使，进京觐见时，被留为三司度支判官。自从嘉祐八年，王安石与陈绎分别归乡守丧后，彼此之间未能再次携手交游。至此，二人同朝为官，又同住于京师，再加上变法初期，王安石有意援引同年的想法，种种因素促使他们能够重温往日的友谊并且有持续增温的可能。

作为北宋时期著名的改革家，王安石全身心地投身于变法事业，由于种种原因，多数昔日好友逐渐成为陌路，但王安石与陈绎的关系并未因变法活动变得疏远，这可从陈绎的任职上反映出来。

熙宁三年十二月，王安石提举编修《三司令式》并《敕》及《诸司库务岁季条例》，身为三司度支判官的陈绎为详定官之一。[②]在编修完成以后，陈绎于熙宁四年正月“直舍人院，知审官东院，判户部勾院”[③]。元丰改制前，舍人院是“直隶中书的拟诏令机构”，“设在中书制敕院内”。[④]可见，陈绎直舍人院，负责中书诏令的起草，有利于王安

① 参见闫国防:《王安石同年关系研究》，河南大学硕士论文，2019年。

② 李焘:《续资治通鉴长编》卷218，熙宁三年十二月庚辰，北京：中华书局，2004年，第5308页。

③ 李焘:《续资治通鉴长编》卷225，熙宁四年春正月乙未，北京：中华书局，2004年，第5322页。

④ 龚延明:《中国历代职官别名大辞典》，上海：上海辞书出版社，2006年，第439页。

石下达有关变法措施的中书制敕。熙宁三年五月，为便于推行变法，王安石与韩绛提议设置审官西院，掌升朝官以上武臣除授职权，剥夺了枢密院的部分权力。原来的审官院变为审官东院，掌文臣京朝官磨勘、差遣。如果说审官西院的设置满足了王安石对重要武臣任免的要求，那么陈绎知审官东院很大一部分原因是王安石为了能够控制对文臣京朝官的任免，因为在王安石看来，陈绎既是自己的同年好友，又是自己的得力助手。

帝制时期，历法作为重要的国家制度之一，拥有政治性与科学性的双重特征，《宋史·天文志》载："历象以授四时，玑衡以齐七政，二者本相因而成"[①]，可见直到宋代历法依旧兼具科学的实用性与政治的权威性。其科学性体现在"授四时"，即能够指导农业生产；政治性体现在"王者易姓受命，必慎始初，改正朔，易服色"的政治需要。在王安石变法前，北宋先后使用了五部历法，但由于技术的限制，五部历法皆存在一定讹误，不能准确地指导农业生产。鉴于此，王安石开始着手编订新的历法，一是为了更好地指导农业生产，二是出于当时变法的需要，以实现"齐七政"的目的。

熙宁五年正月，司天监灵台郎亢瑛上言"天久阴，星失度，宜罢免王安石，于西北诏拜宰相。"[②] 按北宋惯例，宰相在受到弹劾后要居家待罪，此时已为宰相的王安石在受到亢瑛的弹劾后，已谒告归家。为了保证变法事业的持续进行，宋神宗下令将亢瑛刺配英州牢城，司天监长官钱藻也受此案的影响罢去兼提举司天监的差遣[③]，改由王安石的政治盟友沈括提举，并开始编订新的历法。一年后，即熙宁六年六月，沈括奉命相度两浙农田水利、差役等事，离开了司天监。而接替沈括主持历法

① 脱脱等著:《宋史》卷48《天文志一》，北京：中华书局，1977年，第951页。

② 李焘:《续资治通鉴长编》卷229，熙宁五年正月辛丑，北京：中华书局，2004年，第5571页。

③ 曾巩:《元丰类稿》卷42《故翰林侍读学士钱公墓志铭》，四部丛刊初编本。

修订的正是翰林学士陈绎，无奈司天监内部人员矛盾重重，[①] 在提举司天监仅两个月后，陈绎以疾自请出郡，于熙宁六年八月为翰林侍读学士、知邓州。

虽然王安石的谋划并未得到长久落实，但在“司天监本来从制度设置上讲是皇帝独占的通天资源，由皇帝直接控制，外人不得染指”[②] 的宋代社会，王安石安排陈绎接替沈括提举司天监，反映出二人的关系非同一般。

另外，从反变法官员的言论中也可以知晓王安石与陈绎的亲密关系，如熙宁五年，同知谏院唐坰上书宋神宗，其略云：“安石用曾布为腹心，张琥、李定为爪牙，刘孝孙、张商英为鹰犬，元绛、陈绎为斯役。”[③] 将陈绎视为王安石的斯役，言语虽然讥讽，但从反面表明王安石与陈绎关系的密切。需要注意的是，事实并非如唐坰认为的将陈绎视为王安石的斯役。因为熙宁二年九月，青苗法行下各州县，身为陕西转运副使的陈绎因“被边七州春旱，奏免散敛事”，[④] 这反映出陈绎并不一味奉行新法，而是依据实际行事。所以，熙宁时期王安石与陈绎之交并非如反变法派士人认为的那样，而是真正志同道合的君子之交。

三、元丰年间王安石与陈绎的交游

熙宁九年十月王安石罢相判江宁府，从此远离了北宋的政治中心，开始了他放归山林的隐逸生活。元丰元年冬，陈绎知广州，赴任途中路过江宁，于是前往金陵拜谒王安石，二人于雪中相见并同游北山，王安石有《雪中游北山呈广州使君和叔同年》与《和叔雪中见遇》二诗叙述

---

① 参见谢海金、徐刚:《冲突与融合：宋代历法改革刍议》,《自然辩证法研究》，2018 年 7 月，第 7 期。

② 参见韦兵:《星占历法与宋代政治文化》，四川大学博士论文，2006 年，第 232 页。

③ 李焘:《续资治通鉴长编》卷 237，熙宁五年八月癸卯，北京：中华书局，2004 年，第 5778 页。

④ 李之亮编:《宋代路分长官通考》，成都：巴蜀书社，2003 年，第 529—530 页。

其事。[①] 前诗以《雪中游北山呈广州使君和叔同年》为题，重申二人的同年情谊；后诗《和叔雪中见遇》中云："忽值故人乘雪兴，玉堂前话得重逢。"表达了王安石因故人相逢的喜悦心情。

因陈绎匆匆赴任，不能久留，在游山过后，即行赴任。面对昔日的同年好友即将离去，王安石感慨万千，于是写下《送陈和叔》："毁车为屋仅容身，三岁相要薄主人。昼寓墩甎常至夜，冬沿沟彴复寻春。南陔不洎公归里，苍墓垂成我丧亲。后会纵多无此乐，山林投老一伤神。"[②] 在诗前有王安石的自序："嘉祐末，和叔以集贤校理判登闻鼓院，同知太常礼院……元丰元年，某食观使禄，居钟山南，和叔经略广东，道旧故怅然。某作此诗，以叙其事。"序言中的嘉祐末即前文提到的嘉祐年间二人交游的盛状，如今回忆起来仿佛依然就在眼前，但往事已成云烟，落下的唯有"道旧故怅然"，"后会纵多无此乐，山林投老一伤神"，前后的对比愈发凸显出王安石落寞的心情和怀念同年情谊的心思。

元丰三年十一月，陈绎因治绩优异改龙图阁待制仍知广州。[③] 元丰五年三月，陈绎改太中大夫、龙图阁待制、知江宁府。[④] 在还未到江宁时，陈绎即用船装大龟先行赠予王安石，王安石收到礼物后大喜，于是作诗咏之。诗中云："番禺使君邂逅见"，李壁注：番禺，广州也。[⑤] 因此，番禺使君是指陈绎。王安石对陈绎送大龟赞叹道："舣舟秦淮担送我，云此一可当十朋。"喜悦之心，溢于言表。

陈绎到任江宁后，王安石邀其同游北山、游王安石小园。根据李德

① 王安石著，李壁笺注，高克勤点校：《王荆文公诗笺注》卷42《雪中游北山呈广州使君和叔同年》《和叔雪中见遇》，上海：上海古籍出版社，2010年，第1076、1103页。

② 王安石著，李壁笺注，高克勤点校：《王荆文公诗笺注》卷27《送陈和叔》，上海：上海古籍出版社，2010年，第663页。

③ 李焘：《长编》卷310，元丰三年十一月庚戌，第7517页。

④ 苏颂著，王同策点校：《苏魏公文集》卷60《太中大夫陈公墓志铭》，北京：中华书局，1988年，第913页。

⑤ 王安石著，李壁笺注，高克勤点校：《王荆文公诗笺注》卷1《同王濬贤良赋龟得升字》，上海：上海古籍出版社，2010年，第15页。

深《王安石诗文系年》可知，此次同游距上次已五年有余，王安石分别有诗记载。[1] 五月，王安石再次邀请陈绎同游北山，对此有诗记载："缫成白雪桑重绿，割尽黄云稻正青。他日玉堂挥翰手，芳时同此赋林垧。"[2] 该诗的题注为"壬戌五月"，即元丰五年五月。李壁注为："和叔，裕陵时再入翰林为学士。时守江宁，当元丰五年六年七年也。"和叔，即陈绎，神宗时曾两任翰林学士，即诗中所言的"玉堂挥翰手"。"当元丰五年六年七年也"指元丰五年三月陈绎知江宁府，到元丰七年六月左迁知建昌军[3] 的两年余时间。

在陈绎知江宁期间，王安石经常与其探讨诗文，曾有绝句二首呈给陈绎。[4] 王安石在深研诗歌的同时编订了《四家诗选》，这一过程和陈绎密切相关。据《甲申闻见近录》记载："黄鲁直尝问王荆公：'世谓《四家诗选》，丞相以韩、欧高于李太白耶？'荆公曰：'不然。陈和叔尝问四家之诗，乘间签示和叔，时书史适先持杜集来，而和叔遂以其所送先后编集，初无高下也。李、杜自昔齐名者也，何可下之？'鲁直归问和叔，和叔与荆公之说同。今人乃以太白下欧韩而不可破也。"[5] 可知王安石经常将四家之诗稿陆续送给陈绎探讨，于是陈绎以王安石所送诗稿的先后顺序编订了诗集，即《四家诗选》，所以陈绎任官江宁期间与王安石诗歌往来频繁，在此机遇下编订了《四家诗选》。

王安石与陈绎在元丰年间交游的频繁，还可以从王安石的"抱怨"

① 王安石著，李壁笺注，高克勤点校：《王荆文公诗笺注》卷 38《次韵陈绎学士小园即事》，卷 45《同陈和叔北山游》，上海：上海古籍出版社，2010 年，第 954、1190 页。

② 王安石著，李壁笺注，高克勤点校：《王荆文公诗笺注》卷 42《同陈和叔游齐安院》，上海：上海古籍出版社，2010 年，第 1110 页。

③ 徐松辑，刁忠民等校点：《宋会要辑稿·职官》66 之 29，上海：上海古籍出版社，2014 年，第 4841 页。

④ 王安石著，李壁笺注，高克勤点校：《王荆文公诗笺注》卷 42《绝句呈陈和叔二首》，上海：上海古籍出版社，2010 年，第 1100—1101 页。

⑤ 王巩撰，戴建国整理：《闻见近录》，《全宋笔记》第 2 编第 6 册，郑州：大象出版社，2018 年，第 28 页。

中反映出来。王安石曾作诗拒绝陈绎的邀请，诗中云“只欲往来相邂逅，却嫌招唤苦丁宁。”[①] 此事也记载于《吕氏杂记》中：“时陈和叔内翰绎知江宁府，就使衙作会召，荆公不喜，辞之以诗云：‘只喜往来相邂逅，却嫌招唤苦丁宁。’”[②] 晚年时期的王安石偏爱佛老，不喜热闹，面对陈绎的盛情邀约，王安石只好作诗拒绝。

元丰七年六月，陈绎因事被罢，贬为知建昌军。[③] 在任职江宁两年有余的时间里，陈绎与王安石二人往来频繁，多次共游，进行诗歌酬唱，为晚年时期的王安石增添了许多欢乐的时光。

四、结语

在“举世重交游”[④] 的北宋时期，王安石作为当时具有影响力的人物之一，自然成为人们争相的交游对象。王安石曾自言：“丁年结客盛游从”，李壁注为：丁，壮也。[⑤] 即王安石自叹壮年时期交游的广泛。壮年一般指人三四十岁的年纪，王安石的壮年时期正处于熙宁变法之前，这一时期王安石交游之盛、游从之多，其盛状令人叹为观止。王安石与陈绎在嘉祐时期的交游恰逢此时，二人经常“饭车盖下”“坐卧砖上”，不拘礼节，毫无拘束之感，“笑语常至夜”。

熙宁年间，北宋经历了一场剧烈的变法运动，史称“王安石变法”。变法活动给当时社会的各方面带来了深刻影响，尤其是对王安石个人，他的人际关系波动就是其中一个方面，晚年时期的王安石曾感叹自己与

---

① 王安石著，李壁笺注，高克勤点校：《王荆文公诗笺注》卷42《和叔招不往》，上海：上海古籍出版社，2010年，第1102页。

② 吕希哲撰，夏广兴整理：《吕氏杂记》卷下，《全宋笔记》第1编第10册，郑州：大象出版社，2003年，第283页。

③ 徐松辑，刁忠民等校点：《宋会要辑稿·职官》66之29，上海：上海古籍出版社，2014年，第4841页。

④ 吕祖谦：《皇朝文鉴》卷14《五言古诗》，四部丛刊本。

⑤ 王安石著，李壁笺注，高克勤点校：《王荆文公诗笺注》卷32《丁年》，上海：上海古籍出版社，2010年，第795页。

友人之间“皆因国事相绝”，但他与同年友陈绎之间并非如此，相反，他们的关系更加显得历久弥新。尤其是王安石第二次罢相归隐江宁后，他与陈绎经常相约共游，把酒言欢。

人活世间，总有一二挚友，对王安石而言，陈绎就是挚友。从庆历二年共赴琼林宴，到元丰年间携手同游，他们之间的交往未受到变法活动的影响，并且他们的交往伴随了王安石仕途的一生。二人相知相交，友情甚笃，十分莫逆，从嘉祐年间的居无定礼、熙宁年间的政治互持到元丰年间的相约共游，这正是他们同年之情的真实写照，更是他们友谊长存的美好篇章。

北宋东京木材使用与供应的考察

孔 学 过 轩

（河南大学历史文化学院 河南 开封 475001；

商丘学院 河南 商丘 476000）

摘 要：北宋东京人口稠密、商业繁荣，是巨大的消费中心，木材需求量浩大。木材当时被广泛应用在北宋东京社会生活的各个领域，涵盖了建造业、薪炭燃料、工具家具业等方面。由于东京周边的林木资源有限，因此其木材消费大多仰仗各地供给。北宋政府在全国范围内开辟了多个木材采伐区，为东京木材的充足供应提供了保障。木材的大量使用不仅对东京地区社会生活、与木材相关的生产行业产生了重要影响，也对宋人的思想观念，以及对采伐地区的生态环境与边境局势等，有一定的影响。

关键词：北宋东京 木材供应 木材使用 生态环境

北宋时期商品经济繁荣，木材是工业发展和居民生活的基础原料，被广泛应用在北宋东京社会生活的各个领域，涵盖了建造业、薪炭燃料、工具家具业等方面。由于东京周边的林木资源较少，难以满足东京庞大的需求量，因此政府组织人力、物力从全国各地将木材运送京城，

作者简介：孔学（1964—），男，河南遂平人，河南大学大历史文化学院副教授，硕士生导师，中国宋史研究会会员。主要研究方向为宋史、历史文献学。过轩（1992—），女，河南尉氏人，硕士，商丘学院教师，主要研究方向为宋代文化史。

为东京社会经济与日常生活的发展提供了重要保障。目前学界对北宋林木的研究着力较多的仅是宋代木材的运用[①]，并没有针对林木的使用、管理和影响，以及木材的供应等问题做深入研究。本文拟在前人的基础上，具体考察北宋东京木材的使用、供应和影响，以期在此基础上加深人们对北宋社会的了解。

一、北宋东京木材的使用

在具体考察北宋东京木材的供应状况之前，先简要探讨木材的使用情况。

北宋东京木材用途多样，从其应用的范围来看，木材主要应用于建造业、薪炭燃料、家具工具制造、军器制造、乐器制造、葬器制造等。木材在宋代居民的日常生活中扮演着重要的角色。

中国古代以木质建筑为主，大型建筑的修造需要大量的木材。东京开封府作为北宋的国都，从宋太祖到宋徽宗，对宫殿群与皇家园林，历代都有不同程度的建筑营建。这些宫殿与皇家园林数量众多、规模宏大，必定耗费大量的木材。再加上寺院建筑、官衙和民居建造中所需的木材，其数量更是难以计算。如宋真宗时期营建的玉清昭应宫和重修三司官衙，这些建筑就需要大量的木料。

除了房屋建筑方面，桥梁的建造也需要大量木材。北宋东京“穿城河道有四”[②]，即汴河、蔡河、五丈河与金水河，河上桥梁林立、形态

① 程民生：《宋代林业简论》，《农业考古》，1995 年第 1 期。谢志诚：《从生态效益看宋代在平原区造林的意义》，《中国农史》，1997 年第 3 期。刘瑞芝：《宋代西北林木业述略》，《史学月刊》，1998 年第 5 期。郭文佳：《简论宋代的林业发展与保护》，《中国农史》，2003 年第 2 期。程遂营：《北宋东京的木材和燃料供应——兼谈中国古代都城的木材和燃料供应》，《社会科学战线》，2004 年第 5 期。何玉红：《宋代西北森林资源的消耗形态及其生态效应》，《开发研究》，2004 年第 6 期。乔迅翔：《宋代建筑木料来源考》，《华中建筑》，2009 年第 10 期。

② 孟元老撰，伊永文笺注：《东京梦华录笺注》卷 1《河道》，北京：中华书局，2006 年，第 24 页。

各异，既有使用价值，同时也有审美价值，彰显了北宋人民独特的审美风格。据《东京梦华录》[①]记载，东京城内的桥梁建造于贯穿城内的四条河流上，共计有36座桥梁，其中不包括园林建筑中的观赏性桥梁。这36座桥梁的建造多是木质、石质或木石结合，其中木质桥梁以虹桥为主。

虹桥是一种构造独特的木质拱桥，“其桥无柱，皆以巨木虚架，饰以丹艧，宛如飞虹”[②]，虹桥没有桥柱，因而又被称为“无脚桥”。宋真宗天禧元年（1017年），“内殿承制魏化基言汴水悍激，多因桥柱坏舟，遂献无脚桥式，编木为之，钉贯其中，诏化基与八作司营造。至是，三司度所费功逾三倍，乃诏罢之”[③]，最终因为耗资巨大而没有修建。

《清明上河图》中绘制有一座大型虹桥。从图中来看，虹桥的桥拱是由数排五根巨木互相连接搭建而成，每根拱骨两端置于另外两根横骨之上，并用粗绳捆绑起来。刘春迎先生的《北宋东京城的桥梁建筑特色及影响》[④]一文中，根据绘制《清明上河图》的比例尺大致推算出虹桥横跨近25米，桥宽8米以上，离水面高度约6米左右，因此能基本满足船只的航行要求，可以想象修建虹桥所用的木材数量也不在少数。

北宋时期东京开封府辖区桥梁修建所需的木材来自民间科率。宋真宗大中祥符八年（1015年），“诏开封府界诸县镇桥，自今盖造添修，并要本府勾当。所用木植，令于屋税等钱内折科。如大材料，令三司支

① 孟元老撰，伊永文笺注:《东京梦华录笺注》卷1《河道》，北京：中华书局，2006年，第24—25页。

② 孟元老撰，伊永文笺注:《东京梦华录笺注》卷1《河道》，北京：中华书局，2006年，第24页。

③ 李焘:《续资治通鉴长编》（以下简称《长编》）卷89，天禧元年正月壬戌，北京：中华书局，2004年，第2038页。

④ 刘春迎、吴爱琴:《北宋东京城的桥梁建筑特色及影响》，《河南大学学报（社会科学版）》，2002年第3期，第65页。

拨应副”[1]，宋真宗时期添修开封府诸县镇的桥梁，所用的木料均源于政府科率，大宗材料则由三司拨给。

北宋东京木材在建筑营建方面的应用，既改善了居民的居住环境，又使中国传统的木质建筑艺术得以传承，如木材雕刻艺术、斗拱艺术、桥梁建造技术等，其建筑结构简洁大方，使建筑更具古典美与形态美。

燃料是居民日常生活中的必需品之一，对维持人类生产与生活发展有不可或缺的重要作用。北宋前期东京民众的燃料以木材为主，并受纳全国供给的柴薪，但由于人口众多，薪柴需求量庞大，东京时刻遭受传统燃料短缺的威胁。从北宋熙宁年间开始，石炭（煤炭）的使用为缓解东京居民燃料不足发挥了重要作用。

薪柴除了在生活方面的应用外，也作为官员俸禄中的一部分。宋太祖乾德四年（965 年），“始赐百官薪火”[2]，此后宋廷每月赐予官员数量不等的薪柴，并逐渐发展为官吏俸禄中的一项，“薪、蒿、炭、盐诸物之给：宰相，枢密使，月给薪千二百束。参知政事，枢密副使，宣徽使，签书枢密院事，三司使，三部使，权三司使，四百束。三部副使，枢密都承旨，一百五十束。枢密副都承旨，中书提点五房，一百束。开封判官，节度判官，薪二十束，蒿四十束。”[3]不同品级的官员每月可领取数额不等的薪柴。除此之外，东京的驻军及其家属所需的薪柴也多仰仗政府的供给。宋真宗大中祥符五年（1012 年），“赐诸班直、诸军及剩员薪炭有差，军士外戍家属在营者半之”[4]，天禧元年（1017 年），“诏赐诸军班直、六军修仓装卸兵健已上柴炭。以岁寒故也。柴

① 徐松辑，刘琳、刁忠民等校点：《宋会要辑稿·方域》13 之 20，上海：上海古籍出版社，2014 年，第 9543 页。

② 李焘：《长编》卷 7，乾德四年三月甲戌，北京：中华书局，2004 年，第 168 页。

③ 脱脱等著：《宋史》卷 171《职官十一》，北京：中华书局，1977 年，第 4124—4125 页。

④ 李焘：《长编》卷 79，大中祥符五年十二月丙寅，北京：中华书局，2004 年，第 1807 页。

六百七十五万"[1]，北宋历代统治者将其视为施行仁政的一种表现，因此冬季赏赐军士薪炭在史料中被普遍记载。

北宋前期东京的燃料消耗主要以木材为特质的薪柴、木炭为主，后期则演变为石炭与木材共同使用的燃料消耗方式。无论木材还是石炭大都仰仗外地供给，并在政府管理与市场商人的共同支撑下，才得以保障东京居民日常生产及生活的燃料需求。尽管石炭的使用缓解了东京居民燃料不足的危机，但北宋前期薪柴燃料的使用量巨大，以致薪柴燃料不足引发一系列社会问题。至少在熙宁以前，以木材为主的薪柴使用量巨大，仅次于木材在建筑营建方面的使用数量。

北宋东京木材使用还体现在交通运输业方面，如：车、船等运输工具的使用，桥梁、河道等的修建，木材在交通运输业方面的应用为东京居民的出行提供了便利。

木材是中国古代车辆制造的主要材料，北宋时期东京车辆种类众多，据张莉《宋朝出行工具》[2]、项榆婷《宋画中的车舆研究》[3] 等相关研究中的统计：北宋皇帝出行车驾有 4 类共 40 种，官员及命妇出行车驾 9 种，居民日常出行乘坐车驾 4 种。另外还有货物运输工具，主要有太平车、平头车等多种类型。"东京般载车，大者曰'太平'，上有箱无盖，箱如勾栏而平，板壁前出两木，长二三尺许……其次有'平头车'，亦如太平车而小，两轮前出长木作辕，木梢横一木……又有宅眷坐车子，与平头车大抵相似，但棚作盖，及前后有构栏门，垂帘。又有独轮车，前后两人把驾，两旁两人扶拐，前有驴拽，谓之'串车'，以不用耳子转轮也，般载竹木瓦石。……平盘两轮，谓之'浪子车'。唯用人拽。又有载巨石大木，只有短梯盘而无轮，谓之"痴车"，皆省人力

① 徐松辑，刘琳、刁忠民等校点：《宋会要辑稿・礼》62 之 35，上海：上海古籍出版社，2014 年，第 2131 页。

② 张莉：《宋朝出行工具》，河南大学 2015 年硕士学位论文。

③ 项榆婷：《宋画中的车舆研究》，浙江大学 2017 年硕士学位论文。

也。”[1]北宋东京的货物运输车载工具种类多样，用途各异。《清明上河图》中绘有不同类型的车载运输工具，从各地运来的木材也用于东京车辆的制造。

北宋东京的木材还运用于其他工具制作方面。如以木材为原材料，经过加工后制作而成的各种生活用具，主要包括门窗、农具、家具等类型。比如家具制作，中国古代由最初的“席地而坐”的低型家具，至宋代转变为“垂足而坐”的高型家具，并形成了一套完整的家具配套系统，对宋代居民的社会生活及装饰体系有着重要的影响。但是，中国古代由低型到高型家具的嬗变历经了漫长的历史过程，北宋时期家具仍处于由低型家具到高型家具的转变阶段。

北宋时期家具制作以木材为原材料，一般使用较多的木材有桐木、杨木、榆木等，另外还有楠木、花梨木等一些较好的木材。杨木是北方常见的树种，其质地较细且易于加工，是制作家具常见的材料，北宋时期，杨木被大量使用。榆木也是北方常见的树种，其材质坚硬并且韧性好，制作成家具坚实耐用，所以常被用于制作家具。楠木一般生长在南方，其生长周期较长，材质坚硬，被广泛地应用于制作家具，北宋时期楠木家具较多，一般为皇室或贵族阶层利用。[2]

北宋时期各类家具的出现和使用，显示出中国家具体系已经初具规模，并在不断地发展与完善。北宋时期是低型家具到高型家具的转变阶段，各类高型家具的使用对室内装饰等其他社会生活方面产生了重要影响，并为明代家具体系的成熟奠定了基础。

北宋东京木材除在建筑营建、薪炭燃料、工具家具制作方面的使用外，还使用在军器制造、棺椁使用与乐器制造等其他方面，渗透于东京居民的生活的方方面面，为居民的日常生活提供了便利。

---

① 孟元老撰，伊永文笺注:《东京梦华录笺注》卷3《般载杂买》，北京：中华书局，2006年，第326页。

② 邵晓峰:《宋代家具材料探析》,《家具与室内装修》，2007年第8期。

北宋时期军队的军器由军器监制造。北宋时期木材在棍、棒、弓、弩一类的军器的制作中是重要的原料。宋神宗熙宁七年（1074年），“枢密院言，修内马、步军教阅所损弓弩，若箭极费物材，匠手亦不给。诏自今诸军射远，本等武艺及比拍排连用良弓弩，余并用木弓弩，令军器监计置数以闻”[①]，因弓弩耗费巨大，木材浪费甚多，对军器监进行了改革。元丰六年（1083年），“提点京西北路刑狱公事梁焘言：‘西京伊阳县、汝州鲁山县买制造军器所木植结缆，中卖数多。今冬农隙，入山事材，来春水开，乘水起运，其间民力盖少暇日。乞免两县来年夫役。’从之。”[②]军器监采买的木材来源地之一为京西北路，在冬季农作休息时入山采伐，春季乘水路运送至京城。熙宁九年（1076年），宋述担任的官职是“管勾军器、将作监买木”[③]，可见出现专人负责将作监和军器监的买木事宜。

在乐器制造方面，比如琴的制造，宋人已经意识到木材对琴质优劣的影响，“琴材欲轻、松、脆、滑，谓之‘四善’”[④]，木材的质地直接影响琴的音色，北宋时期的琴多使用桐木制作，桐木材质较轻，古代工匠一般用其做棺材或琴瑟一类的乐器。然而，并不是任何品类的桐木都可以制琴，“琴虽用桐，然须多年木性都尽，声始发越”[⑤]，需要使用“木性”尽的桐木。北宋人们通过对桐木的了解编撰成《桐谱》一书，其中叙述了桐木的起源、类别，并介绍了桐木的栽培和砍伐价值，其影响颇深。南宋时期人们对制琴使用的桐木有了更为深入的见解，南宋赵希鹄的《洞天清录》记载：“桐木太松而理疏，琴声多泛而虚。宜择紧实而

① 李焘：《长编》卷258，熙宁七年十二月，北京：中华书局，2004年，第6298页。

② 李焘：《长编》卷341，元丰六年十一月甲子，北京：中华书局，2004年，第8201页。

③ 李焘：《长编》卷277，熙宁九年八月乙酉，北京：中华书局，2004年，第6773页。

④ 沈括撰，张富祥译注：《梦溪笔谈》卷5《朽木为琴》，北京：中华书局，2009年，第89页。

⑤ 沈括撰，张富祥译注：《梦溪笔谈》卷5《朽木为琴》，北京：中华书局，2009年，第88页。

纹理条条如丝线、密条达不邪曲者，此十分良材”[①]，可见制琴需要纹理密实的桐木。

在丧葬方面，“葬者，藏也。孝子不忍其亲之暴露，故敛而藏之”[②]，中国的丧葬礼仪是贯彻三纲五常的重要手段，作为孝子不应该让亲人暴尸野外，应用棺椁藏之。“棺槨之作，自黄帝始”[③]，棺一般为木质，但某些地区或民族也使用瓦棺。北宋时期火葬盛行，其最主要的原因是土葬所费甚大，贫苦民众难以承担。为了适应丧葬的需要，出现专门帮人办理丧事的行业，“若凶事出殡，自上而下，凶肆各有体例。如方相、车舆、结络、彩帛，皆有定价，不须劳力。寻常出街市干事，稍似路远倦行，逐坊巷桥市，自有假赁鞍马者，不过百钱。”[④]殡葬行业涉及方方面面，人们只需要出钱就可以免去出殡中各种琐事困扰，并且“民间吉凶筵会”，也有专门的“四司人”承办，“主人只出钱而已，不用费力”[⑤]，就可以将筵会中上至安排座次，下至桌椅陈设安排得妥帖，且不用担心出错。殡葬行业多为城市居民使用，而农村居民多由亲戚邻里帮忙以解决以上问题[⑥]。中国古代奉行人去世后应“入土为安”，由此需要棺木承载，北宋东京人口众多，可以猜想制作棺木所需的木材也不在少数。

总之，北宋时期的东京城木材在建筑营建、薪炭燃料、工具家具制

① 赵希鹄撰，尹意点校：《洞天清录·桐木不宜太松》，杭州：浙江人民美术出版社，2016年，第8页。

② 司马光撰，李之亮笺注：《司马温公集编年笺注（第5册）》卷71《葬论》，成都：巴蜀书社，2009年，第346页。

③ 高承撰，金圆、许沛藻点校：《事物纪原》卷9《棺椁》，北京：中华书局，1989年，第479页。

④ 孟元老撰，伊永文笺注：《东京梦华录笺注》卷4《杂赁》，北京：中华书局，2006年，第410页。

⑤ 孟元老撰，伊永文笺注：《东京梦华录笺注》卷4《筵会假赁》，北京：中华书局，2006年，第417页。

⑥ 姚瀛艇：《宋代文化史》，开封：河南大学出版社，1992年，第535页。

作方面发挥着巨大的作用，是东京居民日常生活中不可或缺的生产与生活原料，为东京居民的生活提供了便利。无论在原料还是燃料方面对木材都有着巨大的需求量。原料方面主要体现在建筑营缮和器物制造方面，木材作为燃料在居民日常的生产生活中应用广泛，对维护东京社会生活的发展有着重要作用。

二、北宋东京木材供应地考察

为保障东京木材巨大的需求量，保证东京社会经济和生产生活的正常运行，北宋政府对东京木材供应地即采伐地区的选择极为重视，主要有西北、河东与南方三个采伐地区：

西北地区的陕西路[①]是植被覆盖面积广大的林业区，“有铜、盐、金、铁之产，丝、枲、林、木之饶”[②]，以高山大谷为主，森林覆盖面积广，有丰富的林业资源，京师东京的木材大多仰仗这一地区的供给。

秦凤路秦州西北的夕阳镇（甘肃天水市西北），“产巨材，森郁绵亘，不知其极”[③]，夕阳镇以西的“大洛、小洛门砦，多产良木”[④]，因其丰富的森林资源，加之依傍渭河，水路交通便利，因而从北宋立国开始，夕阳镇的林木就源源不断供往京师。宋太祖建隆初年，朝廷于秦州设置专门的采木机构，以满足东京木材的大量需求，“秦州夕阳镇，古伏羌县之地也，西北接大薮，材植所出，戎人久擅其利。及尚书左丞高防知秦州，因建议置采造务，辟地数百里，筑堡据要害，戍卒三百人……岁获大木万本，以给京师。”[⑤]秦州因其独特的地理条件和丰富的

① 陕西路为全国十五道之一，北宋至道三年（997 年）置。熙宁五年（1072 年）分为永兴军，秦凤二路，习惯上仍称二路为陕西路。

② 脱脱等著:《宋史》卷 87《地理三》，北京：中华书局，1977 年，第 2170 页。

③ 释文莹撰，郑世刚、杨立扬点校:《玉壶清话》卷 2，北京：中华书局，1984 年，第 20 页。

④ 脱脱等著:《宋史》卷 266《温仲舒传》，北京：中华书局，1977 年，第 9182 页。

⑤ 李焘:《长编》卷 3，建隆三年六月辛卯，北京：中华书局，2004 年，第 68 页。

自然资源，自宋朝建国之初便成为主要的采伐地区，朝廷在此设立专门的采木机构——采造务，并派戍卒300人守卫，每年采伐万余大木，专门供东京营建使用。

宋太宗时，命张平监督秦陇地区木材的买卖，“太宗即位，召补右班殿直，监市木秦、陇，平悉更新制，建都务，计水陆之费，以春、秋二时联巨筏，自渭达河，历砥柱以集于京。期岁之间，良材山积。”① 张平创建了运输木材的简便方法，即木材采伐后，联为“巨筏”运至渭河，在渭河编成木材纲后，再由渭河下浮至黄河，沿河而下，进入汴河，抵达京师。这种利用天然河道运送木材的方式，在增加木材运输量的同时减小了木材的运输成本，极大地满足了东京对木材庞大的需求量。

宋真宗时，京师工程繁多，木材需求量大，因此政府在西北秦陇地区开辟了数处采木务。大中祥符三年（1010年），签署枢密院事马知节上书说：“前知秦州，按视得蕃界大、小落门皆巨材所产，已于逐处及缘路置军士憩泊营宇。令蕃部感朝廷绥抚，各思保塞，望遣使谕诸族，令防援军士同力采取，况俯临渭河，可免牵挽之役。”② 大、小落门地区凭借丰富的木材资源和便利的河运条件，在宋真宗时期成为主要的京师木材供应地。大中祥符八年（1015年），为满足更为巨大的木材需求，“陕西转运使请于陇州西山、胡田、浇水等处置采木务以备边用”③，宋真宗同意了这一请求，在秦陇地区新增加了三处木材采伐区，虽说是“以备边用”，但也向东京供应木材。

宋真宗天禧二年（1018年），“白波发运司判官王真言：‘上供材植

① 脱脱等著:《宋史》卷276《张平传》，北京：中华书局，1977年，第9405页。

② 李焘:《长编》卷73，大中祥符三年四月丙寅，北京：中华书局，2004年，第1667页。

③ 李焘:《长编》卷82，大中祥符七年六月己巳，北京：中华书局，2004年，第1881页。

及诸埽岸桩橛，欲望隔年下陕西州军和市，编排为栰，候春水或霜降水落之际，由三门入汴。’诏送三司详定以闻。”[①] 从这则史料中，可以看出陕西每年都要向东京供应大量的木材，采取水路运输，“编排为栰”，并且在春水或者霜降水势较小时由三门入汴河，走水路运送木材既方便又快捷，极大地满足了北宋东京木材巨大的需求量。天禧三年（1019年），“三司使李士衡言，京师每岁所用材植，并令陕西州军给钱配买”[②]，可知宋真宗时期东京所用的木材大多为陕西木。宋真宗时期，仅在秦陇这一地区开辟的采伐区就有五处，一方面反映出真宗时期东京的营建众多，木材的需求量大；另一方面则反映出宋真宗时期大兴土木，奢靡之风渐渐展露。

宋仁宗天圣八年（1030年），“三司言方建太一宫及洪福等院，计须材木九万四千余条，乞下陕西市之。诏可。”[③] 庆历三年（1043年），“三司言在京营缮，岁用材木凡三十万，请下陕西转运司收市之。”[④] 可见，宋仁宗时期东京营建所用的木材大多也为陕西木。

宋神宗熙宁七年（1074年），“三司火，自巳至戌止，焚屋千八十楹，案牍等殆尽”[⑤]，三司官衙毁于大火，宋政府下令重修三司：“将作监检计三司地基，分布修盖，除副使、判官不置堂外，余修如故。买民居，增广地步。所用材木，令熙河采伐输运，委都转运使熊本、提点刑狱郑民宪管勾。”[⑥] 因重修时在原来地基的基础上扩大了规模，其所需的木材量也随之增加，为满足需求，所耗费的木材要到熙河路进行采伐。由此可见，宋神宗时期，西北地区仍是东京木材的重要供给地。元丰三

① 徐松辑，刘琳、刁忠民等校点：《宋会要辑稿·食货》37之8，4之23，上海：上海古籍出版社，2014年，第6809页。

② 李焘：《长编》卷94，天禧三年九月庚午，北京：中华书局，2004年，第2166页。

③ 李焘：《长编》卷109，天圣八年三月，北京：中华书局，2004年，第2538页。

④ 李焘：《长编》卷139，庆历三年春正月丙子，北京：中华书局，2004年，第3337页。

⑤ 李焘：《长编》卷256，熙宁七年九月壬子，北京：中华书局，2004年，第6254页。

⑥ 李焘：《长编》卷256，熙宁七年九月乙卯，北京：中华书局，2004年，第6261页。

年（1080年），朝廷重修尚书省，宋神宗下诏："方今天下，独熙河山林久在羌中，养成巨材，最为浩瀚，可以取足即今合用之数。宜专差都大经制熙河路边防财用事李宪兼专切提举本路采买木植。"[①]宋神宗收复熙、洮、岷等州后，拓展了北宋西北地区的疆域面积，同时将西北地区丰富的森林资源"纳入囊中"，此时期的熙河路成为东京的木材主要来源地。

值得注意的是，由于北宋政府对西北地区林木的不断采伐，其采伐地点在不断地变化，由宋太祖时期的秦州夕阳镇到宋真宗时期的大、小落门，宋神宗时期则至熙河路进行采伐，其采伐地点在不断地向西推进。

关于西北地区运往东京的木材数量，史料的记载十分有限，据《长编》："三司言在京营缮，岁用材木凡三十万，请下陕西转运司收市之。诏减三之一，仍令官自遣人就山和市，无得抑配于民。"[②]宋仁宗庆历三年（1043年），仅东京营缮消耗的木材达到30万条，宋仁宗下诏减为20万条，30万条可能为仁宗前期大兴土木时的需求量，而20万条可能更符合常态，这些木材都是从西北地区收市而来[③]。庆历八年（1048年），包拯任职三司时，在《请权罢陕西州军科率奏》中称："上京材木共九万三千一百五条，各系大料木植，十四州科买"[④]，陕西路上供东京的木材为寻常不易得的合抱之木，一般在建造大型建筑中使用，"缘并系大料木植，只是秦州出产"[⑤]，秦州向东京供应的木材仅是"大料木

① 李焘：《长编》卷310，元丰三年十二月乙酉，北京：中华书局，2004年，第7528—7529页。

② 李焘：《长编》卷139，庆历三年春正月丙子，北京：中华书局，2004年，第3337页。

③ 聂传平：《宋代环境史专题研究》，陕西师范大学博士学位论文，2015年，第24页。

④ 包拯撰，杨国宜校注：《包拯集校注》卷2《请权罢陕西州军科率奏》，合肥：黄山书社，1999年，第109页。

⑤ 包拯撰，杨国宜校注：《包拯集校注》卷2《请权罢陕西州军科率奏》，合肥：黄山书社，1999年，第109页。

植”这一项大约在10万条，如果加上其他类型的木材，其数量当超过10万条。由此可以推断出，宋仁宗时期每年从陕西路上供东京的木材数量在10万～20万条。

除西北地区外，北宋时期的河东地区也是东京木材的重要供应地。河东地区境内分布有南北走向的太行山和吕梁山，其间又有五台山、恒山等多个山峰，太行山区虽早已为林木采伐区[①]，但至北宋时期仍保留有丰量的森林资源。河东地区“从来禁伐五台山一带林木，以遏胡马之冲”[②]，但自宋徽宗政和二年（1112年），“始被诏采伐官山林木”[③]。河朔地区“林木茂密，多有逋逃藏匿其间”[④]，其南部泽州，“郡当太行之喉”，“郡将以虎患”[⑤]，该州已有老虎灾患，说明林木分布是十分广泛的。

宋仁宗至和二年（1055年），“河东路上供木植及并州先欠和籴斛斗、岚州合河第三津渡课钱，并除之”[⑥]，可见宋仁宗前期河东路已经承担向东京供应木材的职责，至和二年后不再供木。宋神宗时对河东路林木资源进一步加以保护：“（元丰三年）河东都转运司言：‘宪州静乐县民请射石神慢坡坞荒地千余顷，置弓箭手五百人，岁输租米三千石。今据静乐县尉案行，止有百二十三顷，即今林木蕃茂，乞禁采伐，养成良材，以备官用。’从之。”[⑦]河东路河都转运司官员上奏请求禁止采伐当

① 阳小兰、许清海、赵鹤平：《末次冰期以来太行山区的植被演替》，《地理学与国土研究》，1999年第1期。

② 徐松辑，刘琳、刁忠民等校点：《宋会要辑稿·兵》29之3，上海：上海古籍出版社，2014年，第9238页。

③ 李埴撰，燕永成校正：《皇宋十朝纲要校正》卷17，北京：中华书局，2013年，第490页。

④ 徐松辑，刘琳、刁忠民等校点：《宋会要辑稿·兵》12之16，上海：上海古籍出版社，2014年，第8842页。

⑤ 朱彧撰，李伟国点校：《萍州可谈》卷2《泽州虎祠》，上海：上海古籍出版社，2012年，第44页。

⑥ 李焘：《长编》卷181，至和二年十一月丁卯，北京：中华书局，2004年，第4384页。

⑦ 李焘：《长编》卷302，元丰三年二月辛丑，北京：中华书局，2004年，第7352页。

地林木，作为东京的木材供应备用地。宋神宗同意了这一请求，下诏禁止采伐该地林木。直至政和二年（1112年），因宋徽宗在东京大兴土木工程建设，导致东京木材供应不足时才开放对河东地区的木材开采："提举京西路平常盛勋言：'河东路木植司自政和二年秋，始被诏采伐官山林木，前官张澡及勋在官，总得柱梁四十一万五百条有奇，为二百五纲赴京。'"[①] 木材采伐后，编联成纲，运输至京师。从上述材料中可以看出，41万500余条的木材，最后结成205纲，每纲木材大约有2000余条，若不依靠发达的水运，陆地运输难以输送如此巨大数额的木材，更难以满足东京木材的庞大需求量。

北宋时期京西路的森林资源也十分丰富。熙宁初，京西路转运使吴几复就曾说"郢、唐、均、房、金五州多林木"[②]。宋徽宗政和三年（1113年），京西路计度转运使王璹上言："本路唐、邓、襄、汝等州，治平以前地多山林，人少耕植。自熙宁中，四方之民辐辏开垦，环数千里并为良田"[③]，可知在宋哲宗以前，京西路大部分地区林木资源应十分丰富，直到宋神宗熙宁年间才开始对此地进行开垦。京西路西北伊水"濒大山，属连数百里，其生植深远无穷。多材木林竹、薪蒸橡栗之饶"[④]，由于伊水附近林木资源丰富，因此洛阳居民日常生活中的木材大都由此地采伐，"岁取之，设方泭以载，浮伊而下，循渠引行，萃于城中。物众售平，人用赖焉"[⑤]，是洛阳重要木材供给地，同时也是京师木材的供应地。

---

① 李埴撰，燕永成校正：《皇宋十朝纲要校正》卷17，北京：中华书局，2013年，第490—491页。

② 脱脱等著：《宋史》卷180《食货下二》，北京：中华书局，1977年，第4382页。

③ 徐松辑，刘琳、刁忠民等校点：《宋会要辑稿·食货》70之24，上海：上海古籍出版社，2014年，第8113页。

④ 蔡襄撰，吴以宁点校：《蔡襄集》卷28《导伊水记》，上海：上海古籍出版社，1996年，第488页。

⑤ 蔡襄撰，吴以宁点校：《蔡襄集》卷28《导伊水记》，上海：上海古籍出版社，1996年，第488页。

京东路中部的山地是森林资源广泛分布的地区，“滨、棣、淄、齐、郓、博州茇莽翳荟”①，泰山被历代统治者奉为神圣，因此其森林资源得到了一定的保护。京东路虽然林木覆盖面积较广，但其林木供应是不充足的。宋真宗大中祥符元年（1008年），宋真宗准备修缮泰山行宫以备封禅之用，“令三司取汴、蔡御河舡入广济河，运仪仗什物赴兖州，发陕西上供木，由黄河浮筏至郓州”②，北宋政府不惜耗费大量人力、物力从陕西运送木材，一方面原因是陕西木材质量上乘，更重要的原因是当时京东路地区已经无木可采。宋仁宗庆历三年（1043年），河北路、京东路诸军修防城器具，但“澶州、濮州地少林木”③，政府于民间科配，居民“为无木植送纳，尽伐桑柘纳官”④，可见北宋时期京东路地区林木供应处于短缺状态。

除西北地区、河东地区外，南方地区也是东京木材的供应地之一。两浙地区植被大多处于原始森林状态，如四明山区，“昔时巨木高森，沿溪平地竹木，蔚然茂密”⑤，其他一些山区，如天台山、洞庭山等地区，直到近现代仍是茂密的森林区域。梅尧臣在《依韵和孙侔雁荡二首》一诗中说：“雁荡高高路莫通，衔芦秋翼人云峰”⑥，从侧面反映出两浙路温州雁荡山区森林覆盖面积之广。沈括《梦溪笔谈》记载：“温州雁荡山，天下奇秀，然自古图牒未尝有言者。祥符中，因造玉清宫，伐

① 李焘：《长编》卷89，天禧元年三月壬戌，北京：中华书局，2004年，第2052页。

② 徐松辑，刘琳、刁忠民等校点：《宋会要辑稿·礼》22之4，上海：上海古籍出版社，2014年，第1113页。

③ 欧阳修撰，李之亮笺注：《欧阳修集编年笺注（第6册）》卷104《论乞止绝河北伐民桑柘札子》，成都：巴蜀书社，2007年，第222页。

④ 欧阳修撰，李之亮笺注：《欧阳修集编年笺注（第6册）》卷104《论乞止绝河北伐民桑柘札子》，成都：巴蜀书社，2007年，第222页。

⑤ 魏岘撰：《四明它山水利备览》卷上《淘沙》，北京：中华书局，1985年，第4页。

⑥ 梅尧臣撰，朱东润编年校注：《梅尧臣编年校注》卷23《依韵和孙侔雁荡二首》，上海：上海古籍出版社，2006年，第692页。

山取材，方有人见之”[1]，至少在大中祥符年间之前，温州雁荡山地区仍有广袤的森林覆盖，宋真宗修建玉清昭应宫时，所需木材量激增，需要大量的木材供应，对这一地区的林木进行采伐，温州雁荡山地区森林覆盖之广袤才为外人所知晓。据《宋大诏令集》载：“虞衡所职，斩伐以时。属真之并兴，顾地材而毕取。落成伊始，美报爰申，俾展精修，用符昭报。宜令京东西、陕西、淮南、江南、两浙、荆湖路，应曾经采木石处，遣长吏及佐官建道场内，兴工大处七日，小处五日，仍设清醮，以申报谢。”[2] 宋真宗时，陕西、淮南、两浙、荆湖等处，都是东京木材的供应地。另外，据《宋史》：“时京师大建宫观，伐材木于南方。有司责期会，工徒至有死者，诬以亡命，收系妻子。夷简请缓其役，从之。又言：‘盛冬挽运艰苦，须河流渐通，以卒番送。’”[3] 宋真宗时期，为了满足京师对木材的大量需求，也有伐木于南方的情况。但由于地理条件和运输条件的限制，南方地区并不适合大宗木材的运输，因此南方并不是东京木材的主要供应地，只是工程繁多时的补充而已。

北宋时期东京的木材也源于京西南路，宋神宗元丰四年（1081年），“修尚书省材木，令知汝州李承之于本州界采伐及买，如当亲往，即以州事令以次官权知”[4]，重修尚书省所需木材数量较大，除一部分源于熙河路外，也从距离东京较近的汝州采买木材，以供修建尚书省之用。

北宋时期荆湖地区也广泛分布着森林，并为东京供应木材。据《宋史》记载：荆湖南、北路，“大率有材木、茗荈之饶，金铁、羽毛之

① 沈括撰，张富祥译注：《梦溪笔谈》卷24《温州雁荡山》，北京：中华书局，2009年，第265页。

② 佚名撰，司义祖整理：《宋大诏令集》卷179《令采木石处建道场设醮诏》，北京：中华书局，2009年，第648页。

③ 脱脱等著：《宋史》卷311《吕夷简传》，北京：中华书局，1977年，第10206页。

④ 李焘：《长编》卷316，元丰四年九月丙午，北京：中华书局，2004年，第7650页。

利”[①]，其洞庭湖周围的岳州地区，君山“山多古木少草”，梅仙山“层峦叠嶂，望之极葱翠”[②]，森林覆盖地区广泛。宋神宗元丰六年（1083年），“荆湖南路提点刑狱司言：‘被诏买修京城楠、桑、檀木等，欲依河防例，于民间等第科配’”[③]，荆湖南路提供修建京城的楠、桑、檀木等木料。

通过对北宋东京木材来源地区的考察，可以看出西北地区因其丰富的森林资源和便利的河运，成为东京木材的主要供给地。除此之外，河东地区也是东京木材的重要供给区，其他地区为补充供给地区，多个供给地区相互作用，共同为东京木材的充足使用提供了保障，并促进了东京居民生产和生活的发展与繁荣。

三、北宋东京木材使用的客观影响

北宋东京木材使用与供应的影响，主要是两个方面。一是东京木材的大量使用对东京的社会生活产生了影响。具体表现为对人们的居住环境和生态观念上发生变化。二是为了供应东京木材巨大的需求量，各个采伐区持续采木，其采伐速度远超森林自身的恢复能力，导致生态环境发生了巨大的变化。同时，也促使人们对与之相关的环境问题进行过思考。

木材使用对东京地区人居环境的影响，直接表现为对东京居住环境上的影响。

北宋东京木材的大量使用改善了居民的居住环境，据《东京梦华录》记载，北宋东京城内有“白矾楼后改为丰乐楼，宣和间更修三层相

① 脱脱等著：《宋史》卷88《地理四》，北京：中华书局，1977年，第2201页。

② 范志明撰，查清华、潘超群整理：《岳阳风土记》，《全宋笔记》第2编第7册，郑州：大象出版社，2013年，第92页。

③ 李焘：《长编》卷332，元丰六年正月癸卯，北京：中华书局，2004年，第8008页。

高，五楼相向，各有飞桥栏槛，明暗相通，珠帘绣额，灯烛晃耀”[①]，修建如此壮丽的酒楼，势必在大量木材的使用下才能完成。三馆自五代以来就十分鄙陋，“创小屋数十间，为三馆，湫隘尤甚。又周庐徼道，成出其间，卫士驺卒，朝夕喧杂，每受诏撰述，皆移他所”[②]，宋太宗太平兴国年间，“诏有司，度左升龙门东北车府地为三馆，栋宇宏大”[③]，重修规模宏大的三馆同样耗费大量的木材。另外，北宋历代统治者还修建了众多的宫观建筑，如：玉清昭应宫、太一宫、景灵宫等建筑，促使北宋东京建筑体系日益完善，东京城内楼台廨宇、宫观寺院、园林酒楼等建筑日渐增加，可见木材的大量使用改善了东京居民的居住环境，并促进了建筑技术的提升。

北宋东京木材的大量使用还促使了中国古代建筑体系的发展与完善，刊行于宋徽宗崇宁二年（1103 年）的《营造法式》，对建筑营建中的工程做法、用料及功限做出了官方的规范，标志着中国古代建筑体系的发展与成熟。在木材的使用方面，《营造法式》记载：“凡构屋之制，皆以材为祖。材有八等，度屋之大小，因而用之”，“凡屋宇之高深，名物之短长，曲直举折之势，规矩绳墨之宜，皆以所用材之分，以为制度焉”[④]，中国古代是等级社会，因此其建筑也有着显著的阶级属性，突出表现在木材的使用方面，根据屋宇营建中木材使用之大小、多少、长短分为八个等级，均有不同的用处。

《营造法式》的刊发虽然是政治与社会条件共同作用下的产物，但与木材的充足使用是密不可分的，只有在木材大量使用作为支撑，人们

① 孟元老撰，尹永文笺注：《东京梦华录笺注》卷 2《酒楼》，北京：中华书局，2006 年，第 174 页。

② 吴处厚撰，李裕民点校：《青箱杂记》卷 3，北京：中华书局，1985 年，第 28 页。

③ 杨亿口述，黄鉴笔录，宋庠整理，李裕民辑校：《杨文公谈苑》卷 4《三馆》，上海：上海古籍出版社，1993 年，第 47 页。

④ 李诫撰，王海燕注译：《〈营造法式〉译解》，武汉：华中科技大学出版社，2011 年，第 67 页。

对居住条件更高层次的追求的背景下才能成为现实，因此北宋东京木材的使用对居民的居住环境也产生了深刻的影响。

此外，北宋东京木材的使用还对东京的建筑风格产生了重要的影响。宋代建筑一改唐代辉煌壮丽的特点，变得纤巧秀丽、注重装饰[①]，同样与东京木材的充足使用密不可分。宋代居民的居家观念产生变化，人们除了注重建筑居住面积的广大外，更注重建筑装饰的精巧秀丽，木材的充足供应正迎合了人们的需求，促使人们可以对居住条件有更高层次的追求，将建筑风格转向壮丽与精巧相结合，营造更为良好的居住环境。

但是，凡事都有两面性。北宋东京木材的大量使用是以木材供应地环境的破坏为代价的。

北宋东京木材主要来源于西北秦陇地区，因此木材使用对环境产生的影响在西北地区尤为显著，其影响主要表现在森林分布的退化、珍稀树种的减少和自然灾害的增加三个方面。

第一，森林资源退化。

北宋东京木材的使用对西北地区森林分布产生了消极的影响，导致采伐地点不断向西推移，由宋太祖时期的秦州夕阳镇，宋真宗时推移至大、小落门地区，宋神宗时期到达熙河路一带。采伐区域由渭河流域逐步推进到洮河流域，除了北宋时期疆域扩展的原因外，最重要的因素是西北地区林木的持续采伐，超出了森林自然的恢复能力，促使采伐地点的不断推移，导致森林分布不断退化。

除西北地区以外，其他地区的森林也遭到了严重的破坏。如两浙路的温州有雁荡山，“天下奇秀，然自古图牒未尝有言者。祥符中，因造

① 刘淑芳:《宋代建筑的艺术特点与风格研究》,《艺术与设计（理论）》, 2011 年第 1 期，第 150 页。

玉清宫，伐山取材，方有人见之。此时尚未有名”[①]，在大中祥符年间以前风景秀丽，森林植被覆盖良好，但自古以来的版图上并没有关于雁荡山的记载，直至修建玉清昭应宫时，东京的木材需求量大增，此地丰富的林木资源才为人所知。足见北宋时期东京木材的使用对森林的影响，即使是未被记录在册，甚至连名字都没有的山川也难逃被肆意采伐的命运。据《梦溪笔谈》记载：“今齐鲁间松林尽矣，渐至太行、京西、江南松山太半皆童矣”[②]，也从侧面反映出木材的采伐对森林造成的破坏程度之深。

第二，珍稀树种的减少。

北宋时期东京修建大型宫室往往使用珍贵的木材品种，如修建玉清昭应宫，“规模宏大，凡用材木，莫非楩楠”[③]，楩楠指黄楩木和楠木，都是珍稀的树种。据《容斋随笔》记载：“玉清昭应之建，丁谓为修宫使，凡役工日至三四万，所用有秦、陇、岐、同之松，岚、石、汾、阴之柏，潭、衡、道、永、鼎、吉之梌枏、槠，温、台、衢、吉之梼，永、澧、处之槻、樟，潭、柳、明、越之杉。”[④]修建玉清昭应宫除使用松柏等常见木材外，还使用梼、樟等珍贵的木材品种。宋徽宗政和年间，修建艮岳时更是“搜远方珍材，尽天下蠹工绝技而经始焉”[⑤]，也大肆搜集珍贵的木材。珍稀木材品种一般生长较慢，并且数量较少，对珍稀木材的大肆采伐与使用，势必会导致稀有木材种类的减少。

---

① 沈括撰，张富祥译注：《梦溪笔谈》卷24《温州雁荡山》，北京：中华书局，2009年，第265页。

② 沈括撰，张富祥译注：《梦溪笔谈》卷24《杂志一》，北京：中华书局，2009年，第260页。

③ 李焘：《长编》卷71，大中祥符二年六月丁酉，北京：中华书局，2004年，第1612页。

④ 洪迈撰，孔凡礼点校：《容斋随笔》卷11《宫室土木》，北京：中华书局，2005年，第557页。

⑤ 释祖秀撰，夏广兴、王伶整理：《华阳宫记事》，《全宋笔记》第4编第3册，郑州：大象出版社，2008年，第196页。

第三，导致自然灾害增多。

森林有涵养水源、防风固沙、维持生态平衡等的重要作用，对森林资源的过度采伐势必破坏其维护生态平衡和谐发展的作用。北宋时期西北地区作为主要的木材采伐区，对这一地区木材的掠夺性采伐导致其生态平衡遭到严重破坏，从而使西北地区的自然灾害增加。良好的森林覆盖可以维护生态环境的平衡，保证水循环系统的正常运作，如果森林遭到严重的破坏，地表大面积裸露，将导致森林无法涵养水源或者水分蒸发速度加快，最终气候出现异常，最突出变现为洪水或干旱气候次数的增加。

有关北宋时期陕西路的旱灾情况，李华瑞先生在《宋代救荒史稿》一书中，通过对北宋时期旱情频率的统计，可以看出北宋神宗年间的旱情频率最高，仁宗朝最少，哲宗、徽宗与前三朝相仿，据统计北宋时期陕西路的旱灾次数为51次，是除东京外旱灾发生次数最多的地区[①]。北宋陕西路旱灾频发，严重破坏了当地居民的生产生活，宋神宗熙宁七年（1074年），“自春及夏河北、河东、陕西、京东西、淮南诸路久旱。九月，诸路复旱。时新复洮河亦旱，羌户多殍死”[②]，干旱天气频发，河流干涸、庄稼焦枯、居民流离失所，当地生产经济受到严重破坏。

北宋时期干旱、洪水等生态环境恶化的气候出现，固然与生态体统自身的变化因素有关，但与人类肆意破坏森林的活动密不可分。人类不正确的采伐活动对生态环境恶化有着直接的影响，森林植被的过度采伐，对生态环境造成负面影响，这在人类探索与自然环境的相处模式中是值得深思的。

四、东京木材使用对人们观念的影响

北宋时期东京木材的使用对宋人思想观念产生的重要影响，主要体

① 李华瑞:《宋代救荒史稿》，天津：天津古籍出版社，2014年，第177—178页。

② 脱脱等著:《宋史》卷66《五行四》，北京：中华书局，1977年，第1441页。

现在引发了宋人的林木保护意识方面。北宋时期林木的采伐对西北地区的生态环境造成了严重的破坏，使该地区森林分布退化、自然灾害增加，生态环境恶化引起了宋人对环境保护的反思，从而激发了宋人林木保护意识的形成与发展。宋人的林木保护意识要求减少对林木资源的采伐，但这与居民生产生活的发展不相适应，仅为“一纸空文”而已。虽然宋人日常生活中并没有深刻地贯彻林木保护观念，但展现出宋人的林木保护意识开始觉醒，并影响到生活实践中。

早在秦汉、春秋战国时期，古代思想家就对自然界和人与自然关系提出了自己的见解，如荀子的“天地者，生之始也”①，董仲舒的“天人合一”“天人感应”，这些见解虽然处于探索人与自然关系的初步阶段，但对后世思想家有重要的启蒙作用。北宋思想家在前人的基础上进行探索和实践，倡导以“顺”为核心，以“阴阳协调”“仁”“和”为主题，主张人与自然和谐相处的生态观念，人们要顺应天时以保证生态平衡发展，并逐渐认识到人在环境变迁中所产生的作用。并且，思想家的认识对北宋政府的生态政策和人们的日常生活观念都产生了深远的影响。

北宋时期思想家的生态观念有着丰富的内涵。在对自然的认识方面，周敦颐认为“天以阳生万物，以阴成万物”②，天地万物由阴阳组成，“天地和则万物顺”③，只有天地之间和谐才能发展。在人与自然关系方面，二程认为“仁者，以天地万物为一体”④，“人与天地一物也”⑤，

① 荀况撰，杨倞注，耿云标校:《荀子》卷 5，上海：上海古籍出版社，2014 年，第 97 页。

② 周敦颐撰，梁绍辉、徐荪铭点校:《周敦颐集》卷 4《顺化第十一》，长沙：岳麓书社，2007 年，第 71 页。

③ 周敦颐撰，梁绍辉、徐荪铭点校:《周敦颐集》卷 4《乐中第十八》，长沙：岳麓书社，2007 年，第 75 页。

④ 程颐、程颢撰，王孝鱼点校:《二程集·河南程氏遗书》卷 2《元丰己未吕与叔东见二先生语》，北京：中华书局，2004 年，第 15 页。

⑤ 程颐、程颢撰，王孝鱼点校:《二程集·河南程氏遗书》卷 11《师训》，北京：中华书局，2004 年，第 120 页。

即人与自然是相互联系的有机整体，当自然界遭到破坏时，“如手足不仁，气已不贯，皆不属己”[①]，就如同自己的身体遭到损害一样。张载认为“乾称父而坤母，予兹藐焉，乃混然中处。故天地之塞吾其体，天地之帅吾其性，民吾同胞，物吾与也”[②]，天为父，地为母，人是天地万物中的一员。天地万物与人的本性是一致的，因此天地面前人与万物都是平等的朋友关系，实现人生的最高理想是“为天地立心，为生民立命，为往圣继绝学，为万世开太平”[③]，这不仅包含了人与人之间的关系，还包括了人与自然之间的和谐与平衡，也可以体现出张载主张顺应自然，遵从天理，以达到人与自然和谐相处的思想。

北宋时期思想家认为人在天地之间，应注重顺应自然规律，“顺天地时利之宜，识阴阳消长之理，则百谷之成，斯可必矣”[④]，只有顺应天时进行耕作，才能获得丰收。人与自然相处时，应该“观天地运化，阴阳消长，以达乎万物之变，然后颓然乎顺，浩然乎归”[⑤]，人应顺应自然的发展，观察天地万物阴阳消长的变化，顺应天时进行发展。

另外，北宋思想家开始反思人类对自然的无情掠夺产生的消极作用。石介认为“斧斤不以时入山林，网罟不以时而入泽，木得生乎？鱼得安乎？”[⑥]人类没有节制地对山林渔泽的掠取，不仅破坏环境，而且不能使生物得到发展，这违背了自然界的发展规律。程颢在《上神宗十

---

① 程颐、程颢撰，王孝鱼点校:《二程集·河南程氏遗书》卷2《元丰己未吕与叔东见二先生语》，北京：中华书局，2004年，第15页。

② 脱脱等著:《宋史》卷427《张载传》，北京：中华书局，1977年，第12724页。

③ 张载撰，张锡琛点校:《张载集·张子语录》中，北京：中华书局，1978年，第320页。

④ 陈旉撰，刘铭校释:《陈旉农书校释》卷上《天时之宜篇第四》，北京：中国农业出版社，2015年，第26页。

⑤ 程颐、程颢撰，王孝鱼点校:《二程集·河南程氏粹言》卷2《圣贤篇》，北京：中华书局，2004年，第1241页。

⑥ 石介撰，陈植锷点校:《徂徕石先生文集》卷16《上徐州张刑部书》，北京：中华书局，1984年，第196页。

事》中论及：“山虞泽衡，各有常禁，故万物阜丰，而财用不乏。今五官不修，六府不治，用之无节。取之不时，岂唯物失其性？林木所资，天下皆已童赭，斧斤焚荡，尚且侵寻不禁，而川泽渔猎之繁，暴殄天物，亦已耗竭，则将若之何！此乃穷弊之极矣。”[①] 山川渔泽依时采取才能保证万物丰盈、取之不竭，然而政府对山川林木、渔泽猎物的非时掠夺，是暴殄天物的行为，程颢对政府的这种行为极为失望，最终发出了“此乃穷弊之极矣”的感慨。可见，北宋时期思想家开始对人类在自然界中毫无节制的掠取行为进行反思，认识到依时采取在人与自然和谐发展中的意义，宋人的林木保护意识开始觉醒。

同时，北宋思想家的认识和言论影响到了统治阶层。北宋初期，统治者即认为应该顺应天时、因时施政，以保持生态平衡。宋太祖建隆二年（961年）下《禁采捕诏》，“王者稽古临民，顺时布政。属阳春在候，品汇咸亨。鸟兽虫鱼，俾各安于物性；罝罘罗网，宜不出于国门。庶无胎卵之伤，用助阴阳之气。”[②] 主张因时施政，以保持生态平衡，最终达到阴阳和谐。北宋历代统治者都下诏在春季万物繁衍的季节禁止采捕，保护动植物的繁殖与发展，以保证动植物资源能取之不尽、用之不竭，这是符合自然界发展的规律的。并且，北宋有识之士和有远见的士大夫将自然界的和谐发展与帝王的仁政相结合，认为帝王只有实施仁政才能促进天地阴阳和谐发展：“帝王所为之政和，则天下人喜，人喜则其心亦和。和气既生，充于上下，天地自然以和气应之。天地气和，则阴阳顺，百谷成，衣食自丰，夭横不作，故民跻富寿，常怀乐康，虽欲使之为乱而叛去，必不可得也。若帝王之政不和，则天下之人不喜，不喜则悲愁怨怒，心亦不和。不和之气既生，天地自然以不和之气应

① 赵汝愚编：《宋朝诸臣奏议》卷149《上神宗十事》，上海：上海古籍出版社，1999年，第1701页。

② 佚名撰，司义祖整理：《宋大诏令集》卷198《禁采捕诏》，北京：中华书局，2009年，第729页。

之。天地之气不和，则阴阳不顺，百谷不成，衣食不丰，夭横并作，故民皆穷困离散，父母兄弟妻子不能相保，其不思为乱而叛去者，未之有也。”[①]

帝王之仁政不仅有利于人的发展，更能促进天地阴阳和顺，若帝王暴政，对天地阴阳和人的发展都有消极的影响。帝王“以之上当天心，则可使寒暑平，风雨时，三光轨度；以之下顺地理，则可使五谷熟，庶草茂，山川晏宁”[②]，顺应天时地利是保证自然和谐发展的基础。北宋士大夫将天地阴阳与帝王仁政联系起来，既约束了帝王的行为，又在人与自然关系的相处中有独到的见解和反思，将理论和实践相结合，进而认识到顺应自然发展对人类发展的积极作用。

北宋时期的生态观念虽然仍旧停留在“天人合一”“顺应天时”的阶段，但北宋思想家们已经开始注意到人类对自然的无情掠夺带来的危害，并开始进行反思。宋人在对林木资源的采伐中，意识到林木资源的破坏对生态环境造成的威胁，因而形成了保护林木的生态观念。在北宋思想家的生态观念中，倡导人与自然和谐发展是其核心内容，认为人与自然万物平等，人类在利用自然资源的同时，更应注重对自然环境的保护，这在古代社会中已是难能可贵的生态观念[③]。

另外，在此顺便提及北宋东京木材供应对民族关系的影响。

北宋时期西北秦陇地区“森郁绵亘，不知其极”[④]，丰富的森林资源使秦陇地区称为东京木材的重要供给地，但这些地区原本是“古伏羌县

① 赵汝愚编：《宋朝诸臣奏议》卷42《上神宗论灾变而非时数》，上海：上海古籍出版社，1999年，第433页。

② 赵汝愚编：《宋朝诸臣奏议》卷43《上神宗答诏论彗星上三说九宜奏》，上海：上海古籍出版社，1999年，第443页。

③ 张全明：《两宋生态环境变迁史》，北京：中华书局，2015年，第765页。

④ 释文莹撰，郑世刚、杨立扬点校：《玉壶清话》卷2，北京：中华书局，1984年，第20页。

之地也”[①]，是羌族或其他少数民族的居住地，北宋政府对森林的采伐严重影响了少数民族人民的生活环境，因而引发一系列的冲突。

宋太祖建隆三年（962 年），“尚书左丞高防知秦州，因建议置采造务，辟地数百里，筑堡据要害，戍卒三百人，自渭而北则属诸戎，自渭而南则为吾有，岁获大木万本，以给京师。于是西戎酋长尚波于帅众来争，颇杀伤戍卒。防出兵与战，捕系其党四十余人以闻”[②]，高防知秦州时，设立采造务采伐林木以供京师，此举激怒了羌族人民，尚波于率众来争夺这片土地资源，最终高防抓捕羌族四十余人，宋太祖为了平息事件，彻底解决民族冲突，“下诏厚抚其酋，所絷之戎，各以袍带优赐之，遣还其部”[③]，不仅释放并厚赐党项人，还将高防调离了秦州。宋太祖恩威并施，最终化解了党项族人的怨气，避免了民族争端。

宋真宗大中祥符二年（1009 年），为供应修建玉清昭应宫所需的木材，又在秦州开疆百余里，以获取更多的木材。据《长编》载：“知秦州杨怀忠言本州采木，请开疆百余里，召地主给以茶彩。上曰：‘岂有入戎境百余里，而不用兵驱逐耶？’王旦曰：‘国初，高防知秦州，尝议辟地为采造务，戎人骚动，太祖命吴廷祚代之，降诏抚谕，蕃落始宁。’马知节曰：‘拓土为内地，又须置兵防守。’上曰：‘如此，岂得无诛杀耶？不若取路采木，所经族帐，赉以缗帛，则何求不得。如止贪木，乃取无用之地，使害及远人，非朕志也。’”[④]为了避免民族争端，在扩展采伐范围的同时给予少数民族一些安抚政策，宋真宗就以给予茶彩的方式来防止民族争端，这样既保证了东京木材供应的充足，又减少了少数民族地区因过度采伐森林而造成的反叛心理，缓和了民族之间的

① 李焘：《长编》卷 3，建隆三年六月辛卯，北京：中华书局，2004 年，第 68 页。

② 李焘：《长编》卷 3，建隆三年六月辛卯，北京：中华书局，2004 年，第 68 页。

③ 释文莹撰；郑世刚，杨立扬点校：《玉壶清话》卷 2，北京：中华书局，1984 年，第 20 页。

④ 李焘：《长编》卷 71，大中祥符二年四月辛丑，北京：中华书局，2004 年，第 1603 页。

矛盾。

大中祥符三年（1010年），“签署枢密院事马知节言：‘前知秦州，按视得蕃界大、小落门皆巨材所产，已于逐处及缘路置军士憩泊营宇。令蕃部感朝廷绥抚，各思保塞，望遣使谕诸族，令防援军士同力采取，况俯临渭河，可免牵挽之役。’从之”[①]，马知节了解到秦州大、小洛门生长巨型木材，但此地是少数民族的居住地，因此他上言真宗沿用安抚政策以换取木材的采伐权，这一建议得到了真宗的许可。大中祥符五年（1012年），“遣内供奉官王怀信、侍禁李宴诣秦州小洛门置寨采木，令秦州以骑兵百人、步军五百人防从，无得广兴兵甲，以疑戎人”[②]，于小洛门采木的同时置兵甲以防御蕃族的入侵，可见在采伐小洛门的木材时，已经与少数民族爆发小冲突，并没有产生更为严重的后果。大中祥符八年（1015年）：“张佶上大洛门新寨图。先是，佶欲近渭置采木场，蕃族闻之，即徙帐去。佶不能恤以恩意，戎人辄悔，因叛卒乡导，遂行抄劫。佶深入掩击，悉败走。至是求和，佶不许。”[③]张佶在打洛门置场采木，蕃族听闻消息即迁徙而去，但张佶并没有像往常一样上报朝廷增加赏赐加以安抚，部落没有得到赏赐而懊悔，因此率众返回进行抢劫掠夺，张佶深入敌境反击，最终蕃族部落大败而走，即使求和也没有得到张佶的允许。张佶的举动无疑是加剧了民族矛盾，但由于军事实力悬殊，即使蕃族部落没有得到安抚或赏赐，也没有反抗的实力，只能是“敢怒而不敢言”，只能将丰富的林木资源“拱手相让”。

宋仁宗天圣四年（1026年），“户部副使王博文言：‘陕西缘边蕃部捕送逃军，多因樵采或远探伏路，而被蕃人所执，亦有脱身得归，复为

---

① 李焘：《长编》卷73，大中祥符三年四月丙寅，北京：中华书局，2004年，第1667页。

② 李焘：《长编》卷77，大中祥符五年正月甲申，北京：中华书局，2004年，第1751页。

③ 李焘：《长编》卷83，大中祥符八年十二月甲戌，北京：中华书局，2004年，第1907页。

掠去者”[1]，边疆蕃族帮助宋政府追捕因樵采或探路等力役较繁而走的逃军，可见北宋政府的大肆采伐木材并没有造成严重的民族冲突，蕃族部落反而帮助宋政府捕捉逃军。至神宗熙宁五年（1072年），“诏镇洮军献木及运木蕃部，并优与价钱，仍自今应役使及有所献，并酬其直”[2]，蕃族部落还主动承担运送木材的任务。

由上可知，北宋政府设务采木，入侵了蕃族领地，遭到蕃族部落的激烈反抗，北宋初期为避免民族争端，宋政府一直采取安抚政策，厚赐少数民族部落，并给予茶彩以免除民族争端。后来，随着东京土木工程增多，木材需求量增大，北宋政府扩展木材的采伐范围以获取更多的木材，对蕃族部落不再像以往一样安抚，一转常态强制掠夺，由于军事实力悬殊较大，蕃族部落没有反抗的实力，只能将丰富的林木资源拱手相让，并主动“献木”以换得安稳生活。

五、结语

综上所述，木材的使用与供应，有着两面性。木材的大量使用促进了当时东京建造业、家具用具制造业、乐器、军器制造业等行业的兴起与发展，木材的大量使用对东京建筑文化的发展与美化东京的民居环境有着积极的意义；木材供应过程中，北宋政府广开材源，保证了东京日常生活木材所需与制造业木材来源的无虞。但与此同时，北宋时期东京木材的使用与供应也有消极负面影响，包括木材供应地环境恶化，东京地区自然环境的堪虞，以及边地宋王朝与周边民族关系恶化等。

面对上述负面影响，宋人已经开始了人与自然之间相处模式的探讨，主动反思森林植被资源的大肆破坏带来的危害，认为人类在利用自然资源的同时，更应注重对自然环境的保护，顺应天时、因时耕种、维持生态环境的平衡。

① 李焘:《长编》卷104，天圣四年十月己亥，北京：中华书局，2004年，第2425页。

② 李焘:《长编》卷238，熙宁五年九月丁未，北京：中华书局，2004年，第5789页。

并且，宋人已经开始了人与自然之间相处新模式的探讨。木材短缺促进了煤炭开采业的兴盛与繁荣，从而促使金属铸造业、制瓷业等以新燃料为基础行业的繁荣发展。

北宋时期人们所具有的生态观念与环保意识，对后世人与自然关系的探讨有着广开思路的积极意义，可为当代社会发展中人与自然关系的相处提供借鉴。